BestMasters

Mit „BestMasters“ zeichnet Springer die besten Masterarbeiten aus, die an renommierten Hochschulen in Deutschland, Österreich und der Schweiz entstanden sind. Die mit Höchstnote ausgezeichneten Arbeiten wurden durch Gutachter zur Veröffentlichung empfohlen und behandeln aktuelle Themen aus unterschiedlichen Fachgebieten der Naturwissenschaften, Psychologie, Technik und Wirtschaftswissenschaften.
Die Reihe wendet sich an Praktiker und Wissenschaftler gleichermaßen und soll insbesondere auch Nachwuchswissenschaftlern Orientierung geben.

Weitere Bände in der Reihe http://www.springer.com/series/13198

Markus Lau

Startups in der Energiewende

Das Gründungsgeschehen in der deutschen Energiewirtschaft

Springer Gabler

Markus Lau
Karlsruhe, Deutschland

BestMasters
ISBN 978-3-658-20503-4 ISBN 978-3-658-20504-1 (eBook)
https://doi.org/10.1007/978-3-658-20504-1

Die Deutsche Nationalbibliothek verzeichnet diese Publikation in der Deutschen Nationalbibliografie; detaillierte bibliografische Daten sind im Internet über http://dnb.d-nb.de abrufbar.

Springer Gabler

Gedruckt auf säurefreiem und chlorfrei gebleichtem Papier

Springer Gabler ist Teil von Springer Nature
Die eingetragene Gesellschaft ist Springer Fachmedien Wiesbaden GmbH
Die Anschrift der Gesellschaft ist: Abraham-Lincoln-Str. 46, 65189 Wiesbaden, Germany

Danksagung

An dieser Stelle möchte ich mich bei allen Personen bedanken, die mich während der Entstehungszeit dieser Arbeit unterstützt haben und zum Gelingen dieser Arbeit beigetragen haben. Diese Masterarbeit ist im Rahmen meiner Zeit am Fraunhofer Institut für System- und Innovationsforschung (ISI), in Kooperation mit dem Institut für Entrepreneurship, Technologie-Management und Innovation (EnTechnon) am Karlsruher Institut für Technologie (KIT) entstanden.

Ich möchte mich insbesondere bei meinem Betreuer, Herrn Prof. Dr. Orestis Terzidis vom Institut für Entrepreneurship, Technologie-Management und Innovation, für die sehr kompetente und hilfreiche Unterstützung bedanken. Zudem bedanke ich mich bei meiner Betreuerin Frau Dr. Barbara Breitschopf, welche mich von Seiten des Fraunhofer ISI jederzeit unterstützt hat.

Zuletzt möchte ich meiner Familie und meinen Freunden für die jahrelange Unterstützung während meiner Studienzeit danken.

Inhaltsverzeichnis

Abbildungsverzeichnis

Tabellenverzeichnis

Abkürzungsverzeichnis

BMBF	Bundesministerium für Bildung und Forschung
BMUB	Bundesministerium für Umwelt, Naturschutz, Bau und Reaktorsicherheit
BMWi	Bundesministerium für Wirtschaft und Energie
BNEF	Bloomberg New Energy Finance
DESTATIS	Statistisches Bundesamt
DIHK	Deutscher Industrie- und Handelskammertag e. V.
DIW	Deutsches Institut für Wirtschaftsforschung
DPMA	Deutsches Patent- und Markenamt
EGSS	Environmental Goods and Services Sector
EPA	Europäisches Patentamt
EUROSTAT	Statistisches Amt der Europäischen Union
FuE	Forschung und Entwicklung
GEM	Global Entrepreneurship Monitor
IfM	Institut für Mittelstandsforschung Bonn
IHK	Industrie- und Handelskammer
IKT	Informations- und Kommunikationstechnologie
IPC	Internationalen Patentklassifikation
ISI	Fraunhofer Institut für System- und Innovationsforschung
ISIC	International Standard Industrial Classification
KfW	Kreditanstalt für Wiederaufbau
NACE	Nomenclature générale des Activités économiques dans les Communautés Européennes
NIW	Niedersächsisches Institut für Wirtschaftsforschung e.V.
OECD	Organisation for Economic Co-operation and Development
PATSTAT	Patentdatenbank des europäischen Patentamtes
UNEP	United Nations Environment Programme
WZ	Klassifikation der Wirtschaftszweige
ZEW	Zentrum für Europäische Wirtschaftsforschung

Kurzfassung

Mit Beschluss des Gesetzespakets zur Energiewende im Sommer 2011 durch die Bundesregierung, wurde der Weg geebnet von einer zentral dominierten hin zu einer dezentral dominierten Struktur der Energiewirtschaft und einem Wandel von konventionellen zu regenerativen Energiequellen. Dieser Strukturwandel in der deutschen Energiewirtschaft, bietet Unternehmensgründungen aus diesem Umfeld, den sogenannten Energy Startups, Chancen, durch innovative Geschäftsmodelle und Technologien neue Geschäftsfelder zu erschließen.

Im Rahmen dieser Arbeit wurde ein Erhebungskonzept entwickelt, um das Gründungsgeschehen im Umfeld der Energiewirtschaft, das sogenannte Energy Entrepreneurship, in Deutschland abbilden und beurteilen zu können. Dazu wurde die Energiewirtschaft, im Einklang mit den energiepolitischen Zielen des Energiekonzeptes, anhand dreier Leitmärkte - der Umweltfreundlichen Erzeugung, Speicherung und Verteilung von Energie, der Energieeffizienz und der Nachhaltigen Mobilität - statistisch abgegrenzt. Auf Grundlage verschiedener, deskriptiver Datenquellen und Erhebungsstrategien wurde das Gründungsgeschehen des Energy Entrepreneurship untersucht sowie die Innovations- und Finanzierungsaktivität der Energy Startups ermittelt.

Mit Hilfe dieses Erhebungskonzepts konnte die zeitliche Entwicklung des Energy Entrepreneurship in Deutschland in den Jahren unmittelbar vor und nach Beschluss der Energiewende dargestellt und analysiert werden. Dabei wurde festgestellt, dass diese Entwicklung sehr stark geprägt war von der Gründungsentwicklung im Wirtschaftsbereich der Energieversorgung und im Wirtschaftsbereich der Erbringung von freiberuflichen, wissenschaftlichen und technischen Dienstleistungen. Wesentliche Treiber der Entwicklung waren die Technologien mit Bezug zu erneuerbaren Energien. Weiterhin wurde festgestellt, dass eine steigende Innovationsaktivität der Energy Startups, bezogen auf Patentanmeldungen und Ausgaben für Forschung und Entwicklung, zu verzeichnen war. Darüber hinaus zeigt die Analyse, dass Energy Startups bei inländischen Investoren zwar durchaus zum Portfolio zählen, internationale Investoren bislang aber kaum an Finanzierungen deutscher Energy Startups beteiligt waren.

Um die Entwicklung des Energy Entrepreneurship zukünftig besser zu erfassen und damit die Sichtbarkeit dieser Startups für Investoren und Politik zu erhöhen, wird empfohlen, die Gründungslandschaft des Energy Entrepreneurship als eigenständiges Gründungsfeld in der statistischen Erfassung der deutschen Gründungsförderung zu etablieren. Des Weiteren sollte bei kommenden Diskussionen und Entscheidungen über wirtschaftliche Rahmenbedingungen und regulatorische Maßnahmen im Vollzug der Energiewende auf eine möglichst langfristige und verlässliche Stabilität dieser Entscheidungen geachtet werden. Ein stabiles politisches Umfeld in der deutschen Energiewirtschaft ist entscheidend, um den Energy Startups die Planungssicherheit zu geben, die sie für eine erfolgreiche Gründung benötigen.

1 Einleitung

1.1 Hintergrund und Ausgangssituation

Bereits seit einigen Jahren ist die stete Anpassung der deutschen Energiewirtschaft an neue technische Anforderungen und Gegebenheiten, ausgelöst durch sich ständig verändernde energie- und umweltpolitische Rahmenbedingungen, in vollem Gange (Danelius et al. 2012, S. 6). So fördert beispielsweise bereits seit dem Jahr 2000 das Gesetz für den Vorrang erneuerbarer Energien (Erneuerbare-Energien-Gesetz, EEG) die vorrangige Nutzung von Strom aus regenerativen Quellen. Durch diese Förderung führt das EEG bis heute zu einem kontinuierlichen Umbau des deutschen Energiesystems (Danelius et al. 2012, S. 6). Durch den im Sommer 2011, nach der Havarie des japanischen Kernkraftwerks in Fukushima beschlossenen, beschleunigten Ausstieg aus der Kernkraftnutzung bis 2022, wurde ein weiterer Meilenstein für den fundamentalen Umbau der deutschen Energiewirtschaft gelegt. Festgeschrieben sind die aktuellen energiepolitischen Ziele im Energiekonzept der Bundesregierung. Diese beziehen sich nicht nur auf den Ausbau der erneuerbaren Energien, sondern auch auf die Themen effizientere Nutzung von Energie im Primärenergieverbrauch sowie im Wohn- und Verkehrssektor (BMWi 2014). Der geltende Maßnahmenkatalog zur Umsetzung dieser Ziele weist den Weg von einer zentral dominierten hin zu einer dezentral dominierten Struktur und einem Wandel von konventionellen zu regenerativen Energiequellen.

Der dadurch ausgelöste, von Politik und Wissenschaft oft propagierte, Strukturwandel im Rahmen der Energiewende führt dazu, dass viele etablierte Unternehmen mit Problemen der Umstrukturierung und Anpassung an neue Geschäftsfelder zu kämpfen haben (Plinke et al. 2015). Daher bietet dieser Strukturwandel vor allem neuen Unternehmen Chancen, die entstehenden Geschäftsfelder mit innovativen Geschäftsmodellen und Technologien zu erschließen. Solche Unternehmensgründungen werden im neudeutschen Sprachgebrauch als Startups bezeichnet. Nicht umsonst werden solchen Startups von Politik und Wissenschaft, vor allem im Bereich der Energiewirtschaft, großes Potential zugesprochen (BMBF 2014b; Büchele et al. 2014). Dank ihrer besonderen Dynamik, Innovationsfähigkeit und Flexibilität können diese Unternehmensgründungen Neuerungen in wachsenden Märkten schneller etablieren als bestehende Unternehmen (Borderstep Institut 2012, S. 1 ff.). Aufkommende Innovationsbereiche sind beispielsweise die Entwicklung intelligenter Mess- und Verbrauchszähler, die Verknüpfung dezentraler Stromerzeuger zu virtuellen Kraftwerken, neue Technologien zur Stromspeicherung oder eine intelligente Einbindung von Elektrofahrzeugen. Abbildung 1-1 zeigt das Systemmodell des „European Electricity Grid Initiative and Implementation Plan“. Dieses zeigt Beispiele für neue Anwendungen und Märkte auf, die durch den Umbau der Energiewirtschaft und die stärkere Einbindung von Informations- und Kommunikationstechnologien entstehen werden.

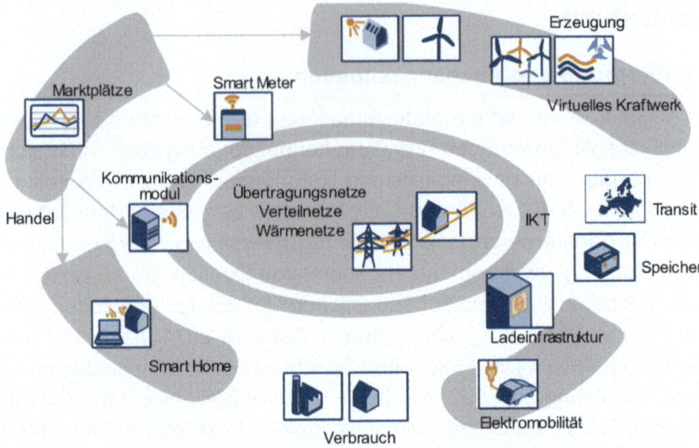

Abbildung 1-1: Systemmodell des „European Electricity Grid Initiative and Implementation Plan"
Quelle: Danelius et al. (2012), eigene Darstellung

Damit Startups tatsächlich einen so entscheidenden Anteil an der erfolgreichen Umsetzung dieses Strukturwandels erreichen können, müssen sie zum einen das Maß an Innovationsaktivität mitbringen, welches ihnen von Politik und Wissenschaft zugesprochen wird. Zum anderen muss es ihnen gelingen für ein stabiles Geschäftsumfeld zu sorgen in dem sie sich mit ihren Geschäftsmodellen und Technologien langfristig am Markt etablieren können. Grundlegend hierfür ist eine gesicherte Finanzierung der Gründungen, vor allem in der Anfangsphase ihrer Entwicklung (Hahn 2014).

Um die wirtschaftliche Bedeutung von Startups für eine Volkswirtschaft zu untersuchen, wurde in den letzten Jahren eine Vielzahl von Gründungsstatistiken erhoben. Diese beziehen sich zum Teil auf das Gründungsgeschehen in gesamten Volkswirtschaften oder lediglich auf bestimmte Bereiche der Wirtschaft. Informationen zur Gründungslandschaft in der deutschen Energiewirtschaft, besonders vor dem Hintergrund des sich vollziehenden Strukturwandels, sind bis dato noch nicht oder nur in unzureichendem Maße von den bisherigen Gründungsstatistiken erfasst. Dies liegt vor allem an dem Querschnittscharakter der Energiewirtschaft, die sich aufgrund ihrer wirtschaftlichen Strukturen statistisch nur schwer erfassen lässt. Um diese Informationslücke zu schließen, wird in der vorliegenden Arbeit der Versuch unternommen ein systematisches Erhebungskonzept zu entwickeln, durch welches die Energiewirtschaft sowie die dazugehörigen Gründungen in ausreichendem Maße statistisch erfasst werden und Rückschlüsse auf das Gründungsgeschehen abgeleitet werden können.

1.2 Forschungsfrage und Zielsetzung

Vorrangiges Ziel der Arbeit ist die Untersuchung der Gründungslandschaft im Umfeld der deutschen Energiewirtschaft. Dabei soll beschrieben werden, wie sich diese vor dem zeitlichen Hintergrund der Energiewende in verschiedenen Bereichen der Energiewirtschaft entwickelt hat. Um darüber hinaus abschätzen zu können, ob die Startups die in sie gesetzten Erwartungen zur erfolgreichen Umsetzung der Ziele des Energiekonzepts erfüllen können, wird untersucht, inwiefern diese Gründungen das dazu nötige Maß an Innovationsaktivität zeigen. Als drittes Ziel beschäftigt sich die Arbeit mit den bisherigen Finanzierungsaktivitäten rund um Startups in der Energiewirtschaft. Dazu soll aufgezeigt werden, ob, in welcher Form und in welchen Bereichen der Energiewirtschaft Investitionen in Startups fließen. Aus diesen drei übergeordneten Zielen, lassen sich drei konkrete Forschungsfragen ableiten, die auf Basis verschiedener, deskriptiver Datenquellen untersucht werden. Die konkreten Forschungsfragen sind in Abbildung 1-2 aufgeführt.

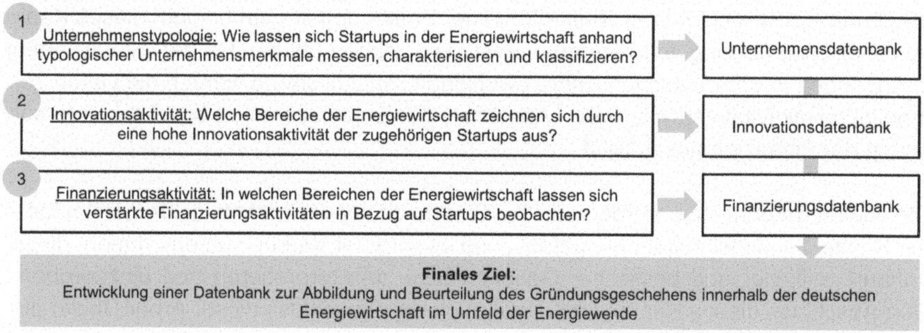

Abbildung 1-2: Forschungsfrage und Lösungsansatz
Quelle: Eigene Darstellung

Zur Beantwortung der dargestellten Fragestellungen wird im Rahmen dieser Arbeit eine Datenbank zu Unternehmensgründungen der Energiewirtschaft erstellt und mit Daten zur Innovations- und Finanzierungsaktivität erweitert. Durch Messung festgelegter Indikatoren der Gründungslandschaft werden die drei Forschungsfragen beantwortet und ein umfassendes Bild zum Gründungsgeschehen in der deutschen Energiewirtschaft abgeleitet.

1.3 Vorgehensweise

Zur Einführung in die zu untersuchende Thematik der Unternehmensgründungen in der deutschen Energiewirtschaft werden im zweiten Kapitel zunächst bestehende Untersuchungen zu den Themenkomplexen Energiewirtschaft und Unternehmensgründungen analysiert. Aus den gewonnen Erkenntnissen werden anschließend das Untersuchungsfeld sowie der Untersuchungsgegenstand definitorisch abgegrenzt. Um die Themen der zweiten und dritten Forschungsfrage, also die Innovations- und Finanzierungsaktivität in Bezug auf die zu untersuchenden Gründungen zu bearbeiten, werden ebenfalls entsprechende, bestehende Erhebungen analysiert und die daraus gewonnenen Erkenntnisse in die eigene methodische Konzeptentwicklung eingearbeitet.

Diese Konzeptentwicklung wird im dritten Kapitel geschildert. Einleitend dazu wird der strukturelle Rahmen der Datenerhebung festgelegt. Dieser Rahmen umfasst die Konkretisierung der Forschungsfragen durch quantitativ und qualitativ messbare Indikatoren. Darüber hinaus werden die Anforderungen an das Erhebungsdesign sowie die Grundform der Datenerhebung geschildert. Anschließend werden die zugrunde gelegten Datenquellen beschrieben und die Strategien zur Auswahl der relevanten Daten aus diesen Quellen festgelegt. Zum Abschluss dieses Kapitels folgt die Harmonisierung der verwendeten Datenquellen und die Zusammenführung zu einer Datenbank, welche die Informationen beinhaltet, die zur Messung der Indikatoren und damit zur Beantwortung der Forschungsfragen benötigt werden.

Das vierte Kapitel umfasst die Beschreibung und Analyse der Ergebnisse der Datenerhebung. Entsprechend der Reihenfolge der Forschungsfragen beginnt dieses Kapitel mit der Auswertung von unternehmenstypologischen Merkmalen der identifizierten Gründungen in der deutschen Energiewirtschaft. Anschließend werden die Daten zur Innovationsaktivität analysiert. Den Abschluss der Ergebnisanalyse bildet die Untersuchung der Finanzierungsaktivität.

Die finalen Erkenntnisse werden aus der Untersuchung der Forschungsfragen im fünften Kapitel zunächst zusammengefasst und es wird der Versuch unternommen, diese anhand zeitlicher und politischer Geschehnisse zu interpretieren und einzuordnen. Den Abschluss dieses Kapitel und damit auch den Abschluss dieser Arbeit, bildet die Schlussbetrachtung und Ableitung von Handlungsempfehlungen. Darin enthalten sind Empfehlungen, wie die Energiewirtschaft und im Besonderen die dazugehörige Gründungslandschaft zukünftig besser erfasst, analysiert und gefördert werden kann.

2 Stand der Forschung

Um ein Erhebungskonzept zur Abbildung und Beurteilung des Gründungsgeschehens innerhalb der deutschen Energiewirtschaft zu entwickeln, werden zunächst einige Vorüberlegungen angestellt. Dazu gehört die Analyse bestehender Gründungsstatistiken, um Erkenntnisse über Erhebungsmethoden, verfügbare Datenquellen und Anforderungen zu erlangen. Zudem lässt sich anhand einer solchen Analyse feststellen, welche Bereiche bereits von anderen Statistiken abgedeckt werden und worin die genaue Forschungslücke für die vorliegende Arbeit besteht. Neben der Gewinnung erster Erkenntnisse über Gründungsstatistiken und der Ableitung der Forschungslücke ist es Ziel dieses Kapitels, die wichtigsten Begrifflichkeiten zu definieren und das Untersuchungsumfeld sowie den Untersuchungsgegenstand abzugrenzen.

Das Kapitel beginnt daher mit der Definition des Begriffs Energiewirtschaft sowie der Analyse bestehender Erhebungen zu diesem Wirtschaftsbereich. Aufbauend auf der Definition und den genannten Erkenntnissen folgt die Abgrenzung des zugrunde gelegten Untersuchungsumfeldes. Anschließend wird dieses Vorgehen für den Themenkomplex Startups wiederholt, woraus der vorliegende Untersuchungsgegenstand abgeleitet wird. Die definitorische Begriffseinführung sowie die Analyse bestehender Erhebungen werden ebenfalls für die Themen der Innovations- und Finanzierungsaktivität durchgeführt. Den Abschluss des Kapitels bildet die Ableitung der konkreten Forschungslücke.

2.1 Statistiken und Studien zur Energiewirtschaft in Deutschland

Bei den Vorüberlegungen zum Stand der Forschung muss zuallererst die Frage gestellt werden, wie das Umfeld der Energiewirtschaft untersucht werden kann. Dazu folgt zunächst eine Definition des Begriffs Energiewirtschaft. Im darauffolgenden Schritt der Analyse bestehender Erhebungsmethoden zum Thema Energiewirtschaft soll untersucht werden, wie bisherige Erhebungen diesen Bereich eingrenzen und welche Datengrundlagen dafür zur Verfügung stehen. Danach sollen anhand dieser Erhebungen erste Ideen gesammelt werden, die zu einer statistischen Abgrenzung der Branche Energiewirtschaft genutzt werden können.

2.1.1 Definition Energiewirtschaft

In der Literatur existiert eine Vielzahl verschiedener Definitionsansätze für den Begriff der Energiewirtschaft. Diese unterscheiden sich vor allem in der Tiefe der Definition, also konkret darin, welche Branchen, Technologien und Maßnahmen zur Energiewirtschaft zählen. Tabelle 2-1 zeigt exemplarisch drei solcher Definitionen auf.

Tabelle 2-1: Definitionen zur Energiewirtschaft

Sander (1998)	„Gesamtheit aller technischen, wirtschaftlichen und organisatorischen Maßnahmen zur Gewinnung, Aufbereitung, Umwandlung, Verteilung und Nutzung von Energie."
Bieritz (2013)	„Zu den Branchen der Energiewirtschaft zählen alle Unternehmen, die Energie (Strom oder Gas) erzeugen, diese verteilen oder mit ihr handeln. Ebenso gehören Unternehmen dazu, die Kälte- oder Wärmeversorgung betreiben."
Böhmer et al. (2015)	„In die Energiewirtschaft [...] sind alle diejenigen Anteile der Wertschöpfung der jeweiligen Branchen bzw. Unterbranchen der Wirtschaftszweigklassifikation einzubeziehen, deren Produkte oder Dienstleistungen unmittelbar oder mittelbar der Versorgung von Endverbrauchern mit Strom, Fernwärme, Brenn- und Kraftstoffen sowie Energiedienstleistungen dienen.

Quelle: Sander (1998), Bieritz (2013), Böhmer et al. (2015), eigene Darstellung

Die obigen Definitionen lassen erkennen, dass eine genaue Definition des Begriffes Energiewirtschaft schwierig ist. Das größte Problem besteht darin, wie die Energiewirtschaft als Wirtschaftsbereich möglichst umfassend und zugleich möglichst detailliert abgegrenzt werden kann. Die vorliegende Untersuchung nutzt als Grundlage die Definition von Böhmer et al. (2015), da diese mit Bezug auf Branchen und Unterbranchen der Wirtschaftszweigklassifikation am ehesten eine statistisch fundierte Abgrenzung der Energiewirtschaft ermöglicht. Jedoch wird auch bei dieser Definition deutlich, dass es sich bei der Energiewirtschaft um eine Querschnittsbranche handelt, deren Produkte und Dienstleistungen branchenübergreifend produziert, genutzt und gehandelt werden.

Bei aktuellen statistischen Erhebungen des Statistischen Bundesamtes zum Wirtschaftsbereich Energie, wird dieser Querschnittscharakter nur geringfügig berücksichtigt. So setzt sich der dort untersuchte Wirtschaftsbereich Energie lediglich zusammen aus der Branche Energieversorgung mit den dazugehörigen Unterbranchen Elektrizitätsversorgung, Gasversorgung, Wärme- und Kälteversorgung, Erneuerbare Energien und Kohle (DESTATIS 2015). Diese statistische Abgrenzung ermöglicht zwar die Datenerhebung bezüglich Beschäftigungszahlen, Umsatz oder Investitionen, führt jedoch auch zu einer Unterrepräsentation der Bereiche Energienutzung und Energiedienstleistungen. Die vorliegende Arbeit unternimmt daher den Versuch, die Energiewirtschaft zunächst durch den übergeordneten und bezogen auf die Anzahl der statistischen Erhebungen deutlich ausgeprägteren Bereich der Umweltwirtschaft einzugrenzen.

Nach dem Verständnis des Umweltbundesamtes umfasst die Umweltwirtschaft alle Unternehmen, die mit dem Angebot von Umweltschutzgüter und -dienstleistungen dazu beitragen, schädigende Einflüsse auf die Umwelt zu vermeiden, zu reduzieren oder zu beseitigen. Dabei erstreckt sich das Angebot dieser Güter und Dienstleistungen auf unterschiedliche Bereiche wie rationelle Energienutzung, erneuerbare Energien, umweltfreundliche Produkte, Klimaschutz, Mess-, Steuer- und Regelungstechnik, Abfallwirtschaft und Recycling, Gewässerschutz und Abwasserbehandlung, Luftreinhaltung und Lärmminderung (Franz et al. 2011, S. 15). Das heißt im Umfeld der Umwelttechnik werden für den Bereich der Energiewirtschaft, neben Anlagen zur

Stromerzeugung aus erneuerbaren Energien (zum Beispiel Windenergie- und Solaranlagen), auch „intelligente Zähler“ zur Steuerung des Stromverbrauchs oder auch umweltbezogene Dienstleistungen, wie beispielsweise Energieberatungen oder der Handel mit umweltfreundlichen Produkten bemessen (Franz et al. 2011, S. 15).

2.1.2 Analyse bestehender Erhebungsmethoden

Da auch die Umwelttechnik einen starken Querschnittscharakter aufweist, stehen alle Erhebungen zur Umweltwirtschaft vor der wichtigen Aufgabe, den Untersuchungsgegenstand möglichst klar abzugrenzen und die Ergebnisse idealerweise nach Branchen und Wirtschaftszweigen aufzuteilen (Weiß und Fichter 2013, S. 18). Aus diesem Grund vergeben das Bundesumweltministerium (BMUB) und das Umweltbundesamt regelmäßig Forschungsprojekte, welche die Größe, Zusammensetzung und Wettbewerbsfähigkeit der Umweltwirtschaft analysieren sollen. Dabei wird die Umweltwirtschaft über verschiedene methodisch-statistische Ansätze erfasst, die unterschiedliche Facetten der Umweltwirtschaft beleuchten (Franz et al. 2011, S. 15).

So bestehen einerseits Projekte, die auf produkt- und technologiebasierten Studien fundieren, beispielsweise die Erhebung zu potenziellen Umweltschutz- und Klimaschutzgütern des Niedersächsischen Instituts für Wirtschaftsforschung (NIW) (Schasse et al. 2011). Andererseits existieren unternehmensbasierte Erhebungen, wie die Statistik zu Waren und Dienstleistungen im Umweltschutz des Statistischen Bundesamtes (Statistisches Bundesamt 2012a). Diese unternehmensbasierten Erhebungsmethoden nutzen für ihre Analysen unterschiedliche Datenquellen und Stichprobengrößen. Im Anhang A.1.1 ist eine Übersicht der untersuchten Erhebungsmethoden mit Angaben zu diesen Datenquellen abgetragen.

Die umfangreichsten Stichproben nutzen dabei das Statistische Bundesamt mit 15.000 Unternehmen für ihre Ergebnisse zu den Waren und Dienstleistungen im Umweltschutz (Statistisches Bundesamt 2012a, S. 3) sowie das Deutsche Institut für Wirtschaftsforschung (DIW) für die Beschäftigungsauswirkungen im Umweltschutz mit 16.000 Unternehmen (Edler 2009, S. 88). Eine deutlich kleinere Stichprobe von 2.100 Unternehmen liegt dem Umwelttechnologie-Atlas zugrunde, der von Roland Berger im Auftrag des BMUB erhoben wird (Büchele et al. 2014, S. 5). Diese Stichprobe basiert auf der UMFIS-Datenbank des Deutschen Industrie- und Handelskammertages (DIHK) und wurde im Laufe des Umwelttechnologie-Atlas entsprechend weiterentwickelt (Büchele et al. 2014, S. 4 f.). Eine solche thematisch aufgestellte Unternehmensliste bietet zwar detaillierte Daten zu Unternehmensportfolios und Geschäftszahlen, erweist sich jedoch als problematisch für einen Vergleich mit einer Grundgesamtheit.

Wie bereits angedeutet unterscheiden sich die untersuchten Erhebungsmethoden neben der Stichprobengröße und Datengrundlage zudem hinsichtlich der Abgrenzung und Strukturierung der Umweltwirtschaft. So basiert die Abgrenzung des DIW auf einer Liste der Umweltschutzgüter des Statistischen Bundeamtes und der sogenannten „ISI-

Liste für Klimaschutzgüter" des Fraunhofer ISI[1] (Edler 2009, S. 202). Die Strukturierung erfolgt sowohl bei dieser DIW-Erhebung als auch bei der Erhebung zu Waren und Dienstleistungen im Umweltschutz auf Grundlage des internationalen Standards der OECD/EUROSTAT Klassifikation von Umweltschutzaktivitäten (Statistisches Bundesamt 2012a; Edler 2009). Diese Aktivitäten wurden von der OECD[2] und EUROSTAT[3] unter dem Begriff des „environmental goods and services sector" (EGSS) wie folgt definiert:

> *„The environmental goods and services industry consists of activities which produce goods and services to measure, prevent, limit, minimize or correct environmental damage to water, air and soil, as well as problems related to waste, noise and eco-systems. This includes cleaner technologies, products and services that reduce environmental risk and minimize pollution and resource use." (OECD/EUROSTAT 1999)*

Auf Basis dieser sogenannten EGSS-Klassifikation wird auch beim Green Economy Monitor, einer Gründungsstatistik des Borderstep Instituts, die Umweltwirtschaft abgegrenzt (Weiß und Fichter 2013). Demgegenüber wählt der Umwelttechnologie-Atlas des BMUB eine marktorientierte Struktur in der sechs Leitmärkte der Umweltwirtschaft definiert werden, denen wiederum mehrere Marktsegmente und Technologielinien untergeordnet sind (Büchele et al. 2014). Neben diesen unterschiedlichen Strukturierungsansätzen ist allen Erhebungsmethoden gemeinsam, dass sie nicht alle Wirtschaftssektoren analysieren, sondern sich auf ausgewählte Sektoren beschränken.

2.1.3 Relevanz der Erhebungen für die vorliegende Untersuchung

Diese sektorale Auswahl führt, getrieben von den differenzierten Strukturierungen, auch zu unterschiedlichen Tiefen der Abgrenzungen. So betrachtet das Statistische Bundesamt insgesamt sieben Sektoren, während das NIW beispielsweise elf Wirtschaftszweige untersucht (Statistisches Bundesamt 2012a; Franz et al. 2011). Tabelle 2-2 listet die unterschiedlichen Ansätze zur Abgrenzung der Umweltwirtschaft auf.

---

1 ISI = Institut für System- und Innovationsforschung. Die Liste ist unter anderem zu finden bei Schasse et al. (2012)

2 OECD = Organisation für wirtschaftliche Zusammenarbeit und Entwicklung

3 EUROSTAT = Statistisches Amt der Europäischen Union

Tabelle 2-2: Ansätze zur Abgrenzung der Umweltwirtschaft

Statistiken und Studien zur Umweltwirtschaft	Abgrenzung der Umweltwirtschaft anhand von Umweltkategorien und Leitmärkten
Umwelttechnologie-Atlas für Deutschland (BMUB)	6 Leitmärkte: Umweltfreundliche Erzeugung, Speicherung und Verteilung von Energie, Energieeffizienz, Rohstoff- und Materialeffizienz, Nachhaltige Mobilität, Kreislaufwirtschaft, Nachhaltige Wasserwirtschaft
Green Economy Monitor	8 Kategorien: Klimaschutz, Erneuerbare Energien, Energieeffizienz, Emissionsvermeidung, Kreislaufwirtschaft, Ressourceneffizienz, Erneuerbare Ressourcen, Biodiversität
Beschäftigungswirkungen des Umweltschutzes (DIW)	8 Kategorien: Luftreinigung/Klimaschutz, Gewässerschutz/Abwasserbehandlung, Abfallwirtschaft/Recycling, Lärmbekämpfung, Altlastensanierung/Bodenschutz, Umweltforschung/-entwicklung/-überwachung, Mess-/Analyse-/Regeltechnik, Analytik/Beratung/Sanierung
Waren, Bau- und Dienstleistungen für den Umweltschutz (DESTATIS)	7 Kategorien: Luftreinhaltung, Gewässerschutz, Abfallwirtschaft, Bodensanierung, Lärmbekämpfung, Naturschutz und Landschaftspflege, Klimaschutz
Umwelt- und Klimaschutzwirtschaft im internationalen Vergleich (NIW/ISI)	8 Kategorien: Luftreinhaltung, Abwasserbehandlung, Abfallbeseitigung, Lärmschutz, Güter zur Nutzung erneuerbarer Energiequellen, Güter zur rationellen Energieverwendung, Güter zur rationellen Energieumwandlung, Mess- und Regeltechnik

Quelle: Weiß und Fichter (2013, S. 20), eigene Darstellung

Auffallend ist dabei, dass sich bei den Kategorien aller Untersuchungen ein Kern an Produktklassen identifizieren lässt, der sich an der bereits erwähnten EGSS-Klassifikation von OECD und EUROSTAT orientiert (Weiß und Fichter 2013, S. 21). Den stärksten Bezug zum Thema Energie haben die Erhebung des NIW sowie der Umwelttechnologie-Atlas des BMUB. Beim NIW stehen die Güterkategorien der Rationellen Energieversorgung und -umwandlung sowie der erneuerbaren Energiequellen für einen management- und ressourcenorientierten Ansatz (Schasse et al. 2011). Dieser ist auch in den drei Leitmarktkategorien Energieeffizienz, Umweltfreundliche Erzeugung, Speicherung und Verteilung von Energie sowie Rohstoff- und Materialeffizienz des Umwelttechnologie-Atlas des BMUB zu erkennen. Hier werden die Kategorien durch die jeweilige Leitmarktzugehörigkeit jedoch stärker markt- und ressourcenorientierter operationalisiert (Büchele et al. 2014). Das explizite Aufgreifen von energiebezogenen Wirtschaftsbereichen in der Umwelttechnik wurde auch im Green Economy Monitor fortgeführt (Weiß und Fichter 2015).

Da die abgrenzenden Wirtschaftsbereiche der Energiewirtschaft als Grundlage für eine markt- und unternehmensbezogene Analyse dienen, ist es sinnvoll auch einen möglichst marktorientierten Ansatz zur Abgrenzung zu wählen. Von den untersuchten Erhebungsmethoden bietet sich daher im Besonderen die Leitmarktzugehörigkeit des Umwelttechnologie-Atlas an, welche eine stark markt- und ressourcenorientierte Operationalisierung der Wirtschaftsbereiche ermöglicht.

2.1.4 Abgrenzung des Untersuchungsumfeldes

Bei diesem Leitmarktansatz wird die Umweltwirtschaft dem übergeordneten Konzept der Green Economy zugeordnet. Für die vorliegende Arbeit wird daher ein ähnliches Vorgehen gewählt. Die Energiewirtschaft wird dabei als Teil der Umweltwirtschaft betrachtet und endsprechend durch Teile dieses Leitmarktansatzes abgegrenzt. Als übergeordnete Konzepte werden, zur Abgrenzung des Untersuchungsumfeldes, zunächst die Green Economy sowie die Umweltwirtschaft kurz erläutert. Ausgehend von den aktuellen energiepolitischen Zielen des Energiekonzepts der Bundesregierung, wird anschließend aus diesen Konzepten das Untersuchungsumfeld für die vorliegende Arbeit abgeleitet.

Das übergeordnete Konzept der Green Economy

Das Konzept der Green Economy wird seit 2007 intensiv in Politik und Wirtschaft sowie auf der Ebene nationaler und internationaler Organisationen, wie z.B. der OECD, des Umweltprogramm der Vereinten Nationen (UNEP) oder der Weltbank diskutiert und weiterentwickelt (Büchele et al. 2014, S. 6). Als Grundlage wird die Green Economy allgemein charakterisiert als *„...eine mit Natur und Umwelt in Einklang stehende, innovationsorientierte Volkswirtschaft, die ökologische Risiken begrenzt und wirtschaftliche Chancen nutzt." (Büchele et al. 2014, S. 6).* Die Green Economy war eines von zwei zentralen Fachthemen der UN-Konferenz Rio+20 im Jahr 2012 und wurde nach dieser Konferenz verstärkt in die nationale politische Agenda aufgenommen. In Deutschland haben sich insbesondere das Bundesumweltministerium sowie das Ministerium für Bildung und Forschung mit dem Konzept der Green Economy auseinandergesetzt. Basierend auf vorherigen Arbeiten des UNEP und der OECD definieren das Bundesumweltministerium und das Umweltbundesamt die Green Economy als

> *„Konzept, das dem Leitbild einer umweltverträglichen Wirtschaft folgt, Ökologie und Ökonomie positiv miteinander verbindet und dadurch die gesellschaftliche Wohlfahrt steigert. Die Green Economy fördert umweltverträgliches Wachstum, indem die ökologischen Grenzen anerkannt und ökonomische Knappheiten und Kosten antizipiert werden. [...] Das Konzept der Green Economy ist eingebettet in das übergeordnete Leitbild der nachhaltigen Entwicklung und konkretisiert es zugleich. Dabei steht das Verhältnis zwischen Ökonomie und Ökologie im Mittelpunkt; es werden jedoch auch soziale Auswirkungen adressiert." (BMUB 2012, S. 58)*

In dem Memorandum für eine Green Economy, das vom Bundesumweltministerium und dem Bundesverband der Deutschen Industrie e.V. gemeinsam erarbeitet wurde, werden die Charakteristika und Ziele der Green Economy wie folgt zusammengefasst (BMUB/BDI 2012, S. 9):

- Stärkere Vermeidung schädlicher Emissionen und Schadstoffeinträgen in allen Umweltmedien
- Stoffkreisläufe so weit wie möglich schließen, Abfälle vermeiden, recyceln und umweltverträglich beseitigen

- Weitere Reduzierung des Einsatzes von nicht erneuerbarer Ressourcen und kontinuierlicher Ersatz durch nachhaltig erzeugte erneuerbare Ressourcen
- Weitere Effizienzsteigerungen bei der Nutzung von Energie, Rohstoffen und andere natürlichen Ressourcen
- Langfristiger Ausbau einer stärker auf erneuerbaren Energien basierende Energieversorgung
- Erhalt bzw. Wiederherstellung der biologischen Vielfalt sowie von Ökosystemen

Die Herausforderung sowohl für die Politik als auch für die Industrie besteht darin, durch gezielte Maßnahmen und Ansatzpunkte die gesamte Wirtschaft in Richtung dieser Charakteristika und Ziele zu transformieren (Ludewig 2015, S. 5). Diese Entwicklung vom Status quo hin zu einer Green Economy wird daher auch als Grüne Transformation oder Greening bezeichnet (Büchele et al. 2014, S. 22). Auf diesem Weg durchläuft eine Volkswirtschaft sowohl auf der Makro- als auch auf der Mikroebene tiefgehende Veränderungen. Die Grüne Transformation betrifft grundsätzlich alle Bereiche einer Volkswirtschaft und wird von Akteuren aus Politik, Wirtschaft und Gesellschaft beeinflusst (Büchele et al. 2014, S. 22).

Hauptakteure der Green Economy

Die Forschungsagenda Green Economy des Bundesministeriums für Bildung und Forschung (BMBF) identifiziert daher auf Basis von vier Gruppen von Akteuren, Ansatzpunkte, zur erfolgreichen Umsetzung dieser Transformation (BMBF 2014b, S. 5 ff.) Hauptakteure der grünen Transformation bilden die *Unternehmen* der Green Economy. Diese können, neben wichtigen Maßnahmen bei Effizienzsteigerungen, vor allem neue Geschäftsmodelle entwickeln und Innovationen unternehmerisch umsetzten. Die Forschungsagenda legt zudem ein besonderes Augenmerk auf Neugründungen mit innovativen Geschäftsmodellen. Diesen wird, dank ihrer besonderen Dynamik, Innovationsfähigkeit und Flexibilität, eine wichtige Rolle bei der Gestaltung der Green Economy zugesprochen (BMBF 2014b, S. 5).

Im Bereich der *Wissenschaft* ist vor allem die anwendungsnahe und bedarfsorientierte Forschung und Entwicklung entscheidend. Neben Natur- und Technikwissenschaften sind auch Gesellschaftswissenschaften gefragt, da für die Grüne Transformation vor allem gesellschaftlich akzeptierte Innovationen notwendig sind. Bei der Entwicklung und Umsetzung von Systeminnovationen als wissenschaftlicher Beitrag zur Green Economy gilt es, interdisziplinärer zusammen zu arbeiten und mit ganzheitlichen Forschungsansätzen Lösungswege aufzuzeigen (BMBF 2014b, S. 5 f.).

Für die Transformation zur Green Economy reicht Forschung und Entwicklung alleine nicht aus. Der gesamtgesellschaftliche Wandlungsprozess bedarf einer *Politik*, die geeignete Rahmenbedingungen setzt und mit den betroffenen Akteuren aushandelt. Der Staat muss die Ausgestaltung des Ordnungsrahmens für die Green Economy durch entsprechende Maßnahmen rechtlicher, organisatorischer, beratender und fördernder

Instrumente anregen und unterstützen, und der Wirtschaft dabei so viel Markt, Wettbewerb und Spielraum gewähren wie möglich (BMBF 2014b, S. 6).

Hinsichtlich der *Zivilgesellschaft* muss es das Ziel sein, die Bürgerinnen und Bürger aktiv in den Transformationsprozess einzubeziehen. Dies betrifft zum einen die Erhöhung der Akzeptanz für neue Technologien und damit einhergehend ebenso deren verstärkte Nutzung. Zum anderen bedeutet das Einbeziehen der Gesellschaft auch, diese zur Mitwirkung anzuregen, ihre Meinungen in den Transformationsprozess zu integrieren und diesen Prozess somit aktiv mitzugestalten (BMBF 2014b, S. 6 f.).

Die Ansatzpunkte der Forschungsagenda in diesen vier Bereichen wurden in der Literatur zunehmend konkretisiert und ergänzt. So verstärkt beispielsweise der Umwelttechnologie-Atlas die übergeordnete Rolle der Unternehmen zur erfolgreichen Grünen Transformation und nennt neben den wirtschaftlichen, technologischen und ökologischen Transformationsfeldern auch einen Mitarbeiterwandel sowie organisatorische Maßnahmen für einen institutionellen Wandel als Handlungsfelder im Unternehmenskontext (Büchele et al. 2014, S. 12 f.). Nach Kahlenborn et al. (2013) kommt, neben den Unternehmen selbst, vor allem der Politik eine entscheidende Rolle bei der Umsetzung der Grünen Transformation zu. Kahlenborn et al. (2013, S. 8 ff.) präzisieren diese Rolle vor allem auf die Förderung nachhaltiger Innovationen durch Forschungsförderung, Gründungs- und Clusterförderung sowie Förderung von Markteinführung und -entwicklung. Die unternehmerischen und politischen Handlungsfelder nach Büchele et al. (2014) bzw. Kahlenborn et al. (2013) untermauern die entscheidende Rolle von jungen, innovationsfähigen Unternehmensgründungen zu einer erfolgreichen grünen Transformation. Besonders die politischen Handlungsfelder sind sehr stark auf die Förderung solcher innovativen Gründungen und neuen Geschäftsmodellen ausgelegt.

Um diese notwendigen politischen Maßnahmen tatsächlich auf die relevanten Wirtschaftsbereiche anzuwenden, muss bekannt sein aus welchen Teilen der Wirtschaft die Green Economy besteht. Wie aus der vorherigen Diskussion aus Kapitel 2.1.1 bekannt, existieren unterschiedliche Ansätze zur Brancheneinteilung der Green Economy. Nach Analyse dieser bestehenden Ansätze, nutzt die vorliegende Arbeit den etablierten Leitmarktansatz des Umwelttechnologie-Atlas, um das Konzept der Green Economy marktorientiert zu erfassen. Dieser Leitmarktansatz stellt die besondere Rolle der Querschnittsbranche Umwelttechnik und Ressourceneffizienz als größten und wichtigsten Teil der Green Economy heraus. Die Unternehmen dieses Wirtschaftszweiges tragen zum einen mit ihren Produkten, Verfahren und Dienstleistungen zur Lösung der ökologischen Herausforderungen bei. Zusätzlich wird die Grüne Transformation in anderen Wirtschaftszweigen maßgeblich durch die Umwelttechnik und Ressourceneffizienz unterstützt (Büchele et al. 2014, S. 23).

Diese entscheidende Rolle wird insbesondere in jenen Handlungsfeldern deutlich, in denen vor dem Hintergrund des Klimawandels und der Ressourcenknappheit die

Grundbedürfnisse einer wachsenden Weltbevölkerung befriedigt werden müssen. Zu diesen Grundbedürfnissen zählen die Versorgung mit Wasser, Nahrung und Energie, Gesundheit und Sicherheit sowie Mobilität. Die zentrale Herausforderung besteht darin, Wege zu finden diese existenziellen Bedürfnisse zu stillen , ohne die ökologischen Grundlagen von Natur und Umwelt zu zerstören (Büchele et al. 2014, S. 23). Um diese Herausforderung langfristig zu meistern, sind „grüne" Innovationen und eine zunehmende Verbreitung von Produkten, Verfahren und Dienstleistungen der Umwelttechnik und Ressourceneffizienz unumgänglich.

Durch die intelligente Verknüpfung solch „grüner" Produkte, Verfahren und Dienstleistungen können innovative Lösungen entstehen, die der Komplexität und den Zusammenhängen von Umweltproblemen Rechnung tragen. Hervorzuheben bei der Kombination „grüner" Technologien ist dabei die Funktion der Informations- und Kommunikationstechnologie (IKT). Die intelligente Verknüpfung und Vernetzung einzelner Komponenten bildet eine wichtige Voraussetzung für ganzheitliche Lösungsansätze (Büchele et al. 2014, S. 24).

Die Technologien der Leitmärkte müssen daher zum einen Lösungen für die Erhaltung der Ökosysteme bieten, zum anderen müssen sie einen Beitrag zur Befriedigung der genannten Grundbedürfnisse leisten. Auf dieser konzeptionellen Grundlage wird die Green Economy durch die Querschnittsbranche Umwelttechnik und Ressourceneffizienz abgebildet und in sechs Leitmärkte unterteilt (Büchele et al. 2014, S. 34). Für eine scharfe Abgrenzung der Green Economy und der möglichst eindeutigen Zuordnung bestimmter Unternehmen zu diesen Leitmärkten, ist diese Unterteilung jedoch zu grob. Daher gliedern sich die jeweiligen Leitmärkte in zwei weitere Ebenen, die Marktsegmente und Technologielinien.

Die Technologielinien, welche Produkte, Verfahren und Dienstleistungen umfassen, bilden dabei die unterste Ebene und werden wiederum zu Marktsegmenten zusammengefasst. Tabelle 2-3 gibt einen Überblick, welche Marktsegmente den sechs Leitmärkten zugeordnet sind.

Tabelle 2-3: Die sechs Leitmärkte der Green Economy

Leitmärkte	Marktsegmente	
Umweltfreundliche Erzeugung, Speicherung und Verteilung von Energie	- Erneuerbare Energien - Umweltschonende Nutzung fossiler Brennstoffe	- Effiziente Netze - Speichertechnologien
Energieeffizienz	- Energieeffiziente Produktionsverfahren - Energieeffizienz von Gebäuden	- Branchenübergreifende Komponenten - Energieeffizienz von Geräten
Nachhaltige Mobilität	- Alternativ Antriebstechnologien - Technologien zur Effizienzsteigerung	- Verkehrsinfrastruktur und Verkehrssteuerung - Erneuerbare Kraftstoffe
Rohstoff- und Materialeffizienz	- Materialeffiziente Produktionsverfahren - Nachwachsende Rohstoffe - Querschnittstechnologien	- Schutz von Umweltgütern - Klimaangepasste Infrastruktur
Kreislaufwirtschaft	- Abfallsammlung, -transport und -trennung - Stoffliche Verwertung	- Abfalldeponierung - Energetische Verwertung
Nachhaltige Wasserwirtschaft	- Wassergewinnung und -aufbereitung - Wassernetz	- Effizienzsteigerung bei der Wassernutzung - Abwasserreinigung

Quelle: Büchele et al. (2014, S. 35), eigene Darstellung

Sowohl auf internationaler als auch auf nationaler Ebene ist die Green Economy bereits heute als Querschnittsbereich ein etablierter Bestandteil der Wirtschaft (Ludewig 2015, S. 10). In Deutschland belief sich das gesamte Marktvolumen im Bereich Umwelttechnik und Ressourceneffizienz, nach einer Studie von Roland Berger, im Jahr 2013 auf 344 Mrd. € (Büchele et al. 2014, S. 8). Die Studie ermittelt für diesen Bereich ein durchschnittliches jährliches Wachstum von 6,6 Prozent, womit dieser bis 2025 ein prognostiziertes Marktvolumen von 740 Mrd. € erreicht (Büchele et al. 2014, S. 8). Genau wie auf globaler Ebene, wird national, vor allem bei der nachhaltigen Mobilität, der Rohstoff- und Materialeffizienz sowie auf dem Leitmarkt der Umweltfreundlichen Erzeugung, Speicherung und Verteilung von Energie, ein überproportionales Wachstum erwartet. Die stärksten Leitmärkte bilden auf dem deutschen Markt die Energieeffizienz, gefolgt von der Umweltfreundlichen Erzeugung, Speicherung und Verteilung von Energie sowie der nachhaltigen Mobilität (s. Abbildung 2-1).

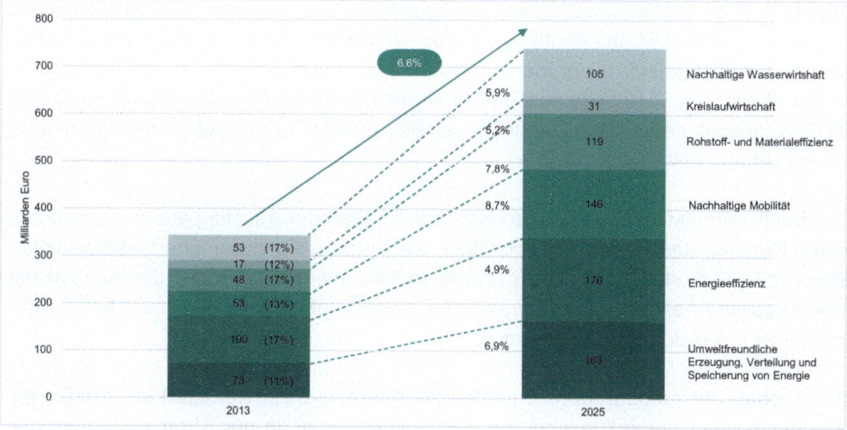

Abbildung 2-1: Deutsche Leitmärkte der Umwelttechnik und Ressourceneffizienz, Marktvolumen und Weltmarktanteil (2013)
Quelle: Büchele et al. (2014, S. 93), eigene Darstellung

Eine ausführliche Gegenüberstellung der wirtschaftlichen Entwicklung in den einzelnen Marktsegmenten, sowohl für die nationale als auch für die globale Ebene, findet sich bei Büchele et al. (2014).

Transformation der Energiewirtschaft als Teil der Green Economy

Wie die wirtschaftliche Betrachtung der Leitmärkte in Deutschland zeigt, spielt das Thema Energie – sei es die umweltfreundliche Erzeugung, effizientere Nutzung und Verteilung der Energie oder eine allgemeine Abkehr von fossilen hin zu erneuerbaren Energiequellen – eine entscheidende Rolle im Umfeld der Green Economy. Für hoch entwickelte Industrieländer wie Deutschland ist die sichere und ständige Verfügbarkeit von Energie eine grundlegende Voraussetzung für die wirtschaftliche Entwicklung in allen Bereichen einer modernen Volkswirtschaft. Durch das Zusammenspiel von Energie und dem Einsatz anderer Produktionsfaktoren lässt sich die Arbeitsproduktivität steigern und die Arbeitsteilung weiterentwickeln und optimieren. Zudem ermöglicht es den Zeitaufwand für bestimmte Tätigkeiten deutlich zu reduzieren, sei es im Produktionssektor, dem Transport- oder Dienstleistungssektor oder den privaten Haushalten (Karl 2011, S. 10). Durch diesen Querschnittscharakter bietet der gesamte Sektor der Energiewirtschaft ein enormes Potential, um die angestrebte grüne Transformation zu meistern. Als größte Emissionsquelle für Treibhausgase besteht ein enger Zusammenhang zwischen dem Energiesektor und dem Klimaschutz. Dementsprechend groß sind die positiven Auswirkungen auf die grüne Transformation, sollte es in den nächsten Jahren und Jahrzehnten gelingen den Energiesektor umweltfreundlicher und effizienter zu gestalten.

Um die in oben beschriebenen Ziele der Green Economy zu erreichen, wurde auch in der politischen Diskussion deutlich, dass ein Umbau des Energiesektors als entscheidendes Handlungsfeld der grünen Transformation unumgänglich ist. In Deutschland wurde, durch das 2010 beschlossene *Energiekonzept der Bundesregierung* und dem 2011 verabschiedeten Gesetzespaket zur Energiewende, der politische Rahmen für diesen Umbau festgelegt.

Die drei Kernpunkte dieses Ordnungsrahmens bilden der Ausstieg aus der wirtschaftlichen Nutzung der Kernenergie bis 2022, die Verbesserung der Energieeffizienz vor allem von Gebäuden, im Verkehr und beim Stromverbrauch sowie der Ausbau der erneuerbaren Energien. Eine Übersicht der Zielarchitektur bis 2020 dieser beiden Reformen ist in Abbildung 2-2 dargestellt.

Der Ausbau der erneuerbaren Energien als Alternative zur Kernkraft stellt dabei die Grundidee des Energiekonzepts dar. Der Energieanteil an der Stromerzeugung aus erneuerbaren Energien soll bis zum Jahr 2025 auf 40 bis 45 Prozent und bis zum Jahr 2035 auf 55 bis 60 Prozent ausgebaut werden. Die Energieversorgung stand bislang insbesondere vor der Herausforderung, hohe Versorgungssicherheit mit zugleich wettbewerbsfähigen Preisen vereinbaren zu können. Das Energiekonzept und die aus dessen Zielen erfolgte Hinzunahme der Anforderungen für den Klimaschutz, führen zumindest kurzfristig zu Konflikten zwischen den Eckpunkten des Zieldreiecks Versorgungssicherheit, Kosten und Klimaschutz (Karl 2011, S. 18). Nach Gallagher et al. (2006) stellen Innovationen bzw. technischer Fortschritt den einzigen Weg dar, diese Konflikte zwischen den Anforderungen einer zukunftsfähigen Energieversorgung zu lösen (Gallagher et al. 2006, S. 195). Der Grad der Entwicklung und Implementierung solcher Innovationen im Bereich der Energiewirtschaft wird maßgeblich über Erfolg oder Misserfolg der beabsichtigten und notwendigen grünen Transformation der heutigen Wirtschafts- und Gesellschaftsstrukturen zu einer klimaverträglichen Ökonomie entscheiden (Karl 2011, S. 18). Damit bilden neue Technologien und Innovationen im Energiebereich den entscheidenden Ansatzpunkt, wie die Themen effektiver Klimaschutz und eine kostengünstige und sichere Energieversorgung vereint werden können (Karl 2011, S. 18).

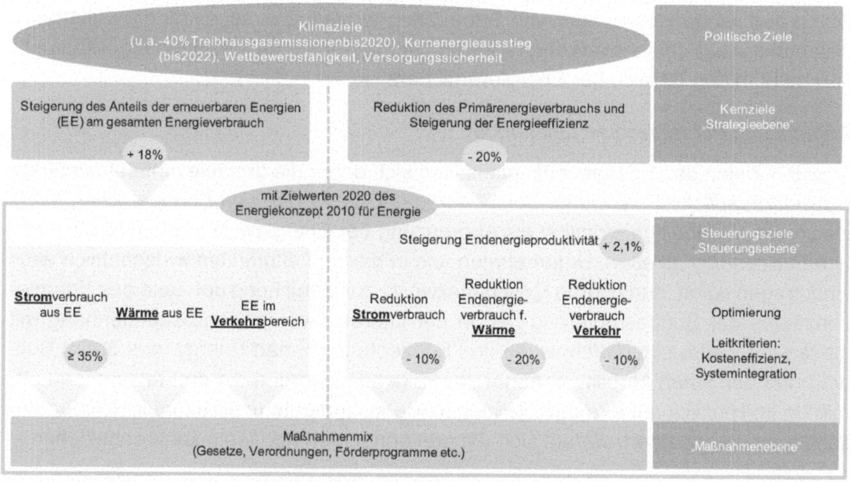

Abbildung 2-2: Strukturierung der Ziele des Energiekonzeptes bis 2020
Quelle: BMWi (2014, S. 5), eigene Darstellung

Eine hauptsächlich auf erneuerbare Energien ausgerichtete Energieversorgung birgt bekannte Risiken und Herausforderungen, wie beispielsweise die dezentrale Erzeugung, Netzinstabilität und eine Verlagerung der Stromproduktion in den Norden Deutschlands (Danelius et al. 2012, S. 6 f.). Neue Technologien und Innovationen im Bereich der Energieerzeugung, beispielsweise der Verbund vieler dezentraler Energieversorger zu virtuellen Kraftwerken, sowie im Bereich der Energieverteilung durch intelligentere und effizientere Netze, spielen bei der Integration der erneuerbaren Energien deshalb eine wichtige Rolle. Erneuerbare Energie heißt auch, dass mehr Speicherkapazitäten nötig werden. Denn Energie aus erneuerbaren Quellen ist unbeständiger als die fossiler Großkraftwerke, so dass Energie aus Spitzenzeiten gespeichert werden muss, um sie gegebenenfalls abrufen zu können. Innovationen im Bereich der Speicherung von Energie bieten daher ebenfalls ein großes Potential zur Erreichung der Ziele des Energiekonzeptes.

Neben der reinen Energieerzeugung, Speicherung und Verteilung ist es ebenfalls Ziel des Energiekonzepts, den Energieverbrauch in Deutschland möglichst konstant zu halten. Dazu wurde das Thema Energieeffizienz als zweite Säule einer erfolgreichen Umsetzung der Energiewende festgelegt. Die größten Einsparmöglichkeiten liegen hierbei in den Bereichen der Gebäudeeffizienz (Büchele et al. 2014, S. 37). Um die übergeordneten Klimaziele im Energiekonzept zu erreichen, steht neben dem Ausbau der erneuerbaren Energien und der Energieeffizienz auch eine größtmögliche Abkehr von fossilen Energieträgern im Fokus des Energiekonzepts. Diese Abkehr hat neben der Energieproduktion auch im Besonderen Auswirkungen auf den Mobilitätssektor.

Durch den verstärkten Einsatz von Strom als Energiequelle, sei es für die Elektromobilität oder den Schienenverkehr, rückt die Thematik einer nachhaltigen Mobilität mehr und mehr in den Bereich der Energiewirtschaft.

Abgrenzung der relevanten Leitmärkte

Aus den Zielen des Energiekonzepts lassen sich daher die drei relevanten Leitmärkte *Umweltfreundliche Erzeugung, Speicherung und Verteilung von Energie*, *Energieeffizienz* und *Nachhaltige Mobilität* als Abgrenzung der Energiewirtschaft im Kontext der Green Economy ableiten. Unternehmen, die in diesen Leitmärkten wirtschaftlich aktiv sind, tragen somit, durch ihren Geschäftszweck, zur Erreichung der Ziele des Energiekonzeptes der Bundesregierung bei. In der Literatur werden in Zusammenhang mit diesen drei Leitmärkten oftmals die drei Konzepte der Smart Energy, des Smart Building und der Smart Mobility genannt. Im Folgenden werden die drei relevanten Leitmärkte im Hinblick auf ihre dazugehörigen Marktsegmente und Technologielinien beschrieben und erläutert, worauf sich die drei genannten Konzepte konkret beziehen.

Die angestrebte Dekarbonisierung des Energiesektors erfordert einen intelligenten Umbau der Energieversorgung und wird daher auch oft als Konzept der „Smart Energy“ bezeichnet (Büchele et al. 2014, S. 24). Bei einem solchen Umbau spielt die Umwelttechnik, die Ressourceneffizienz und insbesondere die Technologielinien des Leitmarktes *Umweltfreundliche Erzeugung, Speicherung und Verteilung von Energie* eine entscheidende Rolle.

Beim Thema Erzeugung wird durch den technischen Fortschritt bei Systemen zur Erzeugung von Strom und Wärme aus regenerativen Energiequellen zunehmend die Dezentralisierung der Energieversorgung vorangetrieben. Photovoltaik, Wind, Wasserkraft und Biomasse, auf Seiten der Stromerzeugung, sowie Solar- und Geothermie zur Wärmeerzeugung sind daher wichtige Technologielinien, die dem Marktsegment *Erneuerbare Energien* zuzuordnen sind (s. Tabelle 2-4).

Neben der zunehmenden Nutzung solcher regenerativer Quellen muss beachtet werden, dass Kohle, Erdgas und Erdöl auch in den nächsten Jahrzehnten den globalen Energiemix dominieren werden (Büchele et al. 2014, S. 36). Das zweite Marktsegment beinhaltet daher die *Umweltschonende Nutzung fossiler Brennstoffe*. Dieses Segment umfasst Technologien, die den Ressourcenverbrauch und den Schadstoffausstoß bei der Stromerzeugung aus diesen fossilen Brennstoffen minimieren. Dazu gehören beispielsweise Blockheizkraftwerke oder eine intensivere Abwärmenutzung.

Tabelle 2-4: Der Leitmarkt Umweltfreundliche Erzeugung, Speicherung und Verteilung von Energie

Umweltfreundliche Erzeugung, Speicherung und Verteilung von Energie		
Marktsegmente	Technologielinien	
Erneuerbare Energien	- Photovoltaik - Solarthermie - Biomassenutzung - Windkraft (Onshore)	- Windkraft (Offshore) - Geothermie - Wasserkraft
Umweltschonende Nutzung fossiler Brennstoffe	- GuD-Kraftwerke - Blockheizkraftwerke - Hochleistungskraftwerke	- Abwärmenutzung - CCS (CO2-Abscheidung und -Speicherung)
Speicher-technologien	- Mechanische Speicherung von Energie - Elektrochemische Speicherung von Energie - Elektronische Speicherung von Energie	- Power2Gas - Thermische Speicherung von Energie
Effiziente Netze	- Regelungstechnologien für Netze - Regelungstechnologien für Anlagen - IKT („Internet der Energie")	- Wärme- und Kältenetze - Zähl- und Verbrauchsmessungssysteme

Quelle: Büchele et al. (2014, S. 36), eigene Darstellung

Steigt der Anteil an erneuerbaren Energien und damit die fluktuierende und dezentrale Energieversorgung, müssen die Speicherkapazitäten für Energie deutlich wachsen. Durch diesen Ausbau kann das für die Netzstabilität notwendige Gleichgewicht zwischen Stromerzeugung und Nachfrage geregelt werden. Dabei müssen Speicher den Strom im Falle eines Überschusses zwischenspeichern und bei hoher Nachfrage wieder ins Netz einspeisen (Büchele et al. 2014, S. 37). Das Marktsegment *Speichertechnologien* umfasst hierbei verschiedene Lösungsansätze, wie beispielsweise Power2Gas[4], Batterietechnologien oder eine mechanische oder thermische Speicherung von Energie.

Durch die zunehmende Dezentralisierung und die starke Konzentration der Offshore-Windkraftwerke im Norden Deutschlands, stellen effiziente Netze eine entscheidende Voraussetzung für die Versorgungssicherheit dar (Büchele et al. 2014, S. 37). Das Marktsegment *Effiziente Netze* umfasst vor allem intelligente Regelungstechnologien für Netze und Anlagen sowie, in Verbindung mit Informations- und Kommunikationstechnologien, neue Zähl- und Verbrauchsmessungssysteme. Dazu zählen ebenfalls virtuelle Kraftwerke und Systeme zum Smart Metering, welche ein verbessertes Lastmanagement ermöglichen. Bei ersteren werden kleine und mittelgroße dezentrale Stromerzeuger wie Windenergie- und Solaranlagen, Wasserkraftwerke und Biogasanlagen zu einem virtuellen Kraftwerk vernetzt. Im Verbund können diese dezentralen

4 Mit dem Strom aus Windenergie- oder Solaranlagen wird Wasser durch Elektrolyse in Wasserstoff und Sauerstoff gespalten. Der Wasserstoff kann gespeichert werden und bei Bedarf rückverstromt oder zu Heizzwecken eingesetzt werden oder durch Zuführung von Kohlendioxid zu Methan, also „synthetischem Erdgas" transformiert werden (Büchele et al. 2014, S. 58).

Erzeuger ihre Kapazitäten dann an der Strombörse verkaufen oder den Netzanbietern als Regelreserve anbieten (Büchele et al. 2014, S. 25).

Als zweite Säule des Energiekonzepts der Bundesregierung wurde das Thema Energieeffizienz ausgerufen. Neben einer verstärkten CO_2-armen bzw. CO_2-freien Energieversorgung, tragen eine Verbesserung der Energieeffizienz und die damit einhergehende Begrenzung des Energieverbrauchs, zu einer erfolgreichen grünen Transformation bei. Der Leitmarkt *Energieeffizienz* umfasst daher die wesentlichen Handlungsfelder für eine Verbesserung der Energieeffizienz und orientiert sich an Bereichen, die große Potentiale für Einsparungen bieten (s. Tabelle 2-5).

Das Marktsegment *Energieeffiziente Produktionsverfahren* bezieht sich auf Kernprozesse in unterschiedlichen, energieintensiven Wirtschaftsbranchen, wie Metallerzeugung, Grundstoffchemie, Nahrungsmittelproduktion etc. Dabei betrachtet dieses Segment vor allem Möglichkeiten, wie Unternehmen durch die Optimierung ihrer Prozesse den Energieverbrauch senken können.

Unabhängig von der Branchenzugehörigkeit werden im Marktsegment *Branchenübergreifende Komponenten* Technologien zusammengefasst, die bei unterstützenden Prozessen zu Energieeinsparungen führen können. Dazu gehören zum Beispiel elektrische Antriebe, Pumpensysteme, Druckluft- und Vakuumsysteme oder die im Rahmen der intelligenten Vernetzung notwendigen Mess- und Regelungstechniken.

Tabelle 2-5: Der Leitmarkt Energieeffizienz

Energieeffizienz		
Marktsegmente	Technologielinien	
Energieeffiziente Produktionsverfahren	- … bei der Metallerzeugung - … in der Grundstoffchemie - … im Fahrzeugbau - … im Handel/Logistik	- … in der Metallbearbeitung - … bei der Produktion von Papier/Pappe - … in der Nahrungsmittelherstellung
Energieeffizienz von Gebäuden	- Wärmedämmung - Gebäudeautomation	- Effiziente Heizungs-, Klima-, Lüftungstechnik - Passivhäuser/Plus-Energiehäuser
Energieeffizienz von Geräten	- Energieeffizienz von Haushaltsgeräten - Green IT	- Energieeffiziente Beleuchtung - Energieeffiziente Unterhaltungselektronik
Branchenübergreifende Komponenten	- Mess-, Steuer- und Regeltechnik - Prozessleittechnik - Pumpensysteme	- Elektrische Antriebe - Wärmetauscher - Kompressoren, Druckluft und Vakuumtechnik

Quelle: Büchele et al. (2014, S. 37), eigene Darstellung

Die beiden erst genannten Marktsegmente beziehen sich in der Regel auf interne Effizienzverbesserung von Unternehmen. Das Marktsegment *Energieeffizienz von Geräten* bezieht sich neben den Unternehmen jedoch vor allem auf private Konsumenten.

Betrachtet werden Technologien im Bereich der Informations- und Kommunikationstechnologie, der Beleuchtung und der Unterhaltungselektronik sowie zur energetischen Effizienzsteigerung von Haushaltsgeräten (z.B. „Weiße Ware").

Als Marktsegment mit dem größten Einsparpotential gilt die *Energieeffizienz von Gebäuden*. In Deutschland entfielen 2014 ca. 35 Prozent des Primärenergieverbrauchs auf die Bereitstellung von Raumwärme und Warmwasser in Gebäuden. In privaten Haushalten beträgt der Anteil dieser Bereitstellung sogar 85 Prozent des gesamten Energiebedarfs (AGEB 2015). Diese Zahlen machen deutlich welches Potential in einer Verbesserung der Energieeffizienz von Gebäuden liegt. Bis 2050 soll der Primärenergiebedarf von Gebäuden in Deutschland gegenüber dem Basisjahr 2008 um 80 Prozent gesenkt werden (BMWi 2014). Um dieses ambitionierte Ziel zu erreichen, gilt es zum einen die Sanierung von Bestandsgebäuden voranzutreiben, zum anderen sollte bei Neubauten auf eine möglichst energieeffiziente und klimaschonende Bauweise geachtet werden.

Neben den baulichen Maßnahmen, umfasst das Marktsegment auch Effizienzeffekte durch Gebäudeautomation und intelligente Steuerung mittels IKT gestützten Technologien. Die Verwendung solch intelligenter Steuerungs- und Informationstechnik führte im Zusammenhang mit Gebäuden zur Einführung des Smart Building Konzepts (Büchele et al. 2014, S. 26). Ermöglicht werden diese intelligenten Gebäude maßgeblich durch die internetbasierte Vernetzung der Mess- und Regelungstechnik, der Gebäudeautomation, der Heizungs-, Klima- und Lüftungstechnik sowie der Einbindung intelligenter Zähl- und Verbrauchsmesssysteme, auch bekannt als Smart Metering. Auffallend ist am Konzept des Smart Building, dass diese Technologien mehrere Leitmärkte und Marktsegmente kombinieren. Hier zeigt sich erneut der Querschnittscharakter der Umwelttechnik und Ressourceneffizienz, welche bei der Realisierung solcher Smart Building Konzepte ihr volles Potential entfalten kann (Büchele et al. 2014, S. 26). Zudem umfasst das Marktsegment *Energieeffizienz von Gebäuden* die Technologielinien Wärmedämmung, Passivhäuser und Plus-Energiehäuser.

In Deutschland betrug der Anteil des Verkehrssektors am gesamten Energieverbrauch im Jahr 29 Prozent (AGEB 2015). Dazu entfielen im Jahr 2010 20 Prozent der CO_2-Emissionen auf diesen Sektor (Kalinowska et al. 2012). Den höchsten Anteil, sowohl am Energieverbrauch als auch an den Emissionen, trägt dabei der motorisierte Individualverkehr (Kalinowska et al. 2012). Wie der vorherigen Strukturierung der Ziele des Energiekonzeptes bis 2020 (s. Abbildung 2-2) zu entnehmen ist, soll der Energieverbrauch nach dem Energiekonzept der Bundesregierung bis 2020 um zehn Prozent und bis 2050 sogar um 40 Prozent gegenüber 2005 sinken. Um diese Ziele zu erreichen, sind im Rahmen der grünen Transformation im Verkehrssektor Konzepte und Technologien gefordert, welche die Themen Energieeffizienz, Ressourceneffizienz und Klimaschutz berücksichtigen und gleichzeitig das Grundbedürfnis Mobilität befriedigen. Diese werden im Leitmarktansatz des Umwelttechnologie-Atlas unter dem Leitmarkt

Nachhaltige Mobilität zusammengefasst. Hauptgrund für den hohen Anteil an CO_2-Emissionen ist die Abhängigkeit vom fossilen Energieträger Öl. Ein verringerter Einsatz dieser momentanen Schlüsselressource bietet großes Potential zur Dekarbonisierung des Verkehrssektors (Büchele et al. 2014, S. 42).

Tabelle 2-6: Der Leitmarkt Nachhaltige Mobilität

Nachhaltige Mobilität		
Marktsegmente	Technologielinien	
Alternative Antriebstechnologien	- Hybridantrieb - Elektroantrieb	- Brennstoffzellenantrieb
Erneuerbare Kraftstoffe	- Bioethanol - Biodiesel - Regenerativ erzeugter Wasserstoff	- Biomethan - Bio-Kerosin
Technologien zur Effizienzsteigerung	- Effizienzsteigerung von Verbrennungsmotoren - Leichtbautechnologien	- Energiesparende Reifen
Verkehrsinfrastruktur und Verkehrssteuerung	- Schienenfahrzeuge und Schieneninfrastruktur - Öffentlicher Personennahverkehr - Tankstelleninfrastruktur für alternative Antriebe	- Car Sharing - Verkehrsleitsysteme

Quelle: Büchele et al. (2014, S. 42), eigene Darstellung

Wichtige Hebel um diese Abhängigkeit zu reduzieren, sind die Effizienzsteigerung von Verbrennungsmotoren oder Technologien zum umweltfreundlichen Fahrzeugdesign. Diese Technologien werden im Marktsegment *Technologien zur Effizienzsteigerung* zusammengefasst (s. Tabelle 2-6).

Auch wenn Fahrzeuge mit konventionellem Antrieb auf absehbare Zeit den Großteil des weltweiten Fahrzeugbestandes ausmachen, stellen alternative Antriebstechnologien ebenfalls einen erfolgsversprechenden Weg dar, die Abhängigkeit vom Energieträger Öl zu reduzieren (Büchele et al. 2014, S. 42). Fahrzeuge mit rein batterieelektrischen Antrieben oder einer Brennstoffzelle, laufen in der Betriebsphase ohne CO_2-Emissionen. Wird der Strom für die Elektrofahrzeuge zudem durch erneuerbare Energien gewonnen, operieren diese Fahrzeuge komplett CO_2-frei und leisten somit einen wichtigen Beitrag zur nachhaltigen Mobilität (Büchele et al. 2014, S. 30). Das Marktsegment *Alternative Antriebstechnologien* umfasst daher alle Technologien zu reinen Elektroantrieben, Hybridantrieben und Brennstoffzellenantrieben.

Das Marktsegment *Erneuerbare Kraftstoffe* verfolgt ein ähnliches Ziel wie die alternativen Antriebstechnologien. Durch nachwachsende Alternativen zum Energieträger Öl soll die Abhängigkeit des Verkehrssektors gegenüber dieser Ressource abgebaut werden.

Neben den rein technischen Effizienzverbesserungen, gilt der Ausbau einer innovativen Verkehrsinfrastruktur als weiterer Hebel zur Dekarbonisierung und Energieeinsparung. Dazu zählt zum einen eine bessere Verzahnung des Individualverkehrs mit den Angeboten des Öffentlichen Personennahverkehrs (ÖPNV). Diese beinhaltet beispielsweise einen Ausbau von Car-Sharing Programmen oder eine Erweiterung des Schienenverkehrs. Zum anderen gewinnt die Integration der alternativen Antriebe durch den Ausbau einer Ladeinfrastruktur an Bedeutung.

Die intelligente Verknüpfung von unterschiedlichen Verkehrsträgern in urbanen Zentren stellt einen zentralen Baustein sogenannter Smart Mobility Konzepte dar. Wie bei den Konzepten des Smart Home und Smart Building müssen zu einer erfolgreichen Umsetzung von Smart Mobility Konzepten unterschiedliche Marktsegmente und Technologielinien in Kombination mit neuen Informations- und Kommunikationstechnologien zusammenwirken (Büchele et al. 2014, S. 29 f.). Solche leistungsfähigen Informations- und Kommunikationstechnologien schaffen zudem neue Möglichkeiten zu intelligenten Verkehrskonzepten und Verkehrsleitsystemen. All diese Technologien sind dem Marktsegment *Verkehrsinfrastruktur und Verkehrssteuerung* zugeordnet.

Das Untersuchungsumfeld der vorliegenden Arbeit begrenzt sich somit auf die Technologielinien und Marktsegmente der drei Leitmärkte *Umweltfreundliche Erzeugung, Speicherung und Verteilung von Energie*, *Energieeffizienz* und *Nachhaltige Mobilität*. Die drei Konzepte Smart Energy, Smart Building und Smart Mobility zeigen, dass in der Querschnittsbranche Energiewirtschaft zum Teil mehrere Technologien aus verschiedenen Leitmärkten kombiniert werden müssen, um zu einem erfolgreichen Ergebnis in Form von neuen Produkten, Dienstleistungen oder Technologien zu gelangen. Diese Verschmelzung verschiedener Technologien führt oftmals dazu, dass ein Unternehmen durchaus in mehreren Technologien oder sogar in mehreren Leitmärkten aktiv sein kann.

2.2 Statistiken und Studien zum Gründungsgeschehen

Auf Grundlage einer Analyse relevanter nationaler und internationaler Gründungsstatistiken, soll zunächst ermittelt werden, inwiefern Unternehmensgründungen in Deutschland überhaupt und im Speziellen im Bereich der Energiewirtschaft erfasst werden. Zudem werden die jeweiligen Erhebungsmethoden, die zugrundeliegenden Datenquellen sowie die differenzierten Verständnisse von Gründungen untersucht. Die gewonnenen Erkenntnisse zu potentiellen Erhebungsansätzen sollen dazu dienen, den eigenen Erhebungsansatz in Bezug auf die Gründungsuntersuchungen in der Energiewirtschaft in Deutschland zu schärfen. Als Ergebnis dieses Prozesses wird der Untersuchungsgegenstand der vorliegenden Untersuchung abgegrenzt.

2.2.1 Allgemeines Gründungsverständnis und Definition

Um Unternehmensgründungen messbar zu machen und entsprechende Daten zum Gründungsgeschehen in einem Land wie Deutschland zu sammeln, ist der erste

Schritt eine Klärung des Gründungsverständnisses sowie eine daraus folgende allgemeine Definition des Gründungsbegriffs. Basierend auf einer Literaturrecherche und der Gegenüberstellung unterschiedlicher Ansätze von nationalen und internationalen Gründungsstatistiken[5], wird im Folgenden das zugrunde gelegte Gründungsverständnis definiert.

Allgemeine Vorschläge zur Systematisierung junger Unternehmen basieren oftmals auf institutionellen Gegebenheiten, wie beispielsweise der Rechtsform, der Finanzierungsform, den Gründerpersonen oder den Gründungsunternehmen (Fallgatter 2007, S. 24). Den Ausgangspunkt für solche Systematisierungen bildet jedoch immer die Frage, ob ein Unternehmen bereits besteht und die Gründung auf vorhandenen Vorgängerstrukturen aufbaut oder ob die Gründung auf komplett neuen Strukturen basiert. Diese Unterscheidung nach der Strukturschaffung und Strukturveränderung führt zur Unterscheidung in originäre und derivative Gründungen (Fallgatter 2007, S. 24). Erstere beziehen sich dabei auf die neue Strukturschaffung, letztere auf die Veränderung vorhandener Strukturen. Neben der Unterscheidung der Strukturen, lassen sich Unternehmensgründungen zusätzlich nach den initiierenden Personen oder Unternehmen unterscheiden. Tabelle 2-7 stellt die unterschiedlichen Unterscheidungsmerkmale vor. Auf eine weitere Abgrenzung bei der Rechtsform wird bewusst verzichtet, da Startups im Allgemeinen alle Rechtsformen als Gründung zulassen. Zu den häufigsten Personengesellschaften gehören die Gesellschaft bürgerlichen Rechts (GbR), die offene Handelsgesellschaft (oHG) oder die Kommanditgesellschaft (KG). Als Kapitalgesellschaften werden sie meist als GmbH, „Unternehmergesellschaft (haftungsbeschränkt)“ (UG) oder Aktiengesellschaft (AG) gegründet. Daneben können auch Mischformen wie die GmbH & Co. KG. als Rechtsform für Startups in Frage kommen (Krischer 2001, S. 37 ff.). Ebenfalls verzichtet wird auf eine Gegenüberstellung der unterschiedlichen Rechtsformen. Die jeweiligen Merkmale der verschiedenen Rechtsformen sind bei Bedarf bspw. bei IHK (2015) übersichtlich dargestellt.

Tabelle 2-7: Systematik von Unternehmensgründungen

Ausgangspunkt / Initiierung durch	Strukturveränderung (derivative Gründung)	Strukturschaffung (originäre Gründung)
Unternehmer	Übernahme, Management-Buy-Out, Management-Buy-In	Neugründung
Etablierte(s) Unternehmen	Akquisition, Fusion	(Groß-)Projekte
Etabliertes Unternehmen und Unternehmer	Franchise-Unternehmen	Durch Risikokapital oder Business Angel finanziertes Unternehmen

Quelle: Fallgatter (2007, S. 25), eigene Darstellung

5 KfW-Gründungsmonitor, Mannheimer Gründungspanel, DIHK-Gründerreport, IfM Gründungs- und Liquidationsstatistik, Global Entrepreneurship Monitor (GEM) sowie Green Economy Monitor

Laut Weiß und Fichter (2013) sind zur Definition des Gründungsverständnisses drei Bestandteile von besonderer Bedeutung:

- der Betrachtungsgegenstand
- der Gründungsprozess und
- die Altersabgrenzung von Gründungen

Auf diese Punkte soll im Folgenden eingegangen und anhand dieser Bestandteile das Gründungsverständnis der vorliegenden Arbeit geklärt werden.

Betrachtungsgegenstand

Aufbauend auf der Systematik von Tabelle 2-7, werden im Folgenden bestimmte Begrifflichkeiten gegenübergestellt und definiert. Diese Definitionen werden anschließend auf den konkreten Fall dieser Arbeit eingegrenzt, wodurch sich der vorliegende Betrachtungsgegenstand ergibt. Der Betrachtungsgegenstand als solcher umschließt die drei Aspekte des Gründungsursprungs, der Gründungsart und des Gründungsverständnisses. Der Gründungsursprung wird dabei unterteilt in derivative und originäre Gründungen. Die Gründungsart umfasst die Unterscheidung zwischen Existenzgründungen und Unternehmensgründungen, das Gründungsverständnis differenziert ein personenorientiertes und ein unternehmensorientiertes Verständnis.

Derivative Gründungen umfassen junge Unternehmen, die auf vorhandenen Strukturen aufbauen. Sie bezeichnen damit Unternehmensgründungen, welche durch einen Wechsel in der Eigentümerstruktur, das Herauslösen eines Unternehmensteils, die Zusammenführung einzelner Unternehmen oder den Aufbau eines Unternehmens basierend auf einem bewährten Konzept entstehen (Fallgatter 2007, S. 25). Wie Tabelle 2-7 zu entnehmen ist, sind Beispiele für derivative Gründungen Management-Buy-Outs oder Buy-Ins, sowie Gründungen durch Akquise und Franchising oder Fusionen und Vertragsbeteiligungen. Durch die existierenden Vorgängerstrukturen und dem bereits etablierten Marktzugang besteht für derivative Gründungen bereits eine gewisse Prägung und Abhängigkeit (Schreyögg et al. 2003, Garud und Karnøe 2001). Ein großer Unterscheid zu den Problemstrukturen und Entwicklungsmustern originärer Gründungen besteht daher in der bereits am Markt getesteten und bewährten Konzeption der zugrundeliegenden Strukturen (Fallgatter 2007, S. 25).

Originäre Gründungen bezeichnet Gründungen die auf komplett neuen Strukturen aufbauen. Wie Tabelle 2-7 zeigt, zählen zu solchen originären Gründungen auch Großprojekte etablierter Unternehmen, bspw. der Aufbau eines Tochterunternehmens, sowie durch Risikokapital oder Business Angels finanzierte Unternehmen (Fallgatter 2007, S. 25). Diese beiden Gründungsarten lassen sich recht einfach voneinander unterscheiden. Großprojekte etablierter Konzerne sind gekennzeichnet durch die Ausrichtung auf ein neues Marktsegment und die dazu nötige Errichtung einer spezifischen Organisation. Fremd- oder Eigenkapitalfinanzierungen (beispielsweise von

Banken, Private Equity-Häusern etc.) betreffen hingegen sehr innovative Geschäftsideen und -modelle und somit noch keine etablierten Marktsegmente (Fallgatter 2007, S. 26). Durch diese fehlende Etablierung sind solche Gründungen einem hohen Risiko ausgesetzt. Risikokapitalgeber können dieses Risiko verringern, indem sie der Gründung zum einen Eigenkapital und zum anderen, bei Fragen der Unternehmensführung, ihr Know-how zur Verfügung stellen. Sogenannte „Business Angels" bieten die gleichen Möglichkeiten wie Risikokapitalgeber, setzen zur Förderungen von Gründungen jedoch ihr Privatvermögen ein (Fallgatter 2007, S. 26). Näheres zu den Unterschieden dieser Finanzierungsformen findet sich in Kapitel 2.4.1 Phasen, Formen und Kapitalgeber der Startup Finanzierung.

Schwieriger als die Unterscheidung zwischen Großprojekten und durch Risiko- oder Privatkapital finanzierte Gründungen, fällt die Differenzierung zwischen *Existenzgründung* und *Unternehmensgründung*. Die Problematik bei der Differenzierung dieser beiden Gründungsarten liegt in ihrer strukturellen Ähnlichkeit. So lassen sie sich hinsichtlich ihrer anfänglichen Größe nicht unterscheiden und aufgrund ihrer ähnlichen Entwicklung nicht problemlos zuordnen. Zudem gehen beide Gründungsarten mit der Zeit mitunter ineinander über (Fallgatter 2007, S. 26). Eine erste Differenzierung der beiden Begriffe wurde im Jahr 1977 von Szyperski und Nathusius (1977, S. 27 f.) eingeführt. Danach beschreiben Existenzgründungen Kleingewerbe, wohingegen Unternehmensgründungen immer einen Innovationsbezug haben. Die extreme Form solcher Unternehmensgründungen, also Gründungen die Basisinnovationen vorantreiben, entspricht im Sinne von Schumpeter und Opie (1934) Pionierunternehmen, die grundlegende Innovationen auf den Weg bringen (Fallgatter 2007, S. 26, siehe dazu auch Kapitel 2.3.1).

Sowohl die Existenz- als auch die Unternehmensgründung führen im betriebswirtschaftlichen Sinne zu einem neuen Unternehmen. Während Existenzgründungen, wie beispielsweise Handwerksbetriebe, Gebrauchtwagenhändler oder andere Dienstleister, nach einem Ausscheiden des Gründers in ihrer bisherigen Form nicht weiter bestehen, sind Unternehmensgründungen in der Regel längerfristig und auf spezielle Produkt- und Marktkombinationen ausgerichtet (Fallgatter 2007, S. 27). Die Unterscheidung wird stark durch die vorherrschende Wettbewerbsart geprägt. Da es sich bei Existenzgründungen lediglich um die Kopie bekannter Unternehmensarten handelt, stehen diese immer in einer Art Verdrängungswettbewerb. Demgegenüber befinden sich Unternehmensgründungen in einem Innovationswettbewerb zueinander (Fallgatter 2007, S. 27). Zwar gibt es auch solche Unternehmensgründungen, die Geschäftsmodelle von anderen Unternehmensgründungen kopieren, dennoch steht auch bei solchen Gründungen der Innovationsgedanke und -wettbewerb im Vordergrund (Heuss 1965). Tabelle 2-8 fasst die wesentlichen Unterscheidungsmerkmale der Existenz- und Unternehmensgründung zusammen.

Tabelle 2-8: Existenz- und Unternehmensgründung

	Existenzgründung	Unternehmensgründung
Ausgangspunkt	• Dauerhaft omnipräsente Gründerperson • Geschäftsidee wurde in ähnlicher Form bereits (oftmals) realisiert, Kontaktdienstleister	Eigenständige Produkt/Markt-Kombination
Beispiele	Handwerk, Einzelhandel, Freiberufliche Tätigkeit	Technologieorientierte Produzenten, innovative Dienstleister
Vorherrschende Wettbewerbsart	Verdrängungswettbewerb	Innovationswettbewerb
Zeitliche Perspektive der Geschäftsidee	Kein Produktlebenszyklus (mittelfristig) beobachtbar	• Produktlebenszyklus oftmals existent • Marktphasen haben prägenden Charakter
Wachstums- und Beschäftigungspotentiale	• Deutlich begrenzt • Typisch ist familienbezogene Beschäftigung	Prinzipiell keine Begrenzung

Quelle: Fallgatter (2007, S. 27), eigene Darstellung

Neben den rein derivativen oder originären Gründungen existieren ebenfalls Mischformen dieser beiden Gründungsarten, sogenannte Spin-Offs oder Split-Offs. Darunter wird die Ausgründung einer Abteilung oder eines Unternehmensbereiches verstanden, der sodann als eigenständiges Unternehmen am Markt tätig ist (Schumann 2006). Sie werden als Mischform bezeichnet, da von einer originären Gründung gesprochen werden kann, wenn durch die Ausgründung eine gänzlich neue Geschäftsidee am Markt umgesetzt wird. Wird hingegen einfach nur ein bestehender Bereich ausgegliedert, kann von einer derivativen Gründung gesprochen werden. Solche Spin-Offs sind für die vorliegende Untersuchung vor allem dann interessant, wenn es sich um universitäre Ausgründungen handelt, also um Gründungen im Hochschulkontext.

Wie in der Einleitung dieses Kapitels bereits erwähnt, lassen sich Gründungen neben dem strukturellen Umfeld auch in Bezug auf die initiierende Person oder Institution unterscheiden. In diesem Zusammenhang wird oftmals eine Entscheidung zwischen unselbstständigen Gründungen und selbstständigen Gründungen getroffen. Bei ersterem entsteht zwar ein neues Unternehmen, jedoch kein neuer Unternehmer. Bei selbstständigen Gründungen tritt entsprechend ein neuer Unternehmer als Gründer des Unternehmens auf (Schumann 2006). Einige Gründungsstatistiken, wie beispielsweise der KfW-Gründungsmonitor, legen ein *personenorientiertes Gründungsverständnis*, also einen Fokus auf die gründende Person selbst – den sogenannten Entrepreneur - zugrunde. Dieser kann dabei allgemein als eine Person definiert werden, die neue Geschäftsmöglichkeiten sieht und Unternehmen von Grund auf neu aufbaut, oftmals nur mit begrenzten Ressourcen und einer Fülle von Risiken (Schaper 2002). Die Erhebungen basieren in diesen Fällen vorwiegend auf direkten Befragungen der Gründer selbst (Sternberg et al. 2015, S. 7).

Demgegenüber steht das *unternehmensorientierte Gründungsverständnis*. Bezogen auf die Unterscheidung in selbständige und unselbstständige Gründungen, bietet dieser Ansatz den Vorteil, dass letztlich nur das neugegründete Unternehmen entscheidend ist, unabhängig von der gründenden Person. Letzterer Ansatz ist daher bei statistischen Erhebungen weiterverbreitet als der personenbezogene Ansatz und wird beispielsweise für das Mannheimer Gründungspanel oder die Gründungs- und Liquidationsstatistik des Instituts für Mittelstandforschung (IfM) verwendet (vgl. Bretz et al. 2015, S. 3 und Günterberg 2011). Da bei der vorliegenden Arbeit ein Hauptinteresse darin besteht, die Bedeutung von Gründungsunternehmen für die Energiewirtschaft zu untersuchen, wird im Folgenden ein unternehmensorientierter Ansatz zugrunde gelegt.

Gründungsprozess

Gründungsstatistiken unterscheiden in der Regel zwischen zwei Phasen des Gründungsprozesses, der Vor- und Nachgründungsphase. Nach Singer et al. differenziert die Vorgründungsphase dabei zwischen potentiellen Gründern („potential entrepreneurs") und werdenden Gründern („nascent entrepreneurs") (Singer et al. 2015, S. 13). Um diese Vorgründungsphase messen zu können, müssen jedoch explizite Gespräche mit solchen angehenden Gründern geführt werden, wie dies zum Beispiel im jährlichen DIHK-Gründerreport praktiziert wird (DIHK 2015, S. 4). Eine solche Erhebung zählt jedoch eher in den Bereich des personenbezogenen Gründungsverständnisses. Die vorliegende Arbeit konzentriert sich daher, wie ein großer Teil der Gründungsstatistiken, ausschließlich auf die Nachgründungsphase.

Altersabgrenzung der Unternehmensgründungen

Der KfW-Gründungsmonitor legt für die Dauer dieser Nachgründungsphase einen Zeitraum von ein bis drei Jahren fest (Metzger 2015, S. 5). Bei Xavier et al. bilden Gründungen im Zeitraum von dreieinhalb Jahren die Kategorie „New Entrepreneurs" (Singer et al. 2015, S. 13). Sternberg et al. (2015) bezeichnen die Kategorie von null bis drei Jahren als „Young Entrepreneurs". Auch Gründerpreise wie der Deutsche oder der Bayerische Gründerpreis adressieren häufig ein bis drei Jahre alte Unternehmen, einen Zeitraum, der auch bei Förderprogrammen, wie dem ERP-Gründerkredit[6], die maximale Förderdauer darstellt (Weiß und Fichter 2013, S. 14). Gründungsstatistiken wie der Global Entrepreneurship Monitor oder das Mannheimer Gründungspanel erfassen zudem auch Gründungen über diesen Zeitraum hinaus. In diesen Erhebungen werden Unternehmensgründungen bis zu einem Alter von acht Jahren untersucht (Singer et al. 2015; Bretz et al. 2015). Auch der Green Economy Monitor untersucht neue und junge Unternehmensgründungen über eine Zeitspanne von null bis acht Jahren (Weiß und Fichter 2013).

6 Für nähere Informationen zum ERP-Gründerkredit der KfW siehe KfW (2015)

Gegenstand der vorliegenden Arbeit sind nach dem unternehmensorientierten Verständnis Unternehmen, die ihre Geschäftstätigkeit bereits aufgenommen haben. Der relevante Zeitraum nach Aufnahme der Geschäftstätigkeit beschränkt sich dabei auf die Betrachtung der Kategorien „Neue Unternehmensgründungen“, welche sich zusammensetzt aus den Kategorien „New Entrepreneur“ und „Youth Entrepreneur“, sowie der Kategorie „Junge Unternehmensgründungen“, welche ein Alter zwischen drei und acht Jahren aufweist (s. Abbildung 2-3). Maßgeblicher Bezugspunkt für die Unternehmensgründung ist das Gründungsdatum, wofür der im Handelsregister erfasste Zeitpunkt der Gewerbeanzeige ausgewählt wird.

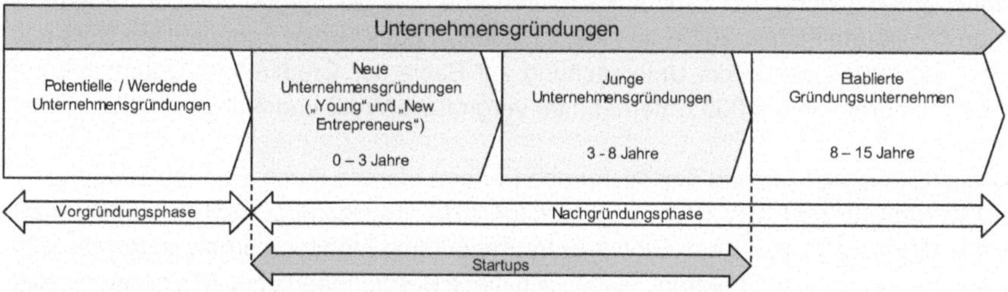

Abbildung 2-3: Altersabgrenzung von Unternehmensgründungen
Quelle: Weiß und Fichter (2013, S. 15), eigene Darstellung

Neben den Begriffen der Unternehmens- und Existenzgründung kursiert auch im deutschsprachigen Raum seit einigen Jahren der Begriff des Startups. Dieser Begriff umfasst in der Regel originäre Unternehmensgründungen, die auf mindestens einem der Gebiete Produkt, Prozess bzw. Produktionsverfahren, Kunden oder Vertriebsart eine wesentliche Neuerung oder signifikante Verbesserung aufweisen (Kühnapfel 2015, S. 1). Zudem wird für die Umsetzung der neuen Geschäftsidee dieser Startups Kapital benötigt, welches von Investoren zur Verfügung gestellt wird, sie sind also abhängig von Fremdfinanzierung (Kühnapfel 2015, S. 1 f.). Gleichwohl hat sich im allgemeinen Sprachgebrauch der Begriff Startup vor allem für junge Wachstumsunternehmen eingebürgert, die eine Tätigkeit im Bereich Internet/Web (v. a. Social Media, Mobile, Games) aufzunehmen beabsichtigen (Hahn 2014, S. 4).

Bei Lektüre dieser Arbeit vermag somit die Leserin/der Leser geneigt sein, wenn er den Begriff Startup liest, zuerst an ein Unternehmen bzw. eine Unternehmensgründung in den vorgenannten neuen Medien zu denken. Dennoch gilt, ungeachtet des teilweise schon inflationären Gebrauchs des Begriffes, wann immer im Folgenden der Begriff Startup verwendet wird, handelt es sich nach dem unternehmensorientierten Gründungsverständnis um neue und junge Unternehmensgründungen mit einem Alter von maximal acht Jahren, die ihre Tätigkeit bereits aufgenommen haben und im Handelsregister registriert sind. Im weiteren Verlauf der Arbeit, werden die Begriffe Unternehmensgründung, Gründung und Startup, sofern nicht explizit beschrieben, synonym verwendet.

2.2.2 Analyse bestehender Erhebungsmethoden

Bei den bestehenden unternehmensorientierten Gründungserhebungen werden in der Regel die Gewerbeanzeigestatistik und verschiedene Unternehmensdatenbanken als Grundgesamtheit der Untersuchungsbasis verwendet (Weiß und Fichter 2013, S. 15). Basierend auf dieser Grundgesamtheit werden in den Erhebungen meist repräsentative Stichproben gebildet auf denen die eigentliche Analyse fundiert. So nutzt das Mannheimer Gründungspanel die Creditreform-Datenbank, um im Jahr 2014 eine Stichprobe von ca. 5.000 Unternehmen aufzustellen (Bretz et al. 2015). Der Green Economy Monitor beschränkt seine Analyse in einer ersten Konzeptstudie auf eine reine Untersuchung von Gründungszentren und eine Stichprobe von 500 Unternehmen (Weiß und Fichter 2013). In einer Erweiterung des Green Economy Monitors aus dem Jahr 2014 wurde die Untersuchung auf Basis der Creditreform-Datenbank auf eine Stichprobe von 5.000 Unternehmen vergrößert (Weiß und Fichter 2015).

Die letztliche Auswertung der Stichproben erfolgt oftmals durch Telefonbefragungen. So wurden für den KfW-Gründungsmonitor 2014 insgesamt 50.000 Personen interviewt (Metzger 2015). Beim Global Entrepreneurship Monitor wurden sogar 195.000 Personen im Jahr 2014 befragt, wobei sich diese Befragungen über 70 Volkswirtschaften erstreckten, darunter wurden 4.711 Interviews in Deutschland geführt (Sternberg et al. 2015). Der Green Economy Monitor verzichtet in seiner Stichprobenuntersuchung auf Telefonbefragungen und nutzt zur Auswertung eine individuelle und internetbasierte Unternehmensanalyse (Weiß und Fichter 2015).

Eine Ausnahme bei den unternehmensbezogenen Erhebungen bildet die IfM-Gründungs- und Liquidationsstatistik, die keine Stichprobe aufstellt, sondern stattdessen alle Neueintragungen der Gewerbeanzeigestatistik untersucht (Günterberg 2011). Der DIHK-Gründerreport verzichtet ebenfalls auf eine Stichprobe, wertet mit den Kontakten der IHK-Gründungsberater jedoch auch nur einen Ausschnitt des Gründungsgeschehens aus (DIHK 2015).

Einen kombinatorischen Weg wählt die ZEW Erhebung zur Analyse von Unternehmensgründungen im Bereich der erneuerbaren Energien (ZEW 2014). Basierend auf der Creditreform-Datenbank wurden zunächst alle Unternehmen untersucht, die nach Wirtschaftszweigen den erneuerbaren Energien zugeordnet werden konnten. Anschließend wurde aus diesen Unternehmen eine Stichprobe gebildet, die durch detaillierte Interviews tiefergehend analysiert wurde (ZEW 2014). Die Auswertung der Daten basiert unter anderem beim Mannheimer Gründungspanel und dem Green Economy Monitor auf bestimmten Gründungsindikatoren, die für eine bessere Vergleichbarkeit des Gründungsgeschehen in unterschiedlichen Erhebungszeiträumen oder Ländern dienen sollen (Weiß und Fichter 2013; Metzger et al. 2010).

Alle untersuchten Gründungsstatistiken werden jährlich erhoben und ausgewertet. Neben den verschiedenen Ansätzen der Datenerhebung existieren auch Unterschiede bei der Erhebung und Auswertung der Branchenzugehörigkeit. So liefert die IfM-Gründungs- und Liquidationsstatistik detaillierte Zahlen für alle Wirtschaftszweige (Günterberg 2011). Demgegenüber hat die Branchenzugehörigkeit für den Global Entrepreneurship Monitor keine große Relevanz. Die meisten Statistiken erfassen jedoch eine Branchen- oder sektorale Zugehörigkeit der Gründungen. Der KfW-Gründungsmonitor nutzt dazu acht Branchen und 20 Wirtschaftszweige (Metzger 2015). Beim Mannheimer Gründungspanel wird zwischen insgesamt zehn High-Tech- und Nicht-High-Tech-Sektoren unterschieden (Bretz et al. 2015). Auch der DIHK-Gründerreport kategorisiert die Anteile am Gründungsgeschehen anhand von sieben Branchen (Industrie, Handel, Verkehr, Kredit/Versicherung, Gastgewerbe, sonstige Dienste, sonstige Branchen) (DIHK 2015). Im Anhang A.1.2 findet sich eine tabellarische Zusammenfassung der Unterschiede und Gemeinsamkeiten der untersuchten Gründungsstatistiken.

Umweltthemen und im Speziellen der Bereich der Energiewirtschaft spielen in den untersuchten Gründungsstatistiken in Deutschland bis dato kaum eine Rolle. Der Green Economy Monitor hat es sich zum Ziel gesetzt, spezielle Auswertungen zu Gründungen in den Bereichen Umwelttechnik, Klimaschutz und Nachhaltigkeit durchzuführen (Weiß und Fichter 2015). Die einzigen konkreten Erkenntnisse zu einem Teil der Energiewirtschaft stammen von der ZEW-Erhebung zur Bedeutung von Gründungen im Bereich der erneuerbaren Energien (ZEW 2014). Die restlichen Studien beschäftigen sich bisher nicht mit der Thematik Energie und Umwelt. Allerdings prognostiziert der DIHK-Gründerreport als Folge der Reaktorkatastrophe in Fukushima und den darauffolgenden politischen Entscheidungen der Energiewende, eine Zunahme der Gründungsaktivitäten in den Bereichen Umwelttechnik, Energieeffizienz und erneuerbare Energien, ohne dabei jedoch konkrete Zahlen zu nennen (DIHK 2012 in (Weiß und Fichter 2013, S. 17).

2.2.3 Relevanz für die vorliegende Untersuchung

Für die Analyse in der vorliegenden Arbeit liefern die bestehenden Gründungsstatistiken wichtige Erkenntnisse. So zeigen das Mannheimer Gründungspanel, der Green Economy Monitor und die die ZEW-Erhebung, dass die Creditreform-Datenbank als gute Ausgangsbasis zur Datenerhebung dienen kann. Wichtige Erkenntnisse in Bezug auf die Datenauswertung und die individuelle Unternehmensanalyse liefern der Green Economy Monitor und die ZEW-Erhebung, die aufzeigen, wie durch die Nutzung internetbasierter Recherche und Textanalyse eine möglichst genaue Zuordnung der Unternehmen vollzogen werden kann. Des Weiteren werden im Zuge des Green Economy Monitors Anforderungen an ein Erhebungsdesign entwickelt, welches den Bedürfnissen einer Datenerhebung in Bezug auf die Querschnittsbranche Umwelttechnik gerecht wird. Diese Anforderungen werden in leicht abgeänderter Form auch für die vorliegende Arbeit zugrunde gelegt. Zudem zeigen beispielsweise die IfM-Gründungsstatistik oder der KfW-Gründungsmonitor, wie Gründungen systematisch in allen Wirtschaftszweigen oder kategorisiert nach Branchen und Sektoren erfasst werden können (Günterberg 2011, Metzger 2015). Darüber hinaus zeigen die Panelanalysen des Mannheimer Gründungspanels, dass es sinnvoll ist, Unternehmen über einen längeren Zeitraum zu verfolgen, um daraus Erkenntnisse über die Überlebens- und Schließungsquoten zu gewinnen und Trends ableiten zu können (Bretz et al. 2015). Ebenso zeigt das Mannheimer Gründungspanel, dass allgemeine Gründungsindikatoren helfen, verschiede Erhebungen statistisch besser zu vergleichen. Neben allgemeinen Gründungsdaten ermitteln das Mannheimer Gründungspanel, der KfW-Gründungsmonitors und der Global Entrepreneurship Monitor auch die Innovationsaktivitäten der Unternehmensgründungen. Die folgende Tabelle 2-9 zeigt, welche Erkenntnisse der bestehenden Statistiken in die eigene Konzeptentwicklung einfließen.

Tabelle 2-9: Erkenntnisse durch bestehende Gründungsstatistiken

Gründungsstatistiken	Relevanz für die vorliegende Untersuchung
ZEW-Erhebung	Erneuerbare Energien werden als eigene Branche erhoben, Creditreform-Datenbank als Ausgangsbasis, Zuordnung zu Wirtschaftszweigen basierend auf Textrecherche
Mannheimer Gründungspanel	Panel: Untersuchung von Unternehmen über mehrere Jahre, Creditreform-Datenbank als Ausgangsbasis, Innovationsaktivität, Nutzung allgemeiner Gründungsindikatoren
IfM-Gründungs- und Liquidationsstatistik	Systematische Erfassung von Unternehmensgründungen in allen Wirtschaftszweigen (Wirtschaftszweigklassifikation)
DIHK-Gründerreport	Trendprognose: Gründungen in den Bereichen Umwelttechnik, Energieeffizienz und Erneuerbare Energien
Green Economy Monitor	Spezielle Auswertungen und Kategorisierung von Gründungen in den Bereichen Umwelttechnik, Klimaschutz und Nachhaltigkeit, basierend auf Creditreform-Datenbank und internetbasierter Unternehmensanalyse, spezielle Anforderungen an das Erhebungsdesign, Nutzung allgemeiner Gründungsindikatoren

Quelle: Weiß und Fichter (2013), eigene Zusammenstellung

2.2.4 Abgrenzung des Untersuchungsgegenstandes

Der Ableitung der relevanten Leitmärkte der Energiewirtschaft aus dem Leitmarktansatz des BMUB folgend, werden auch die Begriffe Unternehmensgründung und Startup in den konkreten Bezug zur Energiewirtschaft gesetzt. Im Umfeld der Green Economy hat sich in den letzten Jahren ein Gründungsverständnis entwickelt, dass neben den klassischen Gründungsthemen, wie der Wahl der richtigen Finanzierung oder dem effizienten Einsatz der begrenzten Ressourcen, auch Themen wie einen verantwortungsbewussten Umgang mit natürlichen Ressourcen, Nachhaltigkeit oder soziale Verantwortung beinhaltet (Allen und Malin 2008, S. 829). Aus diesen neuen Überlegungen heraus entstand eine neue Form von Unternehmensgründern, die den für Entrepreneure typischen Geschäftssinn mit einem Verständnis für Nachhaltigkeit und anderen Grundsätzen des Umweltschutzes kombiniert (Allen und Malin 2008, S. 829).

In der Literatur existiert eine Vielzahl von Begriffen, die ein solches Gründertum beschreiben: Green Entrepreneurship, Ecoentrepreneurship, Ecopreneurship oder Sustainable Entrepreneurship, um nur einige Begriffe zu nennen (vgl. OECD 2011, S. 24). Im Folgenden wird der Begriff Green Entrepreneurship verwendet, da dieser am besten auf den Bezug zur Green Economy hinweist. Neben den unterschiedlichen Begriffen finden sich in der Literatur dementsprechend auch unterschiedliche Definitionsansätze dieser Begrifflichkeiten (vgl. Tabelle 2-10).

Tabelle 2-10: Definition Green Entrepreneurship

Isaak (2005)	"An ecopreneur is a person who seeks to transform a sector of the economy towards sustainability by starting business in that sector with a green design, with green processes and with the life-long commitment to sustainability in everything that is said and done."
Volery (2002)	"There exist two types of ecopreneurs: 1) "environment-conscious entrepreneurs", are individuals who develop any kind of innovation (product, service, process) that either reduces resource use and impacts or improves cost efficiencies while moving towards a zero waste target. 2) "green entrepreneurs", are those who are both aware of environmental issues and whose business venture is in the environmental marketplace. Such entrepreneurs pursue environmental-centered opportunities which show good profit prospects."
Anderson (1998)	"Both Entrepreneurship and Environmentalism are based on a perception of value. The attitudes which inform environmental concern create areas of value that can be exploited entrepreneurially. "Environmental Entrepreneurs" not only recognize opportunity, but construct real organisations to capture and fix change in society."

Quelle: Isaak (2002), Volery (2002), Anderson A. (1998) in OECD (2011, S. 11), eigene Darstellung

Um den Bezug zur Green Economy und der damit verbundenen Umwelttechnik- und Ressourceneffizienz herzustellen, bedient sich die vorliegende Arbeit der Definition von Weiß und Fichter (2013), die Gründungen im Bereich des Green Entrepreneurship in ihrem Green Economy Monitor wie folgt definieren:

> *„Grüne Gründungen sind Gründungsunternehmen, die mit ihren Produkten, Technologien und Dienstleistungen per Geschäftszweck einen Beitrag zu den Zielen der Green Economy leisten." (Weiß und Fichter 2013, S. 27)*

Nach Ludewig (2015, S. 16 f.) kann davon ausgegangen werden, dass diese grüne Gründungen typischerweise in irgendeiner Form Umweltinnovationen beinhalten, also Innovationen, die speziell auf umweltfreundliche Themen abzielen. Nähere Informationen zu diesen Umweltinnovationen können dem Kapitel 2.3.1 entnommen werden. Im Einklang mit dieser Argumentation, unterscheidet Isaak (2002) zwischen zwei Arten von grünen Unternehmen, den „grünen" und den „grün-grünen" Unternehmen. „Grüne" Unternehmen werden nicht aus Umweltbelangen heraus gegründet, entwickeln jedoch im Laufe der Zeit Innovationen in diesen Bereichen, vor allem um beispielsweise Marketingvorteile zu generieren oder um ethische Bedenken abzubauen (Isaak 2002). Auf der anderen Seite sieht Isaak (2002) in den „grün-grünen" Unternehmen den Idealtypus einer grünen Gründung, nämlich solche Unternehmen, die von Beginn an mit dem Ziel gegründet wurden, die Wirtschaft als Ganzes, oder den jeweiligen Wirtschaftsbereich grüner zu machen (Isaak 2002 in Allen und Malin 2008, S. 830 f.).
Schaper (2010, S. 13 f.) stellt jedoch fest, dass es in der realen Welt zumeist nicht gelingen wird, eine in jeder Hinsicht grüne Gründung zu gestalten. Nach Ludewig (2015, S. 17) können Gründungen daher auch als grüne Gründung gelten ohne zwin-

gend neue oder wesentlich verbesserte Produkte, Prozesse, Marketingmethoden, Organisationsstrukturen oder institutionelle Aspekte zu nutzen oder zu entwickeln. Diese Unternehmen bieten dann zumeist „grüne" Versionen bereits vorhandener oder traditioneller Produkte oder Dienstleistungen an. Die eigentliche Innovation liegt bei dieser Art von Unternehmen somit nicht in einer radikalen Veränderung von Produkten oder Dienstleistungen, sondern im Angebot von umweltfreundlicheren Alternativen zum Bestehenden (Kirkwood und Walton 2014, S. 47). Ähnlich sehen dies Weiß und Fichter (2013, S. 27). Wie aus vorangehender Definition ersichtlich, gelten nach ihrer Auffassung Gründungen dann als grüne Gründungen, wenn diese mit ihrem Kerngeschäft oder zumindest mit einem klar erkennbaren und nennenswerten Nebengeschäft grüne Produkte und Dienstleistungen anbieten.

Ein weiterer Aspekt der oftmals in Definitionen zu grünen Gründungen auftritt, ist die Motivation der Gründer. Grünen Gründern wird oftmals eine besondere Leidenschaft für die Umwelt zugesprochen. Diese Leidenschaft wird daher gerne als ein ausschlaggebender Motivationsgrund für grüne Gründungen angesehen (Kirkwood und Walton 2014, S. 48). Studien zur Gründungsmotivation von grünen Gründern zeigen jedoch, dass diese Leidenschaft lediglich zwischen gewollten und ungewollten grünen Gründungen unterscheiden vermag (Schaper 2010, S. 14). So kommen beispielsweise Walley et al. (2010, S. 71) in einer Studie zu dem Ergebnis, dass genauso viele grüne Gründungen von Gründern mit ökonomischen Motiven gegründet wurden, wie von Gründern mit Nachhaltigkeitsmotiven. Bei einer Analyse von Umwelt- und Nachhaltigkeitsinnovationen kommen Fichter und Clausen (2013, S. 278) zu dem Ergebnis, dass eine grüne Motivation und Zielsetzung bei der Markteinführung zwar eine Rolle spielt, viele dieser Umwelt- und Nachhaltigkeitsinnovationen werden jedoch auch von Unternehmen eingeführt, die keine besondere grüne Motivation oder Zielsetzung haben (Fichter und Clausen 2013, S. 278). Kirkwood und Walton (2014, S. 46) argumentieren zudem, dass eine grüne Motivation, sofern sie vorliegt, ein typisches unternehmerisches Handeln in Bezug auf strategische Planung und Wachstum nicht beeinflusst. Auf Basis dieser Erkenntnisse folgert und anderem Ludewig (2015, S. 16), dass ein Vorliegen einer grünen Motivation oder Zielsetzung nicht als bestimmendes Merkmal einer grünen Gründung gelten kann. Demnach können grüne Gründungen sowohl von ökonomisch als auch von ökologisch motivierten Gründern gegründet werden.

Für die vorliegende Arbeit lässt sich abschließend zusammenfassen, dass Gründungen, um als grün zu gelten, nicht zwingend neue Umweltinnovationen auf den Markt bringen müssen. Dennoch muss der grüne Gedanke darin zu erkennen sein, dass das Kerngeschäft oder zumindest ein signifikantes Nebengeschäft des Unternehmens dazu dient, die Ziele der Green Economy zu erreichen und so zur grünen Transformation beizutragen.

Wie die Ziele des Energiekonzepts aus Kapitel 2.1.4 erkennen lassen, liegt das Hauptaugenmerk der Politik auf dem Ausbau der erneuerbaren Energien sowie der Steigerung der Energieeffizienz, vor allem in den Bereichen des Gebäude- und Verkehrssektors. Als relevante Leitmärkte der Umwelttechnik und Ressourceneffizienz wurden zur Umsetzung dieser Ziele bereits in Kapitel 2.1.4 die Leitmärkte *Umweltfreundliche Erzeugung, Speicherung und Verteilung von Energie*, *Energieeffizienz* sowie *Nachhaltige Mobilität* auserkoren. Dieser Leitmarktabgrenzung folgend, müssen die allgemeinen Definitionen zum Thema Unternehmensgründungen und Startups dementsprechend auf diese drei Bereiche angewandt werden. Basierend auf dem kombinierten Bezug zur Energiewirtschaft und zum Green Entrepreneurship wird diesbezüglich der Begriff des Energy Entrepreneurship eingeführt. Dieser wird, basierend auf der vorherigen Definition des Green Entrepreneurship von Weiß und Fichter (2013) und dem konkreten Bezug zur Energiewirtschaft, wie folgt definiert:

> *Energy Entrepreneurship bezeichnet Unternehmensgründungen, die mit ihren Produkten, Technologien und Dienstleistungen, per Kerngeschäft oder signifikantem Nebengeschäft, einen Beitrag zur umweltfreundlichen Erzeugung, Speicherung und Verteilung von Energie, zur Verbesserung der Energieeffizienz oder zur Förderung einer nachhaltigen Mobilität beitragen. (Eigene Definition)*

Der Untersuchungsgegenstand der vorliegenden Arbeit ergibt sich somit aus Startups, auf welche die obige Definition zutrifft. Diese Startups des Energy Entrepreneurship werden im Folgenden unter dem Begriff Energy Startups zusammengefasst.

2.3 Statistiken und Studien zu Innovationen bei Startups

Auch wenn in der obigen Definition des Energy Entrepreneurship kein direkter Bezug auf das Thema Innovation erfolgt, zeigt die Herleitung des Startup Begriffs aus Kapitel 2.2.1 und die darin zugrunde gelegte Nähe von Startups zu Innovationen bereits, dass auch in der vorliegenden Untersuchung die Thematik Innovation eine wichtige Rolle spielt. Der Innovationsbegriff hat sich in den vergangenen Jahren mehr und mehr zu einem Modewort entwickelt und wird in vielen Bereichen auf sehr unbestimmte Weise und äußerst inflationär benutzt (Fichter 2014, S. 12). Dabei wird vor allem jungen Unternehmen oft unterstellt sehr innovativ zu sein und durch ihre Innovationen eine Vielzahl gesellschaftlicher Probleme, wie beispielsweise die Verteuerung der Energie oder den Klimawandel lösen zu können (Fichter 2014, S. 12; Büchele et al. 2014, S. 12; BMBF 2014b, S. 5). Um den passenden Bezug zur Innovationsaktivität von Energy Startups herzustellen, wird im Folgenden zunächst eine allgemeine Definition für Innovationen eingeführt. Darauf aufbauend werden, anhand einer Literaturrecherche, bestehende Studien zur Innovationsaktivität, in Abhängigkeit der Industriestruktur und der Unternehmensgröße, untersucht. Die daraus gewonnenen Erkenntnisse fließen schlussendlich in die Konzeptentwicklung der vorliegenden Arbeit ein.

2.3.1 Dimensionen des Innovationsbegriffs

Seinen Ursprung hat der Begriff Innovation in den Werken des österreichisch-amerikanischen Ökonomen Joseph A. Schumpeter. Nach Schumpeter (1912) besteht das Wesen von Innovation in der „Durchsetzung neuer Kombinationen". Diese erfolgen seinem Verständnis nach nicht kontinuierlich, sondern diskontinuierlich. Für ihn umfassen Innovationen

> *„[t]echnologische Veränderungen in der Produktion von Gütern, die schon auf dem Markt sind, die Erschließung neuer Märkte oder neuer Hilfsquellen, Taylorisierung der Arbeit, verbesserte Materialbehandlung, die Einrichtung neuer Geschäftsorganisationen wie etwa von Warenhäuser – kurz, jedes „Andersmachen" im Gesamtbereich des Wirtschaftslebens […]" (Schumpeter 1961, S. 91).*

Diese Definition von Schumpeter bildet die Grundlage der modernen Innovationsforschung. Durch den inflationären und oft wenig stringenten Gebrauch des Innovationsbegriffs, hat sich in der Literatur jedoch eine Vielfalt von Definitionen herausgebildet, die jeweils unterschiedliche inhaltliche Dimensionen des Innovationsbegriffs in den Vordergrund rücken (Seeger 2014, S. 6). Im Folgenden soll die Begriffsbestimmung daher anhand der in der Fachliteratur anerkannten fünf Dimensionen nach Hauschildt und Salomo bestimmt werden (Hauschildt und Salomo 2011, S. 5 ff.. Vgl. auch Seeger 2014; Fichter 2014). Nach Hauschildt und Salomo (2011) gliedern sich die Dimensionen einer Innovation in die inhaltliche, subjektive, normative und prozessuale Dimension sowie die Intensitätsdimension.

Die *inhaltliche Dimension* bestimmt, welches Objekt der Innovation zugrunde liegt (Seeger 2014, S. 8). Die Definition Schumpeters macht bereits deutlich, dass sich Innovationen nicht auf Produkte oder technische Neuerungen allein beziehen, sondern auch organisationale oder marktspezifische Neuerungen umfassen. Dementsprechend unterscheidet die OECD vier Kategorien der inhaltlichen Dimension: Produktinnovation, Prozessinnovation, Marketinginnovation und organisationale Innovation. Diese vier Kategorien werden auf Basis des Osloer Handbuchs der OECD kurz erläutert (OECD 2005, S. 55 ff.).

Eine *Produktinnovation* bezeichnet die Anwendung einer Ware oder Dienstleistung, die eine Neuheit oder eine signifikante Verbesserung in Bezug auf ihre Eigenschaften oder den vorgesehenen Nutzen darstellt. Dies umfasst beispielsweise signifikante Verbesserungen technischer Details, Komponenten und Materialien, integrierter Software, Benutzerfreundlichkeit oder andere funktionale Eigenschaften (Weissenberger-Eibl 2015). Dieser Definition folgend, bezeichnet eine *Prozessinnovation* die Anwendung einer neuen oder signifikant verbesserten Produktions- oder Logistikmethode, inklusive signifikanter Veränderungen bezogen auf Technik, Ausrüstung und/oder Software. Als *Marketinginnovation* definiert die OECD die Anwendung einer neuen Marketingmethode einschließlich signifikanter Änderungen im Produktdesign, der Verpackung, dem Product Placement, der Produktbewerbung oder -bepreisung

(Weissenberger-Eibl 2015). Als vierte Kategorie wurde die *organisationale Innovation* eingeführt. Diese kennzeichnet sich durch die Anwendung einer neuen, organisationalen Methode in der Unternehmenspraxis, der Arbeitsplatzorganisation oder Außenbeziehung aus (Weissenberger-Eibl 2015).

Die *Intensitätsdimension* des Innovationsbegriffs beschreibt, wie neuartig eine Innovation einzuschätzen ist, also den Umfang der Neuerung bzw. ihren sogenannten Innovationsgrad (OECD 2005, S. 57 f.). Als Klassifizierung des Innovationsgrads wird in der Literatur oftmals die Dichotomie der inkrementellen und radikalen Innovation verwendet (Vahs und Burmester 2005, S. 84; Ahsen et al. 2010, S. 8). Inkrementelle Innovationen weisen demnach einen geringeren Innovationsgrad auf, da sie vielmehr eine kontinuierliche Verbesserung vorheriger Lösungen darstellen (Steinhoff 2008, S. 9 ff.; Ahsen et al. 2010, S. 8). Abbildung 2 4 zeigt, dass inkrementelle Innovationen als kleinschrittig zu betrachten sind und auf bisherigen/verwandten Märkten eingeführt werden. Demgegenüber weisen radikale Innovationen einen hohen Innovationsgrad auf und stellen für die jeweilige Organisation gänzlich neue Prozesse oder Produkte dar, die, basierend auf neuen Technologien, auf unbekannten Märkten eingeführt werden und das Unternehmen damit grundlegend verändern (Ahsen et al. 2010, S. 8).

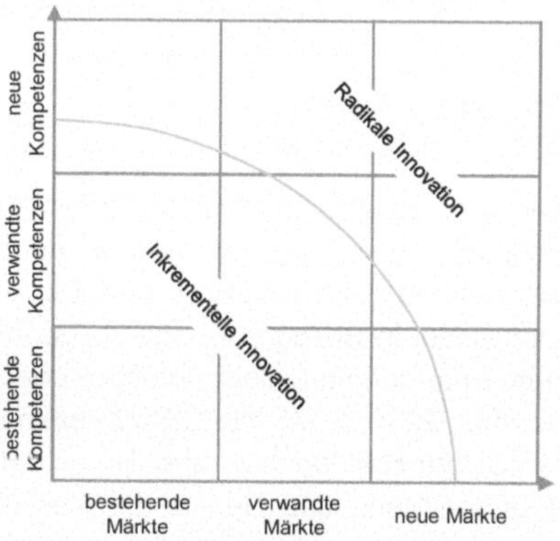

Abbildung 2-4: Innovationsgrad in Abhängigkeit von Markt und Technologie
Quelle: Ahsen et al. (2010, S. 8), eigene Darstellung

Die *normative Dimension* gibt darüber Auskunft, ob die Innovation, verglichen mit dem vorherigen Zustand, als wirtschaftlich erfolgreich zu bezeichnen ist. Diese Dimension stellt demnach fest, ob *„eine ‚Verbesserung' gegenüber dem Status Quo"* (Hauschildt und Salomo 2011, S. 21) stattgefunden hat. Diese normative Dimension wird oftmals auch lediglich daran gemessen, ob die Innovation das notwendige Merkmal der Implementierung erfüllt. Bezogen auf Produktinnovationen bedeutet die Implementierung eines neuen oder verbesserten Produkts dessen Markteinführung. Neue Prozesse, Methoden im Marketing oder organisationaler Art gelten als implementiert, wenn sie im Rahmen der Unternehmensaktivitäten zum Einsatz kommen (Weissenberger-Eibl 2015).

Während die Intensitätsdimension den Innovationsgrad an sich misst, erfasst die *subjektive Dimension* von wem dieser Innovationsgrad bestimmt oder eingeschätzt wird. Abbildung 2-5 zeigt eine Übersicht dieser unterschiedlichen Perspektiven.

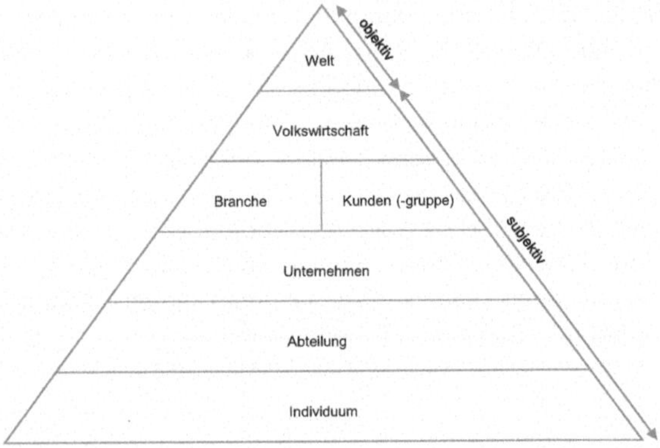

Abbildung 2-5: Subjektivität des Innovationsbegriffs
Quelle: Ahsen et al. (2010, S. 7), eigene Darstellung

Gemäß dieser Darstellung sind ausschließlich absolute Weltneuheiten als „objektiv neue" Innovationen zu definieren, was bedeutet, dass sie durch jeden Betrachter als ‚eindeutig neu' zu identifizieren und zu klassifizieren sind. Die subjektive Einschätzung des Innovationsgrads kann dabei in Bezug zu einer Volkswirtschaft, einer Branche, einer Kundengruppe, einem Unternehmen, einer Abteilung oder einem Individuum eingeschätzt werden (Ahsen et al. 2010, S. 7). Die OECD vereinfacht diese verschiedenen Perspektiven in ihrem Osloer Handbuch zu drei Stufen der Neuartigkeit, ‚Neu für das Unternehmen', ‚Neu für den Markt' und ‚Neu für die Welt' (OECD 2005, S. 57 f.).

Die *prozessuale Dimension* des Innovationsbegriffs beschreibt, wann der Innovationsprozess angestoßen wird, welche Phasen dieser beinhaltet und wann die Innovation als abgeschlossen gilt (Hauschildt und Salomo 2011, S. 20 f.; Verworn und Herstatt 2000, S. 4 ff.). Auf die zahlreichen Modelle und verschiedenen Phasen des Innovationsbegriffs wird an dieser Stelle jedoch nicht weiter eingegangen. Für weitere Information sei hierzu auf die sehr ausführliche Analyse von Seeger (2014) verwiesen.

In den letzten Jahren und Jahrzehnten hat sich im speziellen Bereich der Umwelttechnik und Ressourceneffizienz eine neue Art von Innovationen herausgebildet. Diese

Innovationen zielen speziell auf umweltrelevante Bereiche wie Energieeffizienz, Ressourcenschonung oder Verringerung des Schadstoffausstoßes an. Diese sogenannten Umweltinnovationen (oder engl. eco-innovations) werden von vielen Unternehmen als wesentlicher Teil einer Umweltstrategie angesehen, mit der gleichzeitig sowohl ökologische als auch ökonomische Leistungssteigerungen ermöglicht werden sollen (Dangelico und Pujari 2010; Triguero et al. 2013). Über die Jahre haben sich zahlreiche Definitionen zum Thema Umweltinnovation entwickelt. Eine der ausführlichsten Definitionen stammt von Kemp und Pearson (2007) und wird im Folgenden für den Begriff Umweltinnovation verwendet. Kemp und Pearson (2007) verstehen unter einer Umweltinnovation

> *"the production, assimilation or exploitation of a product, production process, service or management or business methods that is novel to the organization (developing or adopting it) and which results, throughout its life cycle, in a reduction of environmental risk, pollution and other negative impacts of resources used (including energy use) compared to relevant alternatives." (Kemp und Pearson 2007, S. 7).*

Neben den bereits erläuterten vier Kategorien von Innovationen legt die vorliegende Analyse einen besonderen Fokus auf Umweltinnovationen, da vor allem im Bereich der Energiewirtschaft erwartet werden kann, viele Anwendungen zu finden, die beispielsweise durch eine Verbesserung der Energieeffizienz oder der Reduktion des Schadstoffausstoßes als Umweltinnovation gelten können.

2.3.2 Analyse bestehender Erhebungen

Bereits in der Einführung zu Kapitel 2.2.1 wurde erwähnt, dass Startups oftmals ein starker Bezug zu Innovationen nachgesagt wird. Eine Untersuchung von Schneider und Veugelers (2010) stützt diese These, basierend auf einer Untersuchung kleiner, junger Unternehmen in Deutschland. Die Art der Innovation, beispielsweise ob Produkt- oder Prozessinnovation oder die subjektive Einschätzung des Innovationsgrades sind dabei weniger relevant. Die größte Schwierigkeit bei Untersuchungen der Innovationsaktivität von Unternehmen ist die Wahl der richtigen Indikatoren um Innovationen zu messen. In der Fachliteratur wird die Anzahl an Patenten mit am häufigsten als solcher Indikator genutzt (vgl. Brouwer und Kleinknecht 1999; Bound et al. 1982; Hall 2007; Wolf 2013).

Scherer (1983) unternahm dabei als Erster den Versuch, neben der reinen Anzahl an Patenten vor allem die Neigung oder den Drang von Unternehmen ihre Innovationen zu patentieren, systematisch zu untersuchen. Nach seiner Argumentation ist das Patentieren entscheidend für Unternehmen, um Vorteile als Pionierunternehmen oder Monopol zu generieren (Wolf 2013). Bezogen auf Startups existieren jedoch nur wenige Studien die das Patentierungsverhalten sowie etwaige Einflüsse von Patenten auf den Unternehmenserfolg messen (Helmers und Rogers 2011). Einige Studien zur allgemeinen Funktionalität des Patentsystems legen nahe, dass dieses System, obwohl es eigentlich dazu dienen sollte kleinere Firmen oder Startups zu unterstützen, durch das strategische Patentierungsverhalten von großen Firmen, das rasante Wachstum der gesamten Patentanmeldungen und Unsicherheiten in der Durchsetzbarkeit von Patenten, eher zu einer Benachteiligung kleiner Firmen führt (Jaffe und Lerner 2004; Bessen und Meurer 2008; Hall 2007; Gowers 2006). Trotz dieser Bedenken zur Funktionalität des Patentsystems für Startups, werden immer wieder Argumente angeführt, dass Startups vor allem durch Patente Wettbewerbsvorteile generieren können (Graham und Sichelman 2008). Das Hauptargument ist dabei, dass Startups ihre Innovationen nur dann kapitalisieren können, wenn die Innovation geschützt ist und mögliche Konkurrenten von - mit der Innovation zusammenhängenden - Gewinnen ausgeschlossen werden (Helmers und Rogers 2011).

Ein solcher Schutz lässt sich dabei durch verschiedene Arten realisieren. Zum einen durch formelles geistiges Eigentum in Form von Patenten oder Handelsmarken, zum anderen durch informelle Arten wie einer verkürzten Einführungszeit oder Geheimhaltung (Helmers und Rogers 2011). Auch wenn einige theoretische Modelle existieren, welche die Vorteile von formellen und informellen Arten des geistigen Eigentums untersuchen, fokussiert kaum eine der bisher recherchierten Arbeiten das Thema Startups. Graham und Sichelman (2008) argumentieren jedoch, dass Patente junge Unternehmen dabei unterstützen können, Investitionen in das Unternehmen zu schützen, da immaterielles Wissen in Eigentumsrechte überführt wird und dadurch im Falle eines Scheiterns der Unternehmung dessen Restwert steigt.

Eine weitere Motivation zum Patentieren liegt für junge Unternehmen nach Gans et al. (2002) im Einkommenserwerb durch Lizenzvergaben. Neben den Studien zu möglichen Vor- und Nachteilen, Motivationen und Strategien zum Patentieren bei Startups, fehlen aus empirischer Sicht ebenfalls Studien über die tatsächlichen Patentanmeldungen von Startups (Graham und Sichelman 2008). Zwar gibt es vereinzelte Erhebungen, die Abdeckung verschiedener Wirtschaftsbereiche, Regionen oder zeitlichen Entwicklungen ist bislang nur sehr begrenzt gegeben. Eine dieser wenigen Studien wurde 2008 von Hsu und Ziedonis (2008) für eine Stichprobe von Startups in der Halbleiterindustrie durchgeführt. Diese Studie analysiert neben der Anzahl der Patente jedoch viel mehr die Frage, inwiefern Patente zur Sicherung und Gewinnung externer Finanzierung eingesetzt werden.

Eine der umfassendsten Studien zum Thema Patentierung bei Startups wurde ebenfalls 2008 vom Berkeley Center for Law and Technology durchgeführt (Graham et al. 2009). In dieser Studie wurden 1332 High-Tech Startups untersucht, die seit 1998 in den USA gegründet wurden. Die Erhebung konzentriert sich auf Bio-Tech- und Software-Unternehmen und liefert Erkenntnisse über die unterschiedliche Verwendung und den Nutzen von Patenten in diesen unterschiedlichen Industrien. Die Umfragedaten ermöglichen es zudem, zwischen Startups mit und ohne Beteiligungen von externem Kapital zu unterscheiden. Während für den Industriezweig der Biotechnologie die Patentierung ein wichtiger Teil der Unternehmensstrategie ist, tendieren Unternehmen in anderen Sektoren, insbesondere im Bereich Software, Patente grundsätzlich zu meiden. Eine wichtige Erkenntnis der Studie ist, dass Patente lediglich einen moderaten Anreiz bieten Innovationen schlussendlich zu kommerzialisieren (Graham et al. 2009). Die Antworten auf die Umfrage legen nahe, dass Unternehmen es für schwierig halten, Patentrechte durchzusetzen und davon ausgehen, dass Wettbewerber trotz Patenten relativ leicht ähnliche Erfindungen auf den Markt bringen können. Dennoch erkennen die befragten Unternehmen die Bedeutung von Patenten bei der Verhinderung von Imitationen durch den Wettbewerb und bei der Sicherung externer Finanzierungen an. Zudem realisieren die Startups durchaus einen Reputationseffekt, den der Besitz von Patenten mit sich bringen kann (Graham et al. 2009).

2.3.3 Relevanz für die vorliegende Untersuchung

Die bisherigen Studien zum Zusammenhang von Patenten und Innovationen legen nahe, dass sich die Anzahl der Patente als guter Indikator für die Innovationsaktivität eignet. Die Ergebnisse der bisherigen, zwar quantitativ überschaubaren aber durchaus ausführlichen Studien zum Patentierungsverhalten von Startups zeigen jedoch auch, dass sich die Anzahl von Patenten, vor allem im Software Bereich, nur sehr bedingt als Indikator eignet (vgl. Graham et al. 2009). Zu einer ähnlichen Erkenntnis, jedoch bezogen auf den Service Bereich, kommen Schneider und Veugelers (2010) in ihrer Studie zu jungen und hoch innovativen Unternehmen. Da vor allem IKT basierte Startups sehr häufig in den Bereichen Software oder Service aktiv sind, wird für die vorliegende Studie ein weiterer Indikator zur Messung der Innovationsaktivität eingeführt. Hier orientiert sich die vorliegende Untersuchung an der Arbeit von Schneider und Veugelers (2010), die unter anderem die Ausgaben für Forschung und Entwicklung (FuE) zur Messung der Innovationsaktivität heranziehen.

Eine Kombination der beiden Indikatoren Patente und FuE-Ausgaben wurde bereits in einigen Studien verwendet, um die Innovationskraft einzelner Unternehmen und teilweise sogar ganzer Industriezweige zu messen (vgl. Bound et al. 1982, Hall et al. 1986). Die Studien von Bound et al. (1982) sowie Hall et al. (1986) kommen darüber hinaus zu dem Ergebnis, dass ein stark positiver Zusammenhang zwischen den FuE-Ausgaben und der Anzahl der erworbenen Patente besteht. Zudem kommen sowohl Roome (1994) als auch Lee und Min (2015) in ihren Untersuchungen zu dem Ergebnis, dass die bereits in Kapitel 2.3.1 eingeführten Umweltinnovationen stark mit den FuE-Ausgaben der entwickelnden Unternehmen korrelieren. Ebenso müssen Unternehmen langfristige Investitionen, vor allem in Form von FuE-Ausgaben, tätigen, um Umweltinnovationen zu adaptieren.

Die FuE-Ausgaben von Neugründungen wurden zum Teil auch in den Gründungsstatistiken aus Kapitel 2.2.2 thematisiert. So untersucht das Mannheimer Gründungspanel in seiner Telefonbefragung FuE-Ausgaben und die FuE-Intensität[7] der teilnehmenden Unternehmen (Bretz et al. 2015). Ebenso erhebt der KfW-Gründungsmonitor Informationen zur Forschung bei Unternehmensgründungen. Hier wird jedoch lediglich die Frage gestellt, ob der oder die Gründer/-in Forschung und Entwicklung betreibt, nicht jedoch in welchem monetären Ausmaße (Metzger 2015). Einen anderen Ansatz verfolgt die Erhebung des Stifterverbands für die deutsche Wirtschaft. In der jährlichen FuE-Erhebung werden 24.500 Unternehmen zu ihren Forschungs- und Entwicklungsaktivitäten befragt. Die Klassifizierung und Zuordnung der Unternehmen erfolgt dabei in Form der Wirtschaftsklassifikation des Statistischen Bundesamtes (näheres siehe Kapitel 3.2.2), nach der Forschungsintensität sowie der Beschäftigungsgröße der Unternehmen (Eckl et al. 2015). Für die Verteilung der öffentlichen Fördergelder für Forschung und Entwicklung erhebt das BMBF eine ähnliche Statistik basierend auf der Wirtschaftszweigklassifikation (BMBF 2015a).

2.4 Statistiken und Studien zur Finanzierung von Startups

Die Finanzierung des Startups ist eine grundlegende Voraussetzung, sowohl für den Erfolg als auch die Existenz des Unternehmens (Hahn 2014, S. 19). Eine adäquate Finanzierung bildet die Grundlage jedweder operativen Tätigkeit. Die Finanzierung bzw. die Frage nach der für das Startup optimalen Finanzierungsform, ist daher von entscheidender Bedeutung (Hahn 2014, S. 19). Für jedes Startup gilt es die Finanzierungsstrategie und -form zu finden, die nicht nur zu dessen Geschäftsmodell passt, sondern zudem auch die jeweilige Entwicklungs- bzw. Unternehmensphase des Startups berücksichtigt (Kollmann 2011, S. 163). Sämtliche Finanzierungsformen dienen dem grundsätzlichen Zweck, die Liquidität des Unternehmens in jeder Phase zu sichern. Vor allem in der Anfangszeit der Gründung ist zu berücksichtigen, dass hohe Investitionen in die Technologie sowie den Unternehmensaufbau anfallen. Neben der Höhe des erforderlichen Kapitals hängt die Wahl der geeignetsten Finanzierungsform auch vom konkreten Geschäftsmodell ab. Handelt es sich beispielsweise um eine forschungsintensive Gründung, wird das Startup regelmäßig gezwungen sein auf einen Finanzierungs-Mix, insbesondere unter Einbeziehung öffentlicher Fördermittel, zurückzugreifen (Hahn 2014, S. 19 f.).

2.4.1 Phasen, Formen und Kapitalgeber der Startup Finanzierung

Phasen der Finanzierung

Wie bereits in Kapitel 2.1.1 erläutert, ist die Entwicklung einer Unternehmensgründung typischerweise in verschiedene Phasen unterteilt. Dieser Einteilung in Unternehmensphasen folgend, stehen den Entwicklungsstufen entsprechende Finanzierungsphasen

7 Anteil der FuE-Aufwendungen am Umsatz eines Unternehmens (Bretz et al. 2015)

gegenüber (Hahn 2014, S. 27) (s. Abbildung 2-6). Die in Kapitel 2.2.2 erwähnte Vorgründungsphase, also die Phasen der Ideenfindung, -formulierung und -umsetzung (Kollmann 2011, S. 90), wird im Hinblick auf die Finanzierung als Early Stage bezeichnet. Diese Phase wird allgemein wiederum in die *Pre-Seed*, *Seed-* und *Startup-Phase* unterteilt (Pott und Pott 2012, S. 232).

Entsprechend der Definition der Vorgründungsphase umfasst die Pre-Seed-Phase den Zeitraum vor der eigentlichen Unternehmensgründung. Der Argumentation aus Kapitel 2.1.1 folgend, wird diese Pre-Seed-Phase in der weiteren Betrachtung der Finanzierungslandschaft rund um Startups nicht berücksichtigt. Zu tiefergehenden Informationen bezüglich der in diesen Phasen möglichen Finanzierungsoptionen, sei auf die Arbeit von Hahn (2014) verwiesen. Erst in der Seed-Phase fokussieren sich die Gründer auf die Planung und Ausgestaltung des konkreten Geschäftsmodells (Börner und Grichnik 2005, S. 71 f.). Bereits in dieser frühen Phase besteht ein Kapitalbedarf zur Vorbereitung von z. B. Markt-, Akzeptanz-, und Machbarkeitsstudien (Börner und Grichnik 2005, S. 72). Üblicherweise verwenden die Gründer eigene ersparte Mittel oder greifen auf Kapital aus dem Familien-, Freundes- und/oder Bekanntenkreis zurück.

Die offizielle Gründung des Unternehmens erfolgt erst in der Startup-Phase. Diese beginnt mit der Produktion, der Markteinführung der hergestellten Erzeugnisse oder angebotenen Dienstleistungen und ggf. ersten Verkaufserfolgen (Hahn 2014, S. 127). Geprägt wird diese frühe Phase der Unternehmensgründung durch hohe Anlaufkosten, schwache Umsatzerlöse und die Erwirtschaftung geringer bis gar keiner Gewinne (Reichle 2010, S. 18 f.). Die Startup-Phase dient vor allem der strategischen Ausrichtung des Unternehmens und bildet die Grundlage für die Aufnahme der operativen Tätigkeit (Hahn 2014, S. 29). In dieser Phase steigt der Kapitalbedarf der Gründung bereits rapide an und die Finanzierung erfolgt in der Regel über Risikokapitalgeber (Venture Capital), Business Angels oder Inkubatoren (s. Abbildung 2-6).

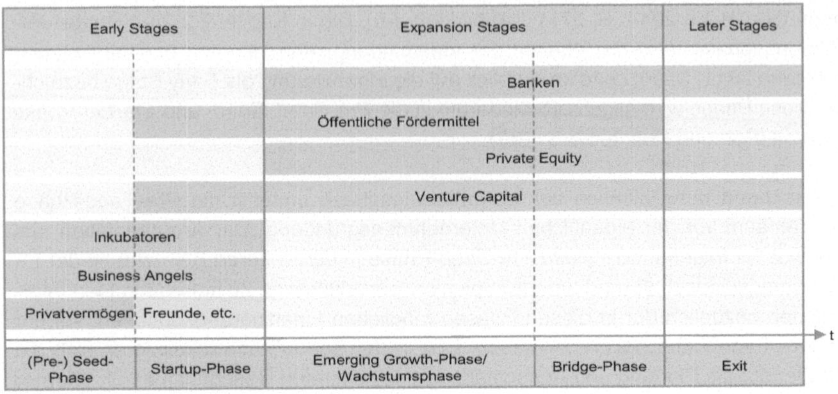

Abbildung 2-6: Gründungsphasen und Kapitalgeber
Quelle: Hahn (2014, S. 78), eigene Darstellung

Mit der erfolgten Einführung der Unternehmensidee bzw. des Produktes am Markt endet die eigentliche Start-up-Phase. Oftmals wird der Übergang von der Startup- zur darauffolgenden Wachstumsphase auch als Frist Stage oder Series A bezeichnet (Sixt 2014; Kaczmarek 2013). Dieser Deklaration folgend, wird die Wachstumsphase in der Literatur zum Teil in die sogenannte Second Stage und Third Stage Phase, respektive Series B und Series C unterteilt. Ausführlicherer Informationen zu dieser Aufspaltung finden sich beispielsweise bei Sixt (2014).

Eines der strategischen Hauptziele des Startups in der darauffolgenden *Wachstums- bzw. Emerging Growth-Phase* besteht darin, den eigenen Wirkungsbereich (insbesondere durch den Ausbau des Vertriebs) auszuweiten und einen möglichst positiven Cash-Flow zu generieren. In der Emerging-Growth-Phase erreicht das Startup idealerweise den Break-Even-Point (Gewinnschwelle). Mögliche Anfangsverluste amortisieren sich und die Produktion und der Vertrieb können ausgebaut werden (Hahn 2014, S. 29). Zur Absicherung der Unternehmensexistenz müssen in dieser Phase weitere Finanzierungsentscheidungen getroffen werden (Reichle 2010, S. 19). Eine entsprechende Selbstfinanzierung der Startups ist in der Praxis dann möglich, wenn der Break-Even-Point überschritten wurde. Für Startups mit einem überdurchschnittlichem Wachstumspotential, den sogenannten High Flyer, besteht gegen Ende der Emerging Growth-Phase ferner die Möglichkeit der Vorbereitung des Börsengangs (*Bridge Phase/Pre-IPO*). Dieser erfordert zwar noch weitere Investitionen in das Unternehmen, ermöglicht den am Startup beteiligten Parteien jedoch einen finanziell besonders lukrativen Exit (Hahn 2014, S. 29).

Finanzierungsformen und Kapitalgeber

Werden die zur Finanzierung verwendeten Mittel von dem Startup selbst erwirtschaftet, beispielsweise durch einen positiven Gewinn, ist eine sog. *Innenfinanzierung* gegeben (Römermann et al. 2009, § 1, Rn. 71). Der wesentliche Vorteil einer solchen Finanzierung besteht darin, dass keine externen Dritte über Rendite oder Zinszahlungen bedient werden müssen und die Gründer des Unternehmens somit ihre vollständige Selbstständigkeit bewahren. Für die Startup-Finanzierung sind die Mechanismen der Innenfinanzierung in der Regel jedoch zu vernachlässigen, da sie in der Anfangsphase mangels operativer Erlöse nicht zu bewerkstelligen ist (Hahn 2014, S. 35). Die so entstehende Eigenkapitallücke muss durch externe Kapitalgeber geschlossen werden.

Dem Prinzip der Innenfinanzierung steht daher die sogenannte *Außenfinanzierung* gegenüber. Bei dieser fließt dem Startup Kapital von außen zu, also nicht aus dem betrieblichen Umsatzprozess (Römermann et al. 2009, § 1, Rn. 71). Die Gründer haben dadurch die Möglichkeit liquide Mittel in das Startup einzubringen bzw. die Eigenkapitallücke durch die Aufnahme von außerhalb des Unternehmens stehenden Investoren zu schließen (Eilenberger und Haghani 2008, S. 10). Technologieorientierte bzw. in der IT-Branche angesiedelte Startups sind besonders in den Early Stages auf externes Kapital angewiesen, um ihren Kapitalbedarf zu decken (Schultz 2011, S. 111). Die Außenfinanzierung kann dabei als Eigenfinanzierung von außen in Form von Einlagen bzw. Beteiligungen oder in Form der klassischen Kreditfinanzierung (Fremdfinanzierung) erfolgen (Hahn 2014, S. 36). Demnach ist im Rahmen der Außenfinanzierung zwischen Eigen- und Fremdfinanzierung zu differenzieren, je nachdem, ob das Unternehmen Eigenkapital oder Fremdkapital zur Verfügung gestellt bekommt (Hahn 2014, S. 36). Darüber hinaus umfasst die Außenfinanzierung die sogenannte Mezzanine-Finanzierung. Dabei handelt es sich um eine Zwischenform der Eigen- und Fremdkapitalfinanzierung (Kollmann und Kuckertz 2003, S. 17).

Unter *Eigenkapital* versteht man diejenigen Finanzierungsmittel, die von den Gründern oder Gesellschaftern eines Startups zu dessen Finanzierung herangezogen werden (Kollmann und Kuckertz 2003, S. 16). Für ausführliche Informationen zu den verschiedenen Beteiligungsformen und Ausgestaltungen der vier wesentlichen Typen von Eigenkapitalgebern, sei wiederum auf Hahn (2014, S. 43 ff.) verwiesen. Zum besseren Verständnis werden diese vier Typen (Business Angels, Inkubatoren, Venture Capital und Private Equity) im Folgenden jedoch kurz erläutert.

Als *Business Angels* werden Privatpersonen bezeichnen, welche dem Startup innerhalb der Early Stages sowohl Kapital als auch unternehmerisches Know-how zur Verfügung stellen (Börner und Grichnik 2005, S. 92). Als Gegenleistung erhalten Business Angels Geschäftsanteile am Startup und werden am Wertzuwachs des Unternehmens beteiligt (Hahn 2014, S. 46).

Inkubatoren (auch bekannt als „accelerators“) stellen den Startups in der Regel nur geringfügig Kapital zur Verfügung. Sie zeichnen sich vielmehr dadurch aus, dass sie jungen Unternehmen bei allen im Zusammenhang mit der Findung und Umsetzung der Geschäftsidee auftretenden Problemen bzw. Fragestellungen Unterstützung durch Ideen, Teams, Prozesse und Ideenkontakte als Gegenleistung für eine Beteiligung am Startup liefern (Kaczmarek 2013; Hahn 2014, S. 55).

Unter *Venture Capital*, oft auch als Risiko- oder Wagniskapital bezeichnet, ist eine Beteiligungsfinanzierung an Startups zu verstehen, die für den Investor sowohl mit großen Risiken durch Verluste als auch mit großen Gewinnchancen verbunden ist. Risikokapitalgeber überlassen den Startups dabei hohe Investitionssummen und erhalten dafür Geschäftsanteile und Mitbestimmungsrechte (Hahn 2014, S. 57). Der Investor verfolgt dabei die Strategie, dass das Startup wirtschaftlich wächst und der Venture Capital-Geber seine Geschäftsanteile nach einer gewissen Zeit und unter Realisierung möglichst hoher Gewinne wieder veräußern kann (Börner und Grichnik 2005, S. 90).

Die vierte Form des Beteiligungskapitals wird als *Private Equity* bezeichnet und wird insbesondere in den Expansion Stages akquiriert, um das unternehmerische Wachstum der Startups zu fördern (Breithaupt et al. 2010, Teil 1. C. § 2, Rn. 60). Als Beteiligungskapital erwirbt der Private Equity-Geber als Gegenleistung für die Investition Anteile am Startup. Die Strategie der Kapitalgeber liegt darin, dem Startup mithilfe der Finanzierung zu ermöglichen den Break-Even-Point zu überschreiten und unternehmerisches Wachstum zu generieren, wodurch der Wert der Geschäftsanteile insgesamt und damit auch seiner eigenen Beteiligung erhöht wird. Sobald der Unternehmenswert des Startups die von den Private-Equity Gebern angestrebte Höhe erreicht, werden diese versuchen größtmögliche Gewinne durch den Verkauf ihrer Geschäftsanteile zu erzielen (Hahn 2014, S. 61).

Neben den beschriebenen Formen des Eigenkapitals handelt es sich bei *Fremdkapital* um Mittel, die dem Startup von externen Kapitalgebern unter Auflage der Rückzahlung zur Verfügung gestellt werden (Kollmann und Kuckertz 2003, S. 17). Dies hat gegenüber Eigenkapital den Vorteil, dass das Startup keine Anteile an den Kapitalgeber abgeben muss (Kollmann 2011, S. 167). Nachteilig ist jedoch, dass auch Fremdkapitalgeber de facto Mitspracherechte innehaben können, die umso intensiver ausgestaltet sind je größer die Summe des bereitgestellten Kapitals ist (Hahn 2014, S. 38). Typische Finanzierungsinstrumente bei Fremdkapital sind *Bankkredite* und *öffentliche Fördermittel*. Nach Hahn (2014, S. 63) wird die Notwendigkeit einer öffentlichen Förderung dann deutlich, wenn das Startup im High-Tech-Sektor oder der IT-Branche angesiedelt ist. In den letzten Jahren wurden durch die zunehmende Bedeutung junger (Technologie-) Unternehmen daher zahlreiche öffentliche Förderprogramme eingerichtet, die Startups durch die Bereitstellung von Eigenkapital unterstützen (Kollmann und Kuckertz 2003, S. 29). Charakteristisch für öffentliche Fördermittel ist, dass eine solche

Finanzierung zwar an bestimmte Bedingungen geknüpft ist, die Gelder aber in der Regel nicht zurückgezahlt werden müssen. Ein großer Nachteil der öffentlichen Förderung ist jedoch, dass die Gründer häufig zahlreiche bürokratische Hürden überwinden müssen bis die Fördermittel letztendlich ausgezahlt werden. Für viele Gründer stellt sich daher oftmals die Frage, ob der Nutzen den Aufwand lohnt (Kaczmarek 2013).

2.4.2 Analyse bestehender Erhebungen

Bei einer Literaturrecherche zum Thema Startup Finanzierung wird schnell deutlich, dass es zwar zahlreiche Werke gibt die sich mit der dazugehörigen Theorie beschäftigen, jedoch nur wenig Untersuchungen zum tatsächlichen Finanzierungsverhalten in Deutschland existieren. Von den in Kapitel 2.2.2 analysierten Gründungsstatistiken erheben lediglich der KfW-Gründungsmonitor sowie das Mannheimer Gründungspanel Daten zu den Finanzierungsbedarfen der Startups sowie den letztlich geflossenen Investitionssummen (Metzger 2015; Bretz et al. 2015). Neben diesen Erhebungen wurde von der ZEW im Jahr 2010 eine Untersuchung zu Hemmnissen von Gründungen im High-Tech Sektor durchgeführt, welche auch spezielle Erhebungen zur Finanzierungssituation enthält (Metzger et al. 2010). Des Weiteren existiert eine Untersuchung des DIHK zur Gründungsfinanzierung aus dem Jahr 2009, welche sich durch den Fokus auf Existenzgründungen jedoch nur bedingt als Informationsquelle für die vorliegende Arbeit eignet. Bessere Erkenntnisse zum speziellen Fall der Startup Finanzierung liefert hier der Deutsche Startup Monitor. Mittels einer Online-Befragung wurden 454 Personen interviewt, die Anteile an einem Startup besitzen und/oder eine zentrale Position in der Firma besetzen (Rispas et al. 2013).

Mit Ausnahme der ZEW-Erhebung zum High-Tech Sektor, haben alle diese Untersuchungen gemeinsam, dass sie die Finanzierungssituation von Startups unabhängig von deren Gründungsumfeld und tätigem Wirtschaftsbereich betrachten. Bezüglich der Finanzierungs- und Fördermöglichkeiten für den bereits aus Kapitel 2.1.4 bekannten Bereich der Umwelt- und Ressourceneffizienz haben Fichter et al. (2014) mit ihrer Untersuchung Pionierarbeit in Deutschland geleistet. Bei dieser Untersuchung wurden mittels Experteninterviews erstmals sämtliche Finanzierungs- und Förderprogramme für Unternehmen aus einem ganz speziellen Bereich der Wirtschaft zusammengetragen und auf ihre Effektivität sowie ihre letztliche Inanspruchnahme durch Startups untersucht. Die Untersuchung kam zu dem Ergebnis, dass Gründungen in dem untersuchten Bereich einen hohen Finanzierungsbedarf mit einer langfristigen Finanzierungsperspektive haben (Fichter et al. 2014, S. 13).

Eine internationale Studie der Sustainable Energy Finance Initiative (SEFI) der Vereinten Nationen kam zu dem Ergebnis, dass auf globaler Ebene zwischen 2000 und 2008 ein enormer Anstieg an Investitionen von Venture Capital und Private Equity-Gebern im Energiesektor – und dort im speziellen im Bereich der erneuerbaren Energien – zu verzeichnen war (SEFI 2009). Der Großteil dieser Investitionen floss im Bereich der Erzeugung vor allem in Technologien für Photovoltaik und Solarthermie. Daneben kam es auch zu Investitionen in Technologien für den Endnutzer, beispielsweise intelligente Zähl- und Verbrauchsmessungssysteme oder effizientere Beleuchtung, wenn auch in deutlich geringerem Maßstab (Grubler et al. 2012). Bezogen auf die Investitionsbereitschaft am Standort Deutschland kamen Fichter et al (2014) jedoch zu der Erkenntnis, dass es in Deutschland bislang ein noch sehr geringes Kapitalvolumen von Investoren gibt, die sich auf die Branche der Umwelttechnik und Ressourceneffizienz spezialisiert haben. Dies geht nach Fichter et al. (2014, S. 13) nicht zuletzt auf die geringe Sichtbarkeit und eine mangelnde Datenlage des Gründungsfeldes in diesem Bereich zurück.

2.4.3 Relevanz für die vorliegende Untersuchung

Die bisherigen Studien zur Gründungsfinanzierung in Deutschland lassen spezielle Unterscheidungen der Finanzierungssituation in unterschiedlichen Bereichen der Wirtschaft vermissen. Zwar untersucht die Arbeit von Fichter et al. (2014) die Qualität verschiedener Unterstützungsangebote bezogen auf die Umwelttechnik- und Ressourceneffizienz, eine Untersuchung der Querschnittsbranche Energiewirtschaft zu diesem Thema liegt zurzeit jedoch noch nicht vor. Dennoch werden einige Erkenntnisse aus den bestehenden Untersuchungen für die vorliegende Arbeit angewendet. So nutzen die untersuchten Studien durchweg Interviews oder Online-Befragungen um Informationen über die Finanzierung der Gründungen zu ermitteln. Dies lässt darauf schließen, dass Eigenkapitalgeber keine öffentlich zugänglichen Informationen bereitstellen, in welcher Höhe sie welchem Unternehmen Kapital bereitstellen. Für die vorliegende Untersuchung muss daher ein Weg gefunden werden, Finanzierungsinformationen von den Startups indirekt über bereits geleistete Befragungen, Interviews oder andere Selbstauskünfte zu erhalten. Weiterhin greifen einige Studien auf Informationen zurück, die Daten zu den öffentlich verteilten Fördermitteln beinhalten und von der Regierung selbst bzw. den jeweiligen Fördereinrichtungen bereitgestellt werden.

2.5 Ableitung der Forschungslücken und Forschungsfragen

Die Analysen und Auswertungen der Kapitel 2.1 und 2.2 zeigen, dass sowohl auf Seiten der Unternehmensgründungen, als auch im Bereich der Umweltwirtschaft und Energiewirtschaft bereits Forschungsaufwand betrieben wird. Die Ziele dieser unterschiedlichen Studien ähneln sich dahingehend, dass jeweils die wirtschaftliche Bedeutung des untersuchten Bereichs für die deutsche Volkswirtschaft gemessen werden soll. Ähnlich zeigen die Analysen aus den Kapiteln 2.3 und 2.4, dass auch die Bereiche Innovation und Finanzierung im Zusammenhang mit Startups durchaus in das Blickfeld der Wissenschaft geraten sind. Die Analysen und Auswertungen zeigen jedoch auch, dass bis dato noch keine ausreichende, kombinatorische Untersuchung der beiden Bereiche Startups, inklusive deren Innovations- und Finanzierungsaktivität, und der Querschnittsbranche Energiewirtschaft international, geschweige denn auf deutscher Ebene existiert. Daraus ergibt sich eine Forschungslücke die im Folgenden durch eine detaillierte Untersuchung der speziellen Bereiche Startups und Energiewirtschaft geschlossen werden soll. Durch die drei verschiedenen Forschungsschwerpunkte, zum ersten dem allgemeinen Gründungsgeschehen in der Energiewirtschaft, zum zweiten die Innovationsaktivität dieser Gründungen und zuletzt die Finanzierungsaktivität im Zusammenhang mit Gründungen in der Energiewirtschaft, unterteilt sich die Forschungslücke in insgesamt drei Forschungsfragen. Diese werden im Folgenden konkret hergeleitet und final formuliert.

Gründungsgeschehen in der Energiewirtschaft

Aufgrund der bisher unzureichenden Erkenntnissen über das Gründungsgeschehen in der Energiewirtschaft in Deutschland, beschäftigt sich die erste Forschungsfrage mit der Unternehmenstypologie der gegründeten Unternehmen. Dies umschließt Angaben wie die Anzahl der Gründungen, die Startgröße der Unternehmen, deren Umsatzentwicklung oder deren regionale Verteilung. Zudem wird untersucht wie sich das Gründungsgeschehen auf einzelne Bereiche der Energiewirtschaft verteilt. Die erste Forschungsfrage lautet daher wie folgt:

Wie lassen sich Startups des Energy Entrepreneurship anhand typologischer Unternehmensmerkmale messen, charakterisieren und klassifizieren?

Innovationsaktivität in der Energiewirtschaft

Bezieht sich die erste Forschungslücke vor allem auf die quantitative Bestimmung von Startups in der Energiewirtschaft, adressiert die zweite Forschungslücke verstärkt qualitative Merkmale der Startups. Wie bereits in der Einführung zu Kapitel 2.3.1 beschrieben, wird Startups mit Bezug auf die Energiewirtschaft großes Potential zugesprochen, da sie Innovationen schneller einführen können als etablierte Unternehmen (Fichter 2014, S. 12; Büchele et al. 2014, S. 12; BMBF 2014b, S. 5). Generell wird Startups ein sehr hoher Innovationsgrad zugesprochen, egal in welchen Wirtschaftsbereichen sie gegründet werden (Kühnapfel 2015, S. 1). Wie die Analysen aus Kapitel 2.3.2 jedoch zeigen, ist die wissenschaftliche Grundlage für solche allgemeinen Aussagen kaum gegeben. Zwar existieren vereinzelte Untersuchungen zur Innovationsaktivität von Startups, die zum Teil mittels Patenten oder FuE-Ausgaben als Indikatoren arbeiten, eine konkrete Betrachtung dieser Aktivitäten im Umfeld der Energiewirtschaft ist bis dato jedoch nur unzureichend erfolgt.

Mit einem konkreten Bezug zu Umweltinnovationen existiert für den deutschen Markt bislang lediglich eine Studie des Borderstep Institut (2012). Im Rahmen des Forschungsvorhabens ‚Diffusionspfade für Nachhaltigkeitsinnovationen' wurde die Markteinführung und Verbreitung von 100 umweltentlastenden Produkt- und Serviceinnovationen untersucht. Dabei handelte es sich um 58 inkrementelle und 42 radikale Innovationen. Die Untersuchung kam zu dem Ergebnis, dass rund drei Viertel aller inkrementellen Innovationen von etablierten Unternehmen alleine (64 %) oder zeitgleich mit Gründer-Unternehmen (10 %) am Markt eingeführt wurden. Auf der anderen

Seiten gingen rund zwei Drittel aller radikalen Innovationen auf das Konto von Gründerunternehmen (Borderstep Institut 2012). Aus der Branchenzugehörigkeit der untersuchten Innovationen leitet das Borderstep Institut die Erkenntnis ab, dass speziell für den Bereich der Energiewirtschaft und im Zusammenhang mit der Energiewende, zukünftig gezielt Neugründungen in den zugehörigen Leitmärkten stimuliert und gefördert werden sollten. Die zweite Forschungslücke ergibt sich damit aus der zu untersuchenden, tatsächlichen Innovationskraft von Startups in der Energiewirtschaft. Konkret lautet die zweite Forschungsfrage wie folgt:

Welche Bereiche der Energiewirtschaft zeichnen sich durch eine hohe Innovationsaktivität der zugehörigen Startups aus?

Finanzierungsaktivität in der Energiewirtschaft

Die Analyse einiger der bestehenden Studien zur Gründungsfinanzierung in Deutschland zeigt, dass die bisherigen Studien mit wenigen Ausnahmen das gesamte Gründungsspektrum abdecken, ohne jedoch auf spezifische Hemmnisse in den unterschiedlichen Wirtschaftsbereichen einzugehen. So kommt eine Studie des ZEW beispielsweise zu der Erkenntnis, dass Gründungen im speziellen Fall der Energiewirtschaft durch ein besonders hohes Risiko und einen hohen langfristigen Bedarf an Kapital gekennzeichnet sind, was sich unter anderem aus den unsicheren politischen Rahmenbedingungen und den Herausforderungen bei Normen und rechtlichen Vorschriften ergibt (ZEW 2014, S. 99 ff.). Parallel dazu steht die These des Borderstep Institut (2012) welche besagt, dass vor allem im Bereich der Energiewirtschaft gezielt Neugründungen gefördert werden müssen. Teil der vorliegenden Arbeit ist daher die Betrachtung des Finanzierungsverhalten in der Querschnittsbranche Energiewirtschaft, um zu untersuchen ob spezielle Finanzierungsformen in bestimmten Bereichen der Energiewirtschaft stärker nachgefragt werden und in welchem Ausmaß und in welcher Form Startups in der Energiewirtschaft durch Fremdfinanzierung unterstützt und gefördert werden. Um diesen Bezug herzustellen, wird die dritte Forschungsfrage wie folgt formuliert:

In welchen Bereichen der Energiewirtschaft lassen sich verstärkte Finanzierungsaktivitäten in Bezug auf Startups beobachten?

Im nachfolgenden Kapitel gilt es nun, den eigenen Forschungsansatz und die methodische Vorgehensweise zu erläutern, anhand derer diese drei Fragen beantwortet werden sollen.

3 Methodische Konzeptentwicklung

Anhand der Analysen und Vorüberlegungen aus Kapitel 2, wurden das für die vorliegende Arbeit relevante Untersuchungsumfeld und der Untersuchungsgegenstand abgegrenzt. Im Folgenden Kapitel wird nun das Konzept vorgestellt, um die formulierten Forschungsfragen auf Basis deskriptiver Daten zu messen und zu analysieren.

Dazu wird in einem ersten Schritt der strukturelle Rahmen der notwendigen Datenerhebung festgelegt. Dies beinhaltet die Konkretisierung der Forschungsfragen durch messbare Indikatoren, die Festlegung der an das Erhebungsdesign gestellten Anforderungen sowie eine Beschreibung der Grundform des Designs. Aufbauend auf diesem Rahmen werden die einzelnen Phasen der Datenerhebung beschrieben, mitsamt Erläuterung der jeweils zugrunde gelegten Datenquellen sowie der Strategie zur Auswahl der relevanten Daten aus diesen Quellen. Abschließend werden die extrahierten Datensätze harmonisiert und zu einer Datenbank zusammengeführt, mit welcher das Gründungsgeschehen, die Innovationsaktivität sowie die Finanzierungsaktivität von Energy Startups in Deutschland analysiert werden kann.

3.1 Struktureller Rahmen des Erhebungsdesigns

Die Grundlage und Rahmenstruktur des Konzepts ergibt sich zum einen aus den in Kapitel 2.1.4 getroffenen Abgrenzungen des Untersuchungsumfeldes. Zum anderen muss die zugrunde gelegte Datenerhebung gewisse Anforderungen erfüllen, um letztlich die Daten zu erheben, die zur Beantwortung der Forschungsfragen benötigt werden. Dazu wird nachfolgend ein Erhebungsdesign vorgestellt, welches eine Kombination und Analyse der notwendigen Datenquellen ermöglicht. Das Erhebungsdesign orientiert sich bei dessen Aufbau und Strukturierung an den folgenden drei Leitfragen:

1. Was muss die Erhebung messen können?
2. Welche Anforderungen müssen dazu erfüllt werden?
3. Wie muss die Erhebung dazu aufgebaut werden?

Aus diesen Leitfragen ergeben sich die kommenden drei Unterkapitel. Zunächst werden Indikatoren festgelegt, welche die Forschungsfragen vor dem Hintergrund des Untersuchungsgegenstandes quantitativ messbar machen sollen. Abgeleitet werden diese Indikatoren aus den Forschungsfragen aus Kapitel 2.5 sowie den Erkenntnissen bestehender Statistiken zu Unternehmensgründungen. Darauf aufbauend, werden die Anforderungen an das Erhebungsdesign erläutert, die erfüllt werden müssen, um eine konsistente Datensammlung und -analyse gewährleisten zu können. Der letzte Schritt zur Vollendung des Erhebungsdesigns besteht in der Auswahl und Beschreibung der Grundform des Designs. Die verschiedenen Indikatoren benötigen zur erfolgreichen Messung jeweils unterschiedliche Datengrundlagen. Die Grundform des Erhebungsdesigns beschreibt wie diese Datengrundlagen miteinander kombiniert werden, um letztlich eine Datenbank zur Analyse des Gründungsgeschehens im Umfeld der Energiewirtschaft zu entwickeln.

3.1.1 Indikatoren des Erhebungsdesigns

Wie bereits in Kapitel 2.5 abgeleitet, ist es das primäre Ziel der vorliegenden Arbeit Informationen zu Startups im Umfeld der Energiewirtschaft zu sammeln und zu analysieren, die bisher nicht oder nur unzureichend von bestehenden Gründungsstatistiken erfasst wurden. Teil dieser Analyse ist die Beantwortung von Fragen zur wirtschaftlichen Bedeutung solcher Energy Startups. Gleichzeitig soll die Arbeit auch Informationen liefern, mit denen das Gründungsgeschehen in der Energiewirtschaft mit dem allgemeinen Gründungsgeschehen verglichen werden kann. Weitere zu erhebende Daten beziehen sich daher auf die Unternehmensgröße, die Beschäftigtenzahl, den Umsatz und die regionale Verteilung der Energy Startups. Neben diesen allgemeinen Gründungsdaten ermittelt die vorliegende Arbeit, ähnlich des Mannheimer Gründungspanels, des KfW-Gründungsmonitors und des Global Entrepreneurship Monitors, auch die Innovationsaktivitäten der Unternehmensgründungen (vgl. Kapitel 2.3.2). Basierend auf öffentlichen und privaten Finanzierungs- und Förderungsdaten, werden zudem Daten zu den Finanzierungs- und Investitionsaktivitäten im Umfeld der Energiewirtschaft erfasst.

Um die Auswahl der dazu benötigten Datenquellen zu strukturieren, werden die Forschungsfragen zunächst anhand von bestimmten Indikatoren konkretisiert, die es ermöglichen, das Energy Entrepreneurship standardisiert zu erfassen und besser mit anderen Branchen vergleichen zu können. Die Auswahl der Indikatoren orientiert sich dabei an einigen in Kapitel 2.2.2 analysierten Statistiken zum Gründungsgeschehen, konkret dem Mannheimer Gründungspanel und dem Green Economy Monitor (Bretz et al. 2015; Weiß und Fichter 2013).

Hinsichtlich der Erhebung von Gründungsindikatoren in der Energiewirtschaft, verfolgt die vorliegende Arbeit ein mehrphasiges Konzept. In der ersten Phase werden zunächst wesentliche Kernindikatoren zum Gründungsgeschehen sowie zu typologischen Unternehmensmerkmalen erhoben. Die Indikatoren zur Beantwortung der Forschungsfrage zur Unternehmenstypologie lauten wie folgt:

- Gründungsintensität des Energy Entrepreneurship
- Anzahl der Energy Startups
- Anteil der Energy Startups an Gesamtgründungen
- Zusammensetzung des Energy Entrepreneurship nach Wirtschaftsbereichen
- Zusammensetzung des Energy Entrepreneurship nach Leitmärkten
- Unternehmensgröße und -struktur von Energy Startups
- Umsatz- und Beschäftigungsentwicklung der Energy Startups
- Regionale Verteilung der Energy Startups

In einer zweiten und dritten Phase werden dann weitere, vergleichende Informationen und Indikatoren zu den Unternehmensgründungen und zum Gründungsprozess erhoben.

Die zweite Stufe befasst sich dabei mit den Innovationsaktivitäten der Unternehmen und umfasst die folgenden Indikatoren:

- Anzahl Patentanmeldungen im Umfeld der Energiewirtschaft
- Anzahl und Verteilung von Umweltpatenten im Umfeld der Energiewirtschaft
- Anteil patentierender Energy Startups
- Öffentliche FuE-Ausgaben im Umfeld der Energiewirtschaft
- Öffentliche Förderung von Energy Startups
- Innovationsaktivität in den Leitmärkten des Energy Entrepreneurship

Die dritte Phase behandelt die Thematik der Finanzierung von Unternehmensgründungen und erhebt die folgenden Indikatoren:

- Finanzierungsformen im privaten und öffentlichen Bereich
- Phasen der Gründungsfinanzierung im Umfeld der Energiewirtschaft
- Herkunft der aktiven Kapitalgeber
- Finanzierungsaktivitäten in den Leitmärkten des Energy Entrepreneurship

Den drei betrachteten Indikatorebenen der Unternehmenstypologie, Innovations- und Finanzierungsaktivität, liegen bestimmte Datenquellen zur Erhebung zugrunde. Aus diesen unterschiedlichen Ebenen und Datengrundlagen resultieren zur konsistenten Datenerhebung und Analyse spezielle Anforderungen an das Erhebungsdesign.

3.1.2 Anforderungen an das Erhebungsdesign

Das Anforderungsspektrum an das benötigte Erhebungsdesign ergibt sich zum einen aus den zu beantwortenden Forschungsfragen (vgl. Kapitel 2.5), zum andern aus den zur Verfügung stehenden Daten. Im Rahmen der Konzeptstudie zur Erstellung des Green Economy Monitors wurde das Anforderungsspektrum an diesen Green Economy Gründungsmonitor während eines ausgiebigen Expertenworkshops diskutiert und festgelegt (Weiß und Fichter 2013, S. 30 f.). Diese Anforderungen wurden bereits in Kapitel 2.2.3 als relevante Erkenntnis für die vorliegende Untersuchung vermerkt. Aufbauend auf den Anforderungen von Weiß und Fichter (2013) wurden für die vorliegende Analyse daher neun Anforderungen des Erhebungsdesigns festgelegt (s. Abbildung 3-1), welche im Folgenden näher erläutert werden.

Um eine konsistente Erhebung und Analyse gewährleisten zu können, müssen im Rahmen des entwickelten Erhebungsdesigns unternehmensspezifische Daten erhoben werden, die sowohl die Leitmarktstruktur und Segmentzugehörigkeit als auch den Beitrag der Gründungen zu den Zielen der Energiewirtschaft abbilden. Das Design muss es demnach ermöglichen, einerseits die Wirtschaftsklassifikation und andererseits spezifische Informationen zur Tätigkeit und zum Produktportfolio der Gründungen zu erfassen.

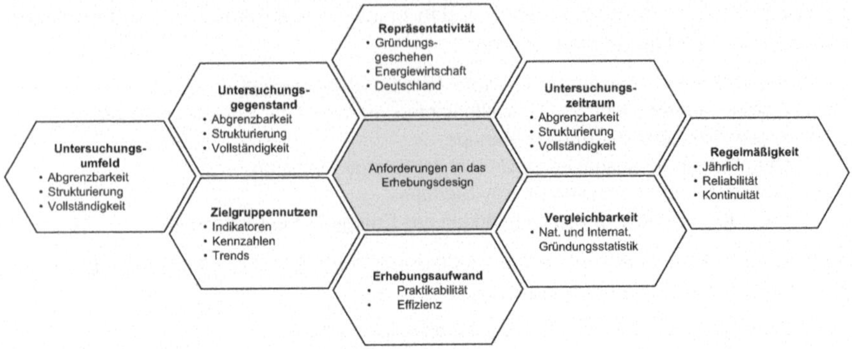

Abbildung 3-1: Anforderungen an das Erhebungsdesign
Quelle: (Weiß und Fichter 2013), eigene Zusammenstellung

Um die *Repräsentativität* der Untersuchung zu gewährleisten, muss das Design drei wesentliche Merkmale abbilden, das richtige Untersuchungsumfeld, den richtigen Untersuchungszeitraum sowie den richtigen Untersuchungsgegenstand. Da sich die vorliegende Untersuchung vor allem mit den Auswirkungen des Energiekonzepts beschäftigt, liegt der Fokus des untersuchten Zeitraums auf den Jahren nach dessen Einführung, also ab 2011. Um eventuelle kurzfristige Effekte dieses Konzepts auf das Gründungsgeschehen in der Energiewirtschaft messen und in den richtigen zeitlichen Kontext einordnen zu können, werden zudem die Startups untersucht, die von 2008 bis 2010 im Umfeld der Energiewirtschaft gegründet wurden. In Kapitel 2.2.1 wurde das Alter der relevanten Unternehmensgründungen mit maximal acht Jahren beziffert, was einen Zeithorizont der Jahre 2008 bis 2015 zur Folge hätte. Da das Jahr 2015 zum Zeitpunkt der Durchführung der vorliegenden Analyse jedoch noch nicht vollendet ist, bezieht sich der *Untersuchungszeitraum* auf die Jahre von 2008 bis 2014. Das dritte Merkmal bezieht sich auf den richtigen *Untersuchungsgegenstand*, im vorliegenden Fall also Startups nach der in Kapitel 2.2.4 eingeführten Definition. Das wesentliche Kriterium zur Bestimmung der Grundgesamtheit der Analyse ist die auf den Vorüberlegungen zur Repräsentativität aufbauende, möglichst vollständige Abgrenzung und Strukturierung des *Untersuchungsumfeldes*, also der drei Leitmärkte des Energy Entrepreneurship (vgl. Kapitel 2.1.4). Um dem Querschnittscharakter dieser Branche gerecht zu werden kommen Datensätze, die ausschließlich Informationen zu Anbietern von Umwelttechnologien oder Umweltgütern und -dienstleistungen enthalten, nicht in Frage (Weiß/Fichter 2013, S.30). Zudem können nur Datensätze zum Gründungsgeschehen verwendet werden, die eine individuelle Analyse der unternehmerischen Tätigkeiten zulassen.

Neben der zuvor erwähnten Repräsentativität muss das Erhebungsdesign auch eine *Vergleichbarkeit* der betrachteten Leitmärkte mit anderen Wirtschaftsbereichen ermöglichen. Dazu muss eine methodische Kontinuität zu Grunde gelegt werden, die sich bei Bedarf auf weitere Wirtschaftsbereiche ausweiten lässt. Des Weiteren ist es für weitergehende Analysen wünschenswert, einen internationalen Vergleich zu ermöglichen. Daher darf sich das Design bei Daten zur Leitmarktzuordnung, der Finanzierung oder den Patentanmeldungen nicht auf deutschlandspezifische Datenquellen beziehen, sondern muss internationale Quellen heranziehen, die sich jedoch auf den deutschen Markt anpassen lassen.

Zur Maximierung des *Zielgruppennutzens* müssen diese Daten Rückschlüsse auf die in Kapitel 3.1.1 eingeführten Indikatoren, entsprechende Kennzahlen und Trends ermöglichen. Um eine längerfristige Nutzbarkeit des Designs zu gewährleisten, muss zum einen der *Erhebungsaufwand* möglichst effizient gestaltet werden, zum anderen muss die *Regelmäßigkeit* des Designs gewährleistet sein, also eine kontinuierliche und reliable Erhebung zulassen.

3.1.3 Grundform des Erhebungsdesigns

Einige Untersuchungen zum Gründungsverhalten in Deutschland, zum Beispiel der Green Economy Monitor (Weiß und Fichter 2015) oder der KfW-Gründungsmonitor (Metzger 2015), verfolgen den Ansatz aus der Gesamtheit der Unternehmensgründungen in Deutschland eine geeignete Stichprobe auszuwählen und anhand dieser Stichprobe Rückschlüsse auf das Gründungsgeschehen in bestimmten Wirtschaftsbereichen zu schließen. Das hier vorgestellte Erhebungsdesign unterscheidet sich gegenüber diesen Stichprobenansätzen dahingehend, dass durch die Kombination verschiedenster Datengrundlagen der Versuch unternommen wird, die Gesamtheit aller Unternehmensgründungen im Bereich der Energiewirtschaft abzubilden. Diese soll dann wiederum auf Merkmale untersucht werden, die eine Identifikation von Energy Startups innerhalb dieser Gesamtheit ermöglichen.

Resultierend aus den zu messenden Indikatoren und den Anforderungen an das Erhebungsdesign ergibt sich die Grundform der zu erstellenden Datenbank als relationale Kombination dreier Datenbanken. Die Indikatoren der Unternehmenstypologie werden durch die sogenannte Unternehmensdatenbank gemessen. Zur Messung der Innovationsaktivität der zu untersuchenden Startups wird die Innovationsdatenbank erstellt. Ausgehend von den zugehörigen Indikatoren enthält diese Informationen zu Patenten und Ausgaben für FuE. Die dritte Datenbank dient der Messung der Investitions- und Finanzierungsaktivität. Diese Finanzierungsdatenbank ist eine Kombination aus Daten verschiedener privater und öffentlicher Gründerfonds, Kapitalgebern und Investoren. In den Kapiteln 3.2 bis 3.4 wird nun beschrieben welche Datenquellen diese drei Datenbanken speisen und anhand welcher Strategien und Kriterien die Daten für die jeweilige Datenbank erhoben werden. Des Weiteren werden Schnittstellen aufgezeigt, durch welche die einzelnen Datenquellen zu den drei Datenbanken aus Abbildung 3-2 kombiniert werden.

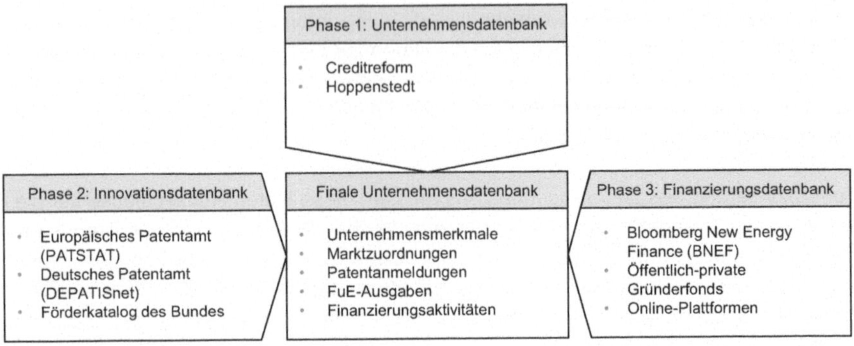

Abbildung 3-2: Grundform des Erhebungsdesigns mit zugehörigen Datenquellen
Quelle: Eigene Darstellung

3.2 Phase I: Unternehmensdatenbank

Der erste Schritt zur Messung der festgelegten Indikatoren liegt in der Auswahl der richtigen Datengrundlage. Diese erfolgt vorrangig basierend auf den in den verschiedenen Phasen der Datenerhebung notwendigen Informationen, den Anforderungen an das Erhebungsdesign sowie den Erkenntnissen aus der Analyse bestehender Erhebungen (vgl. die Kapitel 2.1.3, 2.2.3, 2.3.3 und 2.4.3). Für die erste Phase wird demnach eine Datengrundlage benötigt, welche möglichst ausführliche Informationen zu Unternehmensgründungen in Deutschland enthält. Dazu zählen im Besonderen typologische Unternehmensmerkmale wie Gründungsjahr, Standort, Umsatz- und Beschäftigungszahl sowie darüber hinaus nähere Informationen zum Tätigkeitsfeld der Unternehmen, die eine Zuordnung zu bestimmten Wirtschaftsbereichen ermöglichen.

3.2.1 Datenquellen der Unternehmensdatenbank

Der erste Schritt für eine Messung der Indikatoren für die Unternehmensdatenbank ist die Beschaffung von Unternehmensinformationen. Nur wenn Daten wie der Unternehmensname, das Gründungsjahr und etwaige wirtschaftliche oder technologische Zuordnungen bestehen, können solche Unternehmen auch verglichen und entsprechend analysiert werden. Basierend auf den Vorüberlegungen zu den Gründungsindikatoren werden dazu in der ersten Phase der Datenerhebung möglichst viele Informationen zu Unternehmen gesammelt, welche tendenziell die Anforderungen erfüllen um als Unternehmensgründung in der Energiewirtschaft zu gelten.

Wie die Analyse der bestehenden Gründungsstatistiken aus Kapitel 2.2.2 zeigt, liegt mit der Datenbank der *Creditreform* eine vielfach bewährte Quelle vor, um solche Unternehmensinformationen abzurufen. Diese umfassende Datenbank enthält Daten zu 14 Millionen Unternehmen europaweit. Die Erfassung dieser Daten erfolgt dezentral durch insgesamt ca. 130 eigenständige Niederlassungen, die im Verband der Vereine

Creditreform e.V. zusammengefasst sind (Bersch und Wagner 2014, S. 2). Zur Datenerhebung werden von den Vereinen Creditreform verschiedene öffentliche Register, insbesondere das Handelsregister, die Konkurs- und Vergleichsmeldungen sowie Tageszeitungen, Geschäftsberichte und veröffentlichte Bilanzen durchsucht. Die systematische Auswertung impliziert, dass nahezu alle eintragungspflichtigen Unternehmensgründungen im Datenbestand von Creditreform enthalten sind (Metzger et al. 2010, S. 63 f.). Die Recherche erfolgt dabei immer nach dem gleichen Modus, mit dem rechtlich selbstständigen Unternehmen als Erhebungseinheit (ZEW 2014, S. 116). Weitere Untersuchungen des ZEW belegen, dass die Gesamtheit der Unternehmensgründungen ohne systematische zeitliche und regionale Verzerrung im Datenbestand von Creditreform abgebildet wird (Licht 1999). Die Datenbank der Creditreform enthält neben regionalen Daten zum Standort des Unternehmens, beispielsweise auch organisatorische Daten zur Rechtsform, das Gründungsjahr, Beschäftigungszahlen, URL[8] Adressen der Unternehmenswebseite sowie finanzielle Angaben, etwa zum Jahresumsatz. Darüber hinaus wird jedes erfasste Unternehmen mittels der Wirtschaftszweigklassifikation des Statistischen Bundesamtes[9] einem Wirtschaftsbereich zugeordnet und anhand einer Tätigkeitsbeschreibung sowie Angaben zu den Produkten oder Dienstleistungen des jeweiligen Unternehmens genauer definiert. Zudem werden diese Angaben periodisch ermittelt und erneuert. Dies ermöglicht neben stationären Vergleichen des Gründungsgeschehens auch Analysen der zeitlichen Entwicklung (Bersch und Wagner 2014, S. 3).

In der vorliegenden Arbeit werden neben den Daten der Creditreform auch Daten einer weiteren Unternehmensdatenbank, der *Hoppenstedt Firmendatenbank*, analysiert. Hoppenstedt erfasst dabei die gleiche Datenfülle wie Creditreform. Der einzig merkliche Unterschied der beiden Datenbanken liegt in der regionalen Abdeckung der Unternehmen. Während Creditreform europaweit Unternehmen analysiert, hat sich Hoppenstedt auf die Märkte Deutschland, Österreich und die Schweiz fokussiert (Bisnode 2012). Durch die unterschiedliche regionale Fokussierung kann es durchaus vorkommen, dass Unternehmen in Hoppenstedt gelistet sind, zu denen in Creditreform keine Daten vorliegen und umgekehrt. Eine Kombination dieser beiden Datenbanken bietet den Vorteil noch mehr Unternehmensprofile abdecken und einen höheren Detaillierungsgrad der Daten gewährleisten zu können. Darüber hinaus wurde es den Datenbanken durch das elektronische Handelsregister ab 2009 ermöglicht, die Erfassungsgeschwindigkeit eintragungspflichtiger Unternehmen deutlich zu steigern. Für den aktuellen Rand des Untersuchungszeitraumes macht diese erhöhte Erfassungsgeschwindigkeit für im Handelsregister eintragungspflichtige Unternehmen nur noch ein

8 URL = Uniform Ressource Locator, bezeichnet die eindeutige Adresse für jedes Dokument, welches im Internet verfügbar ist (Lackes 2015)

9 Nähere Informationen zur Wirtschaftszweigklassifikation des Statistischen Bundesamtes (WZ 2008) finden sich in Kapitel 3.2.2

geringes Gewicht der Hochrechnung erforderlich (Höwer 2010, S. 7). Da zum Zeitpunkt der Datenextraktion das letzte Untersuchungsjahr 2014 bereits neun Monate zurückliegt und die Kombination beider Datenbanken als solche eine höhere Datendichte ermöglicht, wird in der vorliegenden Analyse auf eine Hochrechnung am aktuellen Rand gänzlich verzichtet.

3.2.2 Strategien zur Datenauswahl der Unternehmensdatenbank

Die bei der Erhebung aller beschriebenen Quellen gesammelten Daten gilt es vor der eigentlichen Analyse entsprechend dem Untersuchungsumfeld, -gegenstand und -zeitraum einzugrenzen. Dadurch soll gewährleistet werden, dass nur solche Unternehmen analysiert werden, die den vorher erarbeiteten Anforderungen an Unternehmensgründungen im Umfeld der Energiewirtschaft genügen. Zudem verlangt die Analyse nach bestimmten zugrunde gelegten Informationen, um die Indikatoren der Unternehmenstypologie entsprechend messen und bewerten zu können. Um die Unternehmen nach den Kriterien Umfeld, Gegenstand und Zeitraum sowie den benötigten Informationen zu filtern, werden im Folgenden vier Strategien zur Eingrenzung und Auswahl der Datenerhebung beschrieben.

Die erste strategische Maßnahme bezieht sich auf die zeitliche und räumliche Eingrenzung der Untersuchung. Die zweite strategische Eingrenzung besteht in der Auswahl bestimmter Wirtschaftszweige, die für eine Betrachtung der Leitmärkte der Energiewirtschaft relevant sind. Die dritte Strategie besteht in der Analyse der Tätigkeitsbeschreibungen sowie der Produkte und Dienstleistungen der Unternehmen. Anhand dieser Analyse werden die Unternehmen den jeweiligen Technologielinien, Marktsegmenten und somit den drei betrachteten Leitmärkten zugeordnet. Abschließend wird der bereits aus Kapitel 2.2.1 bekannte Fokus auf originäre Unternehmensgründungen berücksichtigt, indem anhand der vierten Strategie eine Abgrenzung zwischen derivativen und originären Gründungen erfolgt. Abbildung 3-3 stellt die im Folgenden genauer beschriebenen Strategien zur Abgrenzung des Untersuchungsumfeldes graphisch dar.

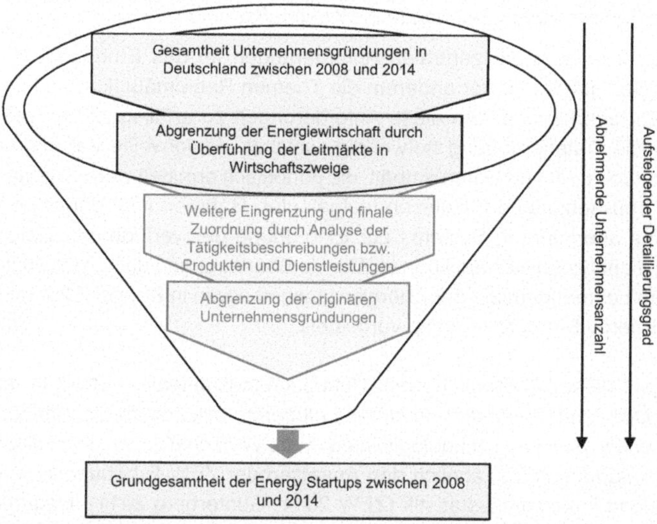

Abbildung 3-3: Strategien zur Abgrenzung des Untersuchungsumfeldes
Quelle: Eigene Darstellung

Wie der Abbildung zu entnehmen ist, ist es das Ziel dieser drei Strategien die Anzahl der Unternehmen durch eine genauere Abgrenzung schrittweise zu reduzieren und dabei den Detaillierungsgrad der zugehörigen Unternehmensinformationen zu erhöhen. Mittels der so erstellten Unternehmensdatenbank werden die in Kapitel 3.1.1 beschrieben Indikatoren der Unternehmenstypologie analysiert und die Gründungen den jeweiligen Marktsegmenten und Leitmärkten zugeordnet.

Zeitliche und räumliche Abgrenzung

Damit Unternehmen überhaupt in die zu analysierenden Rohdaten übernommen werden müssen sie drei wesentliche Kriterien erfüllen. Zum einen liegt der Betrachtungszeitraum der Untersuchung auf den Jahren 2008 bis 2014 (vgl. Kapitel 3.1.2). Für die vorliegende Datenbank hat dies zur Folge, dass nur Unternehmen betrachtet werden, welche ab dem Jahr 2008 gegründet wurden. Das zweite Kriterium umfasst die räumliche Beschränkung der Untersuchung auf den Standort Deutschland. Auch wenn ausländische Firmen die Möglichkeit haben die deutsche Energiewirtschaft als Wachstumsmarkt zu nutzen, fokussiert die vorliegende Arbeit das Potential und die Entwicklung von Unternehmen, die in Deutschland gegründet und gemeldet wurden. Das dritte Kriterium liegt in der wirtschaftlichen Aktivität der betrachteten Unternehmen. Dies bedeutet, dass nur solche Unternehmen für die Detailuntersuchung zugelassen werden, die im Jahr 2014 wirtschaftlich aktiv sind.

Überführung der relevanten Leitmärkte in Wirtschaftszweige

In Kapitel 3.1.2 wurden die zentralen Anforderungen an das Erhebungsdesign beschrieben. Dazu gehören unter anderem die Themen Regelmäßigkeit und Vergleichbarkeit der Datenerhebung. Um diese Anforderungen zu erfüllen ist ein festgelegter Rahmen für die Datenerhebung notwendig, welcher idealerweise auf internationale Standards zurückgreift und Daten enthält, die periodisch ermittelt werden können. Eine der Grundvoraussetzungen für diesen festgelegten Rahmen liegt daher im Vorhandensein eines anerkannten Systems zur Einordnung der verfügbaren Daten, damit diese sinnvoll analysiert werden können. Die Vorüberlegungen dazu wurden in Kapitel 2.1.4 mit dem Leitmarktansatz der Energiewirtschaft sowie in Kapitel 2.2.4 mit der Definition des Energy Entrepreneurship vorgestellt.

Aufbauend auf dieser Abgrenzung des Untersuchungsumfeldes erfolgt im nächsten Schritt eine Überführung dieser relevanten Leitmärkte mitsamt dazugehörigen Marktsegmenten und jeweiligen Technologielinien in die Wirtschaftszweigklassifikation des Statistischen Bundesamtes, ähnlich den Ansätzen der ZEW-Erhebung bzw. der IfM-Gründungs- und Liquidationsstatistik (ZEW 2014; Günterberg 2011). Dadurch sollen von vornherein Unternehmensgründungen aus der Analyse ausgeschlossen werden, die nicht als Gründung im Bereich der Energiewirtschaft in Frage kommen. Im Zusammenhang mit vergleichbaren, aktuellen Wirtschaftsdaten wurde unter der Schirmherrschaft der Vereinten Nationen Anfang der 90er Jahre des 20. Jahrhunderts ein System von Wirtschaftszweigklassifikationen (ISIC) ausgearbeitet. Aufbauend auf diesem System wurden für Europa das NACE und speziell für Deutschland das System der Wirtschaftsklassifikationen des Statistischen Bundesamtes WZ 2008 entwickelt. Ein solches integriertes System gewährleistet nicht nur die internationale Vergleichbarkeit, sondern auch den Vergleich von Daten aus verschiedenen Statistikbereichen (Statistisches Bundesamt 2008, S. 9). Das WZ 2008 verwendet dieselben Kodierungen wie die Systeme auf internationaler Ebene, es wurde lediglich noch eine Unterklasse hinzugefügt sowie die Bezeichnungen an den deutschen Sprachgebrauch angepasst. Die folgende Tabelle gibt eine Übersicht des formalen Aufbaus der Wirtschaftszweigklassifikationen der Vereinten Nationen (ISIC), der Europäischen Union (NACE) und der Bundesrepublik Deutschland (WZ 2008).

Tabelle 3-1: Aufbau der Klassifikationen ISIC, NACE und WZ 2008

Gliederungsebene	ISIC Rev. 4	NACE Rev. 4	WZ 2008	Code
Abschnitte	21	21	21	A-U
Abteilungen	88	88	88	01.99
Gruppen	238	272	272	01.1-99.0
Klassen	419	615	615	01.11-99.00
Unterklassen	-	-	839	01.11.0-99.00.0

Quelle: Statistisches Bundesamt (2008), eigene Darstellung

Grundlage all dieser Systeme von Wirtschaftsklassifikationen ist die Überlegung, dass sich wirtschaftliche Tätigkeiten durch die bei ihrer Ausübung typischerweise entstehenden Produkte beschreiben lassen (Statistisches Bundesamt 2008, S. 9). Das statistische Bundesamt definiert wirtschaftliche Tätigkeiten wie folgt:

> *„Eine wirtschaftliche Tätigkeit wird ausgeführt, wenn durch den kombinierten Einsatz von Produktionsfaktoren bestimmte Waren oder Dienstleistungen produziert werden. Somit ist eine Wirtschaftstätigkeit gekennzeichnet durch einen Einsatz von Produktionsfaktoren, ein Herstellungsverfahren und ein Produktionsergebnis (Waren oder Dienstleistungen)." (Statistisches Bundesamt 2008, S. 9)*

Die Klassifikation der Wirtschaftszweige (WZ) beschreibt somit die Produktionstätigkeit von Unternehmen und unterscheidet dabei nicht nach deren rechtlicher Organisation oder den Operationsformen eines Unternehmens bzw. einer Unternehmenseinheit, da sich diese Kriterien nicht auf die Merkmale der Tätigkeit selbst beziehen. Unternehmen bzw. Unternehmenseinheiten die der gleichen wirtschaftlichen Tätigkeit nachgehen werden auch in gleicher Weise den Wirtschaftszweigen zugeordnet, gleichgültig ob es sich um Einzelunternehmen, (Teile von) Kapitalgesellschaften oder um öffentliche Unternehmen handelt und gleichgültig ob das Unternehmen aus mehreren Einheiten besteht oder das Mutterunternehmen ein ausländisches Unternehmen ist. Zudem wird bei der Einteilung nach Wirtschaftszweigen nicht unterschieden ob die Ausübung der wirtschaftlichen Tätigkeit durch Maschinen oder Handarbeit, in einer Fabrik oder einem privaten Haushalt erfolgt (Statistisches Bundesamt 2008, S. 9).

Mit der Klassifikation der Wirtschaftszweige des Statistischen Bundesamtes liegt nun eine international harmonisierte Abgrenzung der Wirtschaftsbereiche vor. Wie aus Tabelle 3-1 ersichtlich besteht die WZ 2008 aus 21 Wirtschaftsabschnitten, die wiederum in Gruppen, Klassen und Unterklassen unterteilt sind. Eine grobe Übersicht des Aufbaus der WZ 2008 findet sich im Anhang A.2.1. Die zugrunde gelegten Datenbanken von Creditreform und Hoppenstedt unterstützen eine solche Klassifizierung der Unternehmen in WZ-Klassen nach dem WZ 2008. Diese, aus den Datenbanken abrufbare Klassifizierung der Unternehmen, bildet die Grundlage für die vorgenommene Einteilung der Unternehmen in die Leitmärkte der Energiewirtschaft.

Wie die Erläuterungen aus den Kapiteln 2.1.4 und 2.2.4 zeigen, sind für die vorliegende Analyse nicht alle diese Wirtschaftsabschnitte relevant. Entscheidend für die erfolgreiche statistische Erfassung der zu untersuchenden Startups ist daher eine möglichst genaue Abgrenzung der relevanten Leitmärkte anhand der aus der WZ 2008 zur Verfügung stehenden Wirtschaftsbereiche. So wird beispielsweise die Technologielinie Photovoltaik durch die Herstellung von Solarzellen und Solarmodulen (WZ 26.11.1) und die Herstellung von Solarwärmekollektoren (WZ 28.21.1) in der WZ-Klassifikation abgegrenzt. Jedoch ist es bei dieser Technologielinie, wie bei dem Großteil aller für das Energy Entrepreneurship relevanten Technologielinien schwierig, eine Abgrenzung allein auf Basis solch passender WZ-Klassen durchzuführen. So gibt es beispielsweise neben der Herstellung von Solarzellen, -modulen und -wärmekollektoren noch andere in Verbindung mit der Photovoltaik bestehende Wirtschaftszweige, die nicht konkret in der WZ 2008 abgegrenzt sind. Dazu gehören zum Beispiel alle mit der Installation und dem Betrieb von Solaranlagen zusammenhängende Dienstleistungen. Es muss daher eine andere Möglichkeit gefunden werden die bereichsübergreifenden Leitmärkte des Energy Entrepreneurship in WZ-Klassen zu überführen.

Hierzu bedient sich die vorliegende Arbeit mehrerer bestehender Studien zum Thema Klassifizierung bestimmter Wirtschaftsbereiche auf Basis des WZ 2008. Wichtigste Grundlage bildet eine Studie der Prognos AG im Auftrag des BMWi[10] (Böhmer et al. 2015). Die Studie zum Thema Wertschöpfungs- und Beschäftigungseffekte der Energiewirtschaft beinhaltet eine ausführliche statistische Abgrenzung der deutschen Energiewirtschaft anhand der WZ 2008.

Basis dieser Abgrenzung ist die aus Kapitel 2.1.1 bekannte Definition der Energiewirtschaft nach Böhmer et al. (2015). Die vollständige von Böhmer et al. (2015) vorgeschlagene Abgrenzung der Energiewirtschaft ist im Anhang A.2.2 abgetragen. Da diese Abgrenzung jedoch einen starken Fokus auf die Themen Energieerzeugung und Energieumwandlung legt, sind die Leitmärkte der *Energieeffizienz* und *Nachhaltigen Mobilität* nicht ausreichend repräsentiert. Um diese Leitmärkte ebenfalls statistisch erfassen zu können, nutzt die vorliegende Arbeit die Tatsache, dass Unternehmen im Bereich der Effizienzverbesserung in der Regel als technologieintensive Unternehmen gelten, die oftmals im High-Tech-Sektor gegründet werden (Gehrke et al. 2010). Zu diesen technologieintensiven Unternehmen können auch solche aus dem Leitmarkt der Nachhaltigen Mobilität gezählt werden, die in den Marktsegmenten der *Alternativen Antriebstechnologien* sowie den *Technologien zur Effizienzsteigerung* agieren.

Neben diesen technologieintensiven Unternehmen bestehen in den betrachteten Leitmärkten auch zahlreiche softwarebasierte Unternehmen. Solche Unternehmen werden in der Regel dem Bereich der wissensintensiven Güter- und Wirtschaftszweige zugeordnet (Gehrke et al. 2010). Sowohl die technologie- als auch die wissensintensiven Güter und Wirtschaftszweige wurden in den NIW/ISI/ZEW-Listen (s. Anhang A.2.2) auf Basis des WZ 2008 abgegrenzt (Gehrke et al. 2013). Um allen relevanten Leitmärkten gleichermaßen gerecht zu werden, nutzt die vorliegende Arbeit als statistische Grundlage daher eine Kombination der Liste von Prognos (Böhmer et al. 2015) und den NEW/ISI/ZEW-Listen (Gehrke et al. 2013). Die gesamte Liste der relevanten WZ-Klassen zur Abgrenzung des Energy Entrepreneurship ist unter Anhang A.2.3 aufgeführt.

---

10 BMWi = Bundesministerium für Wirtschaft und Energie

Analyse der Tätigkeitsbeschreibungen, Produkten und Dienstleistungen

Da es sich bei dem betrachteten Umfeld um Querschnittsbranchen mit vielen unterschiedlichen Wirtschaftszweigen handelt, ist eine reine Abgrenzung auf Basis dieser WZ-Klassen noch zu oberflächlich. Es besteht die Gefahr, dass viele Unternehmen in die Analyse miteinbezogen werden, die nach Definition nicht zur Energiewirtschaft zählen. Die Grundbasis dieser Daten muss somit dahingehend verfeinert werden, dass die Unternehmen aus den Wirtschaftszweigen explizit auf eine Zugehörigkeit zur Energiewirtschaft untersucht werden. Vergleichbar mit dem Vorgehen der ZEW-Erhebung (ZEW 2014) werden mittels eines Textanalyseprogramms die Tätigkeitsbeschreibungen der Unternehmen sowie eine Beschreibung deren Hauptprodukten oder Dienstleistungen nach Schlagwörtern durchsucht, die auf eine Verbindung mit den Leitmärkten *Umweltfreundliche Erzeugung, Speicherung und Verteilung von Energie*, *Energieeffizienz* oder *Nachhaltige Mobilität* schließen lassen. Die dazu benötigten Informationen über die Tätigkeit des Unternehmens sowie dessen angebotene Produkte und Dienstleistungen können aus den Daten von Creditreform und Hoppenstedt abgerufen werden. Diese, den Geschäftszweck der Unternehmen beschreibende Informationen, werden in Form eines Fleißtextes in den Datenbanken hinterlegt. Die dritte Strategie zur Datenanalyse besteht daher in der Untersuchung dieser Fließtexte und einer daraus abgeleiteten Zuordnung der Unternehmen zu Technologielinien und somit letztlich zu den relevanten Leitmärkten.

Zu diesem Zweck müssen für die verschiedenen Technologielinien eindeutig beschreibende Begriffe festgelegt werden, auf deren Verwendung die Fließtexte untersucht werden können. Diese identifizierenden Begriffe werden in einem zweistufigen Prozess anhand zweier Quellen festgelegt. Die erste Quelle besteht aus Texten der Fachliteratur, in denen die Technologien auf häufig in deren Zusammenhang stehende Begriffe untersucht wurden. Diese Texte wurden mittels des Analyseprogramms RapidMiner[11] einer Schlüsselwortanalyse sowie einer Wörterzählung unterzogen. Daraus wurden für die jeweiligen Technologielinien Thesauren[12] erstellt, welche die jeweilige Technologie möglichst disjunkt beschreiben und sowohl aus eindeutig identifizierenden Begriffen als auch aus Begriffskombinationen bestehen. Die Hauptproblematik bei der Analyse dieser Tätigkeitsbeschreibungen liegt darin, dass nur solche Begriffe bei der Analyse gefunden werden können, die von den Sachbearbeitern von Creditreform und Hoppenstedt in ihren Beschreibungen verwendet werden. Die zweite Quelle bilden daher die Tätigkeitsbeschreibungen selbst. Diese wurden einer Wörteranalyse unterzogen bei der ermittelt wurde, welche Wörter in welcher Anzahl in diesen Beschrei-

---

11 RapidMiner ist eine open-source Umgebung für maschinelles Lernen, Data-, Text- und Web Mining, ursprünglich entwickelt vom Lehrstuhl für künstliche Intelligenz der Technischen Universität Dortmund (RapidMiner 2015).

12 Def. Thesarus: „alphabetisch und systematisch geordnete Sammlung von Wörtern eines bestimmten (Fach)bereichs“ (Duden 2015)

bungen auftreten. Die Begriffe aus der Fachliteratur wurden daraufhin mit dieser Wörterzählung verglichen. Als Ergebnis dieses Vergleichs wurden die bisherigen Begriffe an die in den Beschreibungen verwendeten Begriffe angepasst. Die Thesauren, welche ähnliche oder sogar gleiche Begriffe enthalten, werden unter dem jeweiligen Überbegriff des Marktsegmentes zusammengefasst. Dies erklärt warum die finalen Überbegriffe der Technologiezuordnungen leicht von den in Kapitel 2.1.4 vorgestellten Technologien und Marktsegmenten abweichen (vgl. Tabelle 3-2).

Tabelle 3-2: Überbegriffe der Technologiezuordnungen

	Marktsegmente	Technologielinien	
Erzeugung, Speicherung und Verteilung von Energie	Erneuerbare Energien	- Photovoltaik	- Wasserkraft
		- Solarthermie	- Geothermie
		- Windkraft (On-/Offshore)	- Biomassenutzung
	Umweltschonende Nutzung fossiler Brennstoffe	- Fossile Brennstoffe	- Abwärmenutzung
	Speichertechnologien	- Speichertechnologien	
	Effiziente Netze	- Netze und Anlagen zur regenerativen Erzeugung und Verteilung - Netze und Anlagen zur fossilen Erzeugung und Verteilung - Zähl- und Verbrauchsmessungssysteme	- Netze und Anlagen zur Wärme- und Kälteerzeugung und -verteilung - IKT („Internet der Energie“)
Energieeffizienz	Energieeffiziente Produktionsverfahren	- Energieeffiziente Produktionsverfahren	
	Energieeffizienz von Gebäuden	- Passivhäuser/Plus-Energiehäuser	- Wärmedämmung
		- Gebäudeautomation	- Umweltberatung
	Energieeffizienz von Geräten	- Energieeffizienz von Geräten	
	Branchenübergreifende Komponenten	- Branchenübergreifende Komponenten	
Nachhaltige Mobilität	Alternative Antriebstechnologien	- Alternative Antriebstechnologien	
	Erneuerbare Kraftstoffe	- Erneuerbare Kraftstoffe	
	Technologien zur Effizienzsteigerung	- Technologien zur Effizienzsteigerung	
	Verkehrsinfrastruktur und Verkehrssteuerung	- Tankstelleninfrastruktur für alternative Antriebe	- Car Sharing
		- Verkehrsinfrastruktur	

Quelle: Eigene Darstellung, basierend auf der ursprünglichen Unterteilung der Leitmärkte nach Büchele et al. (2014)

Diese Thesauren bilden die Grundlage eines eigens entwickelten Analysetools, mit dem die Tätigkeitsbeschreibungen und die Angaben zu den Produkten und Dienstleistungen untersucht werden. Bevor die eigentliche Analyse erfolgt wurde daher zunächst die Güte der Wörterbücher in einem iterativen Prozess untersucht und verbessert. Dazu wurde nach einem ersten Durchlauf des Analysetools eine Stichprobe untersucht, um Unternehmen zu identifizieren, die fälschlicherweise dem Energy Entrepreneurship zugeordnet wurden oder aufgrund fehlender Überschneidung der Wörterbücher mit den Beschreibungen nicht identifiziert wurden, dem Energy Entrepreneurship jedoch hätten zugeordnet werden müssen.

Die Stichprobe besteht aus den Unternehmen die im Rahmen des Umwelttechnologie-Atlas in der UMFIS-Datenbank erhoben wurden. Die Unternehmen dieser Datenbank unternahmen im Rahmen der Erhebung des Umwelttechnologie-Atlas eine eigenständige Zuordnung zu den sechs Leitmärkten der Umwelttechnik und Ressourceneffizienz (vgl. Kapitel 2.1.2). Ziel der Stichprobenuntersuchung war es somit festzustellen, ob alle Unternehmen die sich selbst einem der Leitmärkte der Energiewirtschaft zugeordnet haben auch von dem Analysetool als solche erkannt wurden. Auf Grundlage der daraus gewonnenen Erkenntnisse wurde die erste Version der Thesauren anschließend modifiziert, um solche Fehlzuweisungen zu verhindern.

Im Zuge dieser Modifikation wurden die Thesauren auch hinsichtlich der Operationalisierbarkeit und Effizienz verbessert. So wurden beispielsweise mehrere ähnliche Begriffe durch einen Teil des zugehörigen Wortstammes ersetzt, wodurch die Anzahl der Worteinträge verringert und die Rechenzeit des Analysetools reduziert werden konnte. Neben den identifizierenden Begriffen wurde im Laufe des Optimierungsprozesses auch eine Negativliste von Begriffen eingeführt. Mit Hilfe dieser Liste lässt sich die Identifizierung von Unternehmen verhindern, die zwar Überschneidungen mit den Thesauren liefern, jedoch nicht dem Energy Entrepreneurship zuzuweisen sind. So sollen durch den Begriff „solar" beispielsweise Produzenten von Solaranlagen gefunden werden, nicht jedoch Betreiber von Solarien. Exemplarisch ist in Tabelle 3-3 der Thesaurus zur Technologielinie *IKT („Internet der Energie")* dargestellt.

Tabelle 3-3: Thesaurus für die Technologielinie IKT ("Internet der Energie")

Thesaurus für Technologielinie IKT ("Internet der Energie")	
	'daten' OR 'meter' OR 'software' OR 'verbrauch' OR 'zaehler'
AndAlso	'automati' OR 'demand' OR 'intelligent' OR 'nachfrage' OR 'smart'
AndAlso	'akquise' OR 'analyse' OR 'management' OR 'mess' OR 'monitor' OR 'service'
AndAlso	'elektr' OR 'energie' OR 'energy' OR 'heiz' OR 'netz' OR 'power' OR 'strom' OR 'waerme'

Quelle: Eigene Darstellung

Nach einem zweiten Durchlauf mit diesen modifizierten Thesauren wurde jedem identifizierten Unternehmen des Energy Entrepreneurship durch das Analysetool die jeweilige Technologielinie und der zugehörige Leitmarkt zugeordnet. Mit dieser Zuordnung der Unternehmen anhand der Tätigkeitsbeschreibungen sowie den Informationen zu Produkten und Dienstleistungen wurde die bereits vorgenommene Zuordnung der Unternehmen anhand der WZ-Klassen nochmals verfeinert.

Abgrenzung originärer Unternehmensgründungen

Wie bereits aus der Definition des Gründungsverständnisses aus Kapitel 2.2.1 bekannt, können Unternehmensgründungen grundsätzlich nach ihrer Struktur in originäre und derivative Gründungen unterschieden werden. Zur Analyse des Gründungsgeschehens im Rahmen der vorliegenden Arbeit wird vor allem den strukturschaffenden, also den originären Gründungen, eine besondere Aufmerksamkeit zuteil. In den zugrunde gelegten Datenbanken wird eine Einteilung der Unternehmensgründungen in eine dieser beiden Arten nicht explizit vorgenommen. Zudem wird eine Identifikation der originären Gründungen dadurch erschwert, dass in der zeitlichen Entwicklung eines Unternehmens auch derivative Gründungsereignisse, wie beispielsweise ein Rechtsformwechsel oder Änderungen in der Eigentümerstruktur aufgrund von Akquisitionen, Spaltungen oder Fusionen auftreten können (Engel und Fryges 2002, S. 6). Um diese derivativen Ereignisse zu identifizieren und herauszufiltern, werden in der vorliegenden Arbeit unterschiedliche Ansätze verfolgt.

Sowohl Hoppenstedt als auch Creditreform sammeln Informationen zur Unternehmenshistorie. Dazu zählen beispielsweise vorherige Unternehmensnamen. Bei schlichten Namensänderungen ohne Änderung der Rechtsform bleibt der Handelsregistereintrag erhalten und das Unternehmen mit neuem Namen zählt weiterhin als originäre Gründung (Handelsregisterverordnung - HRV 2015). Zur Identifikation tatsächlicher derivativer Ereignisse werden daher die Rechtsformen in den vorherigen Unternehmensnamen mit den aktuellen Rechtsformen abgeglichen, um eine etwaige Änderung der Rechtsform festzustellen.

Des Weiteren wird geprüft ob die Historie der einzelnen Unternehmensstati Informationen zu möglichen Insolvenzverfahren enthält, in deren Zuge ein Wechsel der Rechtsform oder eine Umgründung stattgefunden hat. Als weiteres Indiz für Wandelereignisse in der Unternehmenshistorie werden die Informationen zu Beschäftigungsangaben und Umsatzerlösen hinzugezogen. Weist ein Unternehmen beispielsweise bereits im Jahr 2008 Angestellte oder einen Jahresumsatz auf, obwohl das eingetragene Gründungsdatum nach 2008 liegt, liegt der Verdacht nahe, dass es sich um eine derivative Gründung handelt. Bei der Datenerhebung zur Unternehmensdatenbank werden zunächst originäre wie auch derivative Gründungen erfasst. Nach erfolgter Identifikation der derivativen Gründungen können diese jedoch aus den weiteren Analysen herausgefiltert werden.

Als Ergebnis der vier Analysestrategien (vgl. Abbildung 3-3), liegt nun eine Datenbank des Energy Entrepreneurship vor, die zum einen für die Messung der Indikatoren der Unternehmenstypologie verwendet wird und zum anderen die Schnittstellen für die Kombination mit der Innovations- und der Finanzierungsdatenbank liefert.

3.3 Phase II: Innovationsdatenbank

Die Datengrundlage für die zweite Erhebungsphase muss zum einen Daten zu Patentanmeldungen und zum anderen Informationen zu FuE-Ausgaben im Umfeld der Energiewirtschaft erfassen.

3.3.1 Datenquellen der Innovationsdatenbank

Um die Forschungsfrage zur Innovationsaktivität zu beantworten wurden nach Analyse bisheriger Untersuchungen des Innovationsverhaltens von Unternehmensgründungen und Startups für die vorliegende Arbeit bereits in Kapitel 2.3.3 die Indikatoren Patentanmeldungen und FuE-Ausgaben in der Energiewirtschaft festgelegt. Da diese Indikatoren zwar stark korrelieren, jedoch in der Regel nicht zusammen in einer Datenquelle erhoben werden, setzt sich die Innovationsdatenbank aus mehreren unterschiedlichen Datenquellen für die Patente auf der einen und die FuE-Ausgaben auf der anderen Seite zusammen.

Eine Datenquelle für die Patentanalyse bildet die Datenbank *PATSTAT* des Europäischen Patentamts (EPA). Diese Datenbank deckt Daten von mehr als 80 Ländern, inklusive Deutschland, ab und enthält Eintragungen zu insgesamt ca. 90 Millionen Patentdokumenten (EPO 2015). Diese Datenbank ist wie die vorliegende Unternehmensdatenbank als relationale Datenbank entworfen und dient ausschließlich statistischen Analysen (Schmoch et al. 2012, S. 17). Neben den Daten aus PATSTAT wurde zusätzlich das Deutsche Patent- und Markenamt (DPMA) zur Recherche hinzugezogen, welches mit dem Patentinformationssystem *DEPATISnet* über eine ähnliche Datenbank mit ca. 90 Millionen Patenten verfügt (DPMA 2015). Zwar verfügen beide Patentdatenbanken über eine ähnliche Datenabdeckung, die verfügbaren Modi der Datenabfrage unterscheiden sich jedoch. So bietet sich die PATSTAT Datenbank vor allem für Recherchen der Patentklassen an, wohingegen DEPATISnet Vorteile bei der Recherche nach Patentanmeldern bietet. Die beiden Datenbanken liefern neben generellen Informationen über die Anzahl der Patentanmeldungen auch Informationen wie das Prioritätsjahr[13] oder Informationen über das Herkunftsland der Erfinder oder Anmelder.

Gemäß der Erkenntnisse aus Kapitel 2.3.3 sollten zur Bestimmung der FuE-Ausgaben Datenquellen hinzugezogen werden, die zum einen die FuE-Ausgaben der Unternehmen selbst erheben, zum anderen die öffentlichen Förderungen für FuE darstellen. Daten der Unternehmen selbst werden vom *Stifterverband für die deutsche Wirtschaft* seit Mitte der 1970er-Jahre im Auftrag des BMBF erhoben. Sie dienen der Informationen über die FuE-Aktivitäten des Wirtschaftssektors in Deutschland. Die FuE-Daten werden jährlich erhoben. Kernindikatoren sind die internen und externen FuE-Aufwendungen der Wirtschaft nach Mittelverwendung und Finanzierungsquelle, das FuE-Personal nach Art der ausgeübten Tätigkeit und Geschlecht, die regionale Verteilung der

13 Das Prioritätsjahr bezeichnet das erste Anmeldejahr eines Patents (DPMA - Glossar 2015).

Forschungsstätten, die Innovationstätigkeit der Wirtschaft sowie betriebswirtschaftliche Kennzahlen (Stifterverband für die Deutsche Wissenschaft e.V.).

Da diese Erhebungen auf der Wirtschaftszweigklassifikation des WZ 2008 beruhen und dort in der Regel nur eine Unterscheidung auf Ebene der obersten Wirtschaftsbereiche (A-U) treffen, sind solche Daten für die vorliegende Analyse aufgrund der unzureichenden Klassifizierung nicht geeignet. Aus diesem Grund beschränkt sich die Analyse der FuE-Ausgaben auf die Betrachtung der öffentlichen Förderung und nutzt als Datenquelle den *Förderkatalog des Bundes*. Diese Datenbank gibt einen umfassenden und aktuellen Überblick über die Förderprogramme des Bundes, der Länder und der Europäischen Union und ermöglicht zudem eine Betrachtung der an diesen Förderprogrammen teilnehmenden Unternehmen.

Für die vorliegende Arbeit sind vor allem solche Förderprogramme von besonderer Relevanz, die im Bezug zu den Leitmärkten der Energiewirtschaft stehen. So zum Beispiel das 6. Energieforschungsprogramm zur Forschung für eine umweltschonende, zuverlässige und bezahlbare Energieversorgung, mit dem die Bundesregierung Unternehmen und Forschungseinrichtungen dabei unterstützt, neue Technologien für die Energieversorgung zu erforschen und zu entwickeln (BMWi 2011b). Die anvisierten Bereiche der Förderung zeigen dabei deutliche Gemeinsamkeiten mit den in Kapitel 2.1.4 abgegrenzten Leitmärkten der Energiewirtschaft. Gefördert werden in diesem Förderprogramm technologiespezifische Vorhaben in den folgenden Bereichen (BMWi 2011a):

- Windenergie, Photovoltaik, Tiefe Geothermie, Solarthermische Kraftwerke
- Wasserkraft und Meeresenergie
- Kraftwerkstechnik sowie CO 2-Abscheidung und -speicherung
- Brennstoffzellen und Wasserstofftechnologien
- Energiespeicher
- Energieeffiziente Netztechnologien
- Systemintegration erneuerbarer Energien
- Energieoptimierte Gebäude und Quartiere
- Energieeffizienz in Industrie und Gewerbe, Handel und Dienstleistungen
- Batterien und deren Integration ins Fahrzeug
- Systemanalyse
- Systemübergreifende Technologieansätze für die Energiewende

Ebenfalls von besonderer Relevanz ist beispielsweise das Förderprogramm IKT 2020 – Forschung für Innovationen (BMBF 2015b). Die Beschreibung der relevanten Leitmärkte der Energiewirtschaft zeigt die enge Verzahnung von IKT mit anderen Technologielinien dieser Leitmärkte. Dementsprechend hoch ist die Wahrscheinlichkeit unter den geförderten Unternehmen auch solche zu finden, die im Umfeld der Energiewirtschaft aktiv sind.

3.3.2 Strategien zur Datenauswahl der Innovationsdatenbank

Patentanalyse

Um eine konsistente Datenerhebung zu gewährleisten und eine Verknüpfung der Firmendaten mit den Innovationsdaten zu ermöglichen, müssen als Ausgangspunkt der Patentanalyse Informationen gewählt werden, die sowohl von den Daten zur Unternehmenstypologie als auch von Patentdatenbanken erfasst werden. Diese Informationen bilden die Schnittstellen zwischen der Unternehmensdatenbank und den Daten zum Patentierungsverhalten von Startups in der Energiewirtschaft. Im Kontext der vorliegenden Fragestellungen bestehen diese Schnittstellen aus den folgenden vier Informationen:

- Land
- Zeitpunkt
- Unternehmensname
- Technologiezuordnung

Im Folgenden werden diese Schnittstellen sowohl von Seiten der Unternehmensdatenbank, als auch aus Sicht der Patentdatenbanken genauer erläutert, um daraus schließlich die Strategien für die Sammlung der Patentdaten abzuleiten. Die bibliographischen Informationen die durch beide Datenbanken abrufbar sind, wie zum Beispiel Titel, Anmelder oder Erfinder eines Patents, lassen sich durch die vier genannten Schnittstellen wie folgt verknüpfen.

Bei der Unternehmensdatenbank bezieht sich das Attribut *Land* auf das Land, indem das Unternehmen gegründet und handelsrechtlich registriert wurde, für die vorliegende Untersuchung also Deutschland. In den Patentdatenbanken stehen sowohl Daten zum Land des Anmelders als auch Daten zum Herkunftsland des Erfinders zur Verfügung. Diese Daten werden im Folgenden beide untersucht, um festzustellen, ob der Erfinder und/oder die anmeldende Person oder Organisation aus Deutschland stammt.

Mit dem Attribut *Zeitpunkt* ist in der Unternehmensdatenbank das Gründungsjahr gemeint. Diesbezüglich erfasst die Unternehmensdatenbank alle Unternehmen die zwischen den Jahren 2008 und 2014 gegründet wurden. Die Patentdatenbanken bezeichnen mit dem Zeitpunkt das sogenannte Prioritätsjahr, also das Jahr, in dem das Patent zum ersten Mal angemeldet wurde. Wie aus Kapitel 2.4.1 bereits bekannt, durchlaufen Startups vor der eigentlichen Gründung die sogenannte Vorgründungsphase. Auch in dieser Phase kann es bereits vorkommen, dass ein kommender Gründer seine Idee oder Innovation patentieren lässt (Wagner 2004). Eine strikte Einschränkung des Anmeldezeitraums, ähnlich des Gründungszeitraums von 2008 bis 2014, empfiehlt sich daher nicht, da sonst etwaige Patente die bereits vor der Gründung erworben wurden nicht berücksichtigt werden.

Der *Unternehmensname* ist in der Unternehmensdatenbank der im Handelsregister hinterlegte, vollständige Namen des Unternehmens. Bei der Patentdatenbank bezieht sich der Unternehmensname auf den Anmelder des Patents. Dabei kann es sich entweder um eine Person oder eine Organisation handeln. Nach Wolf (2013) lässt sich jedoch argumentieren, dass Firmengründer dazu tendieren ihre Patente nicht unter dem Unternehmensnamen, sondern unter ihrem eigenen Namen zu veröffentlichen, um im Falle eines Scheiterns der Gründung die Patentrechte nicht zu verlieren. Aus diesem Grund werden neben den in der ersten Phase analysierten Unternehmensnamen auch, sofern vorhanden, die Namen der zugehörigen Gründer auf Patentanmeldungen untersucht.

Die *Technologiezuordnung* basiert in der Unternehmensdatenbank auf den in Kapitel 3.2.2 beschriebenen Abgrenzungen der WZ-Klassen sowie der Analyse der Unternehmensbeschreibungen. Auf Seiten der Patente erfolgt diese Technologiezuordnung anhand der sogenannten internationalen Patentklassifikation (IPC), die sich aus ca. 70.000 Klassen zusammensetzt (Hurtado-Albir et al. 2013). Die IPC ermöglicht damit eine sehr genaue Zuordnung von Patenten zu bestimmten Technologien. Basierend auf der IPC wurde vom Europäischen Patentamt für Patente mit Bezug auf nachhaltige Technologien oder Technologien zur Abschwächung des Klimawandels, eine eigene Zusatzklassifizierung eingeführt, die sogenannte Y-Klasse (Veefkind et al. 2012). Diese Klasse besteht aktuell aus fünf größeren Unterklassen, auf die wiederum ca. 1000 Unterklassen aufgeteilt werden. Tabelle 3-4 zeigt diese fünf größeren Unterklassen mit jeweiliger Kurzbeschreibung der enthaltenen Technologien. Eine ausführliche Übersicht dieser fünf Unterklassen findet sich in den Tabellen im Anhang A.3.1. Patente die einer dieser die einer dieser Y-Klassen zugeordnet werden können, werden im Folgenden als Umweltpatente bezeichnet.

Tabelle 3-4: Klassifizierungsschema für Patente zu nachhaltigen Technologien

Sub-group	Description	Technology examples
Y02B	Climate change mitigation technologies in buildings, including the residential sector	Lighting, heating, ventilation and aircon, construction, ICT, integrated renewables, power management
Y02C	Greenhouse gases capture and storage	CO_2 capture and storage
Y02E	Climate change mitigation technologies in energy generation, transmission and distribution	Renewable energy, efficient combustion, biofuels, efficient transmission and distribution, energy storage, hydrogen technology
Y02T	Climate change mitigation technologies in the transportation of goods and persons	e-mobility, hybrid cars, efficient internal combustion engines, efficient airplanes, ship and trains
Y04S	Smart grid technologies	Remote network operation, smart metering, electric and hybrid vehicles interoperability, trading and marketing

Quelle: Hurtado-Albir et al. (2013), eigene Darstellung

Diese Y-Klasse ermöglicht eine Analyse des gesamten Patentierungsgeschehens deutscher Firmen im Betrachtungszeitraum, bezogen auf die in Tabelle 3-4 beschriebenen Technologien. Ein Vergleich dieser Gesamtdaten mit den expliziten Daten zu

Unternehmensgründungen in der Energiewirtschaft ermöglicht Aussagen über den Innovationsgrad der Neugründungen verglichen mit der gesamten deutschen Wirtschaft. Die Abfragen der PATSTAT Datenbank bezüglich den Patenten der Y-Klasse sind unter Anhang A.3.2 beigefügt.

FuE-Ausgaben

Auf Seiten der öffentlichen FuE-Ausgaben ermöglichen die Daten des Förderkatalogs einen detaillierten Blick bezogen auf die Energiewirtschaft. Diese Datenquelle klassifiziert die Fördergelder anhand bestimmter Fördergebiete und Förderschwerpunkte. Grundlage für diese Einteilung bildet die sogenannte Leistungsplansystematik des Bundes. Tabelle 3-5 zeigt eine Auswahl dieser Systematik mit Bezug auf Energieforschung und Energietechnologien. Anhand einer geeigneten Auswahl aus dem Leistungsplan lassen sich die öffentlichen Ausgaben für FuE für die Leitmärkte der Energiewirtschaft abgrenzen. Eine Übersicht der hier getroffenen Auswahl findet sich in Anhang A.3.3.

Tabelle 3-5: Leistungsplansystematik des Bundes

Fördergebiet	Förderschwerpunkt	Leistungsplan (Auswahl)	
Energieforschung und Energietechnologien (ENE)	Rationelle Energieumwandlung (EA)	Elektrochemische Speicher	EA2311
		Übertragungsnetz - Komponenten	EA2411
	Erneuerbare Energien (EB)	Photovoltaik - Geräte und Kleinsysteme	EB1070
		Windenergie - Onshore	EB1220
	Kerntechnische Sicherheit und Entsorgung (EC)	Heißdampfreaktoren (abgeschlossen)	EC3020
		Leichtwasserreaktoren (abgeschlossen)	EC3030
	Beseitigung kerntechnischer Anlagen (ED)	Verfüllung und Sicherung kerntechnischer Endlager	ED2000
		Risikobeteiligung Kernenergie	ED5000
	Fusionsforschung (EF)	Grundlagenforschung Energie/Fusionsforschung	EF6000

Quelle: DFG (2012), eigene Darstellung

Zudem ermöglicht der Förderkatalog des Bundes durch die hinterlegten Zahlungsempfänger eine Rückverfolgung der Fördergelder bis auf Unternehmensebene. Dies ermöglicht einen Abgleich der öffentlichen FuE-Ausgaben mit den Unternehmensdaten aus der ersten Erhebungsphase und somit eine Analyse der öffentlichen Bezuschussung der Energy Startups in ihren FuE-Vorhaben.

3.4 Phase III: Finanzierungsdatenbank

Die dritte Phase mit den Indikatoren der Finanzierungsaktivität benötigt entsprechend eine Datengrundlage, in der Informationen zu den getätigten Investitionen, der Art der Kapitalgeber oder der Finanzierungsform vorliegen.

3.4.1 Datenquellen der Finanzierungsdatenbank

Die dritte Phase der Datenerhebung dient der Messung der Indikatoren der Finanzierungsdatenbank. Dazu werden Informationen benötigt über die Art der im Bereich der Energiewirtschaft aktiven Kapitalgeber, den Finanzierungsformen und idealerweise auch Informationen über die jeweiligen Investitionssummen kombiniert mit den dazugehörigen Empfängern. Die Datenquellen zur Finanzierungsdatenbank setzen sich daher zusammen aus Quellen mit Bezug zu privaten Investoren und Quellen bezogen auf öffentliche Fördermittel. Letztere bestehen aus öffentlichen sowie öffentlich-privaten Gründerfonds, wie beispielsweise dem *High-Tech Gründerfonds (HTGF)*. Der HTGF investiert in der Regel während der Seed-Phase Risikokapital in junge Technologieunternehmen. Als Investoren gehören dem Fond auf öffentlicher Seite das BMWi und die KfW Bankengruppe an. Private Investoren sind insgesamt 18 deutsche Wirtschaftsunternehmen. Der Fonds beteiligt sich initial mit 500.000 Euro, wobei pro Unternehmen insgesamt bis zu zwei Millionen Euro zur Verfügung stehen. Das gesamte Fondsvolumen beträgt rund 576 Mio. EUR (272 Mio. EUR Fonds I und 304 Mio. EUR Fonds II) (HTGF 2015a). Von diesen Mischformen der öffentlich-privaten Investoren wurden auch speziell solche Fonds untersucht, die ihre Investitionsstrategie speziell auf Unternehmen in Bereichen wie nachhaltige Technologien, Umweltinnovationen, Energie oder Umweltschutz ausgelegt haben. Dazu gehören im vorliegenden Fall die *Climate-KIC* sowie *KIC InnoEnergy*. Datengrundlage für diese öffentlich-privaten Mischformen bilden die jeweiligen Webseiten der Investoren.

Auf Seiten der privaten Investoren werden mehrere Online-Plattformen für Startups untersucht, die es Startups ermöglichen, Informationen über ihr Unternehmen allgemein sowie über etwaige in das Unternehmen getätigte Fremdinvestitionen zu veröffentlichen. Solche Online-Plattformen bieten Startups die Möglichkeit, ihre Ideen einem breiten Spektrum an potentiellen Nutzern, Investoren, Entwicklern, Journalisten oder anderen Gründern zu präsentieren. Über die letzten Jahre haben sich zahlreiche solcher Plattformen entwickelt, teilweise für alle Startups, teilweise für ganz spezielle Bereiche der Wirtschaft. Im Folgenden wird eine der größten und bekanntesten Online-Plattform für Startups, *CrunchBase*, repräsentativ für alle betrachteten Plattformen näher erläutert. CrunchBase enthält zurzeit ca. 800.000 Einträge zu weltweit agierenden Startups und Investoren und bietet diesen die Gelegenheit, sich vor potentiellen Kunden und Anteilseignern zu präsentieren. Neben einer Beschreibung der Geschäftsidee und des Gründungsteams ermöglicht CrunchBase den Startups auch Eintragungen zu bereits aktiven Investoren, der Art der Kapitalgeber, den Finanzierungsphasen sowie Investitionssummen aus verschiedenen Investitionsrunden (CrunchBase 2014). Die Plattform verfolgt darüber hinaus das Wikipedia Prinzip, um für ständige Erweiterung der Informationen zu sorgen. Die Daten stammen dann oftmals nicht mehr von den Gründern oder Investoren selbst, sondern werden aus Fachzeitschriften oder anderen Datenportalen übernommen (CrunchBase 2014).

Ebenfalls zur Datenquelle auf Seiten der privaten Investoren zählen die Daten aus der *Bloomberg New Energy Finance (BNEF)* Datenbank. Diese umfasst Informationen zu Energietechnologien und Zulieferfirmen, Projekten, Investoren, Investitionen und Dienstleistern (BNEF 2015). Bezogen auf Investoren und Investitionen ermöglicht die BNEF-Datenbank beispielsweise das Abrufen der Investorennamen, der Art der Kapitalgeber sowie der Unternehmensnamen der jeweiligen Investitionsempfänger. Da diese Datenbank sowohl eine zeitliche als auch räumliche Abgrenzung sowie den direkten Export der Informationen ermöglicht, werden bezogen auf die BNEF Datenbank keine expliziten Auswahlstrategien notwendig.

Da neben den genannten und untersuchten Datenquellen zur Finanzierung zahlreiche weitere Quellen, beispielsweise in Form von anderen Kapitalgebern existieren, erhebt die Finanzierungsdatenbank keinen Anspruch auf Vollständigkeit. Vielmehr dienen die erhobenen Daten dazu, einen ersten Überblick der aktuellen Finanzierungsaktivitäten im Energy Entrepreneurship vorzustellen.

3.4.2 Strategien zur Datenauswahl der Finanzierungsdatenbank

Im Gegensatz zu den Datenquellen der ersten und zweiten Erhebungsphase können die Daten der Finanzierungsdatenbank, mit Ausnahme des der BNEF Datenbank, nicht aus bereits bestehenden Datenbanken exportiert werden. Die Datenquellen zur Finanzierung bestehen allesamt aus Daten, die nur im Internet verfügbar sind. Um diese Daten analysieren zu können und letztlich mit den anderen Phasen kombinieren zu können, müssen die Daten zunächst in einem Zwischenschritt aus dem Internet extrahiert werden. Dies geschieht mittels eigens erstellten Crawlern, also Computerprogrammen, die automatisiert Dokumente oder Webseiten im Internet durchsuchen. Sie suchen nach Informationen auf den genannten Webseiten, die dann bestimmten Kategorien zugeordnet und anschließend indiziert bzw. katalogisiert werden, damit die gecrawlten Informationen über eine Ausgabesoftware abruf- und auswertbar sind (Siepermann 2015).

Insgesamt können aus den herangezogenen Webseiten der öffentlich-privaten Investoren Datensätze extrahiert werden, die Informationen über den Unternehmensnamen, das Gründungsjahr, das Gründungsteam sowie Beschreibungen der Produkte und Geschäftsideen der investierten Gründungen enthalten. Die Datenextraktion der Online-Plattformen liefert ebenfalls Unternehmensdaten wie Name, Gründungsjahr, Gründungsperson und Produkt, liefert darüber hinaus jedoch zusätzliche Daten zu deren bestehenden Investoren. Dazu gehören die Namen der Investoren, die Art der Kapitalgeber sowie in einigen Fällen die Höhe der getätigten Investitionssumme.

3.5 Harmonisierung und Zusammenführung der Datensätze

Nach Identifikation der zugrunde gelegten Datenquellen folgt im nächsten Schritt das Zusammenführen der unternehmensbezogenen Daten zu einer Datenbank. Da die verwendeten Quellen meist unterschiedliche Formate, Bezeichnungen oder Größeneinheiten ausweisen, müssen diese Daten vor der Zusammenführung entsprechend aufbereitet werden. Dies geschieht in drei Schritten und wird nachfolgend beschrieben. Dieses Vorgehen basiert auf der Arbeit von Ehrenfeld (2015, S. 5 ff.) zur Aufbereitung und Zusammenführung von Akteursdaten, wurde jedoch an die Besonderheiten der verwendeten Datensätze angepasst.

Schritt I: Grundlegende Vorbereitungen – „Basic Pre-Processing"

In einem ersten Schritt werden grundlegende Vorarbeiten zur anschließenden Harmonisierung geleistet. Dazu gehören die Extraktion der durch die Auswahlstrategien abgegrenzten Daten und die anschließende Konvertierung der einzelnen Datensätze in ein einheitliches Format, im vorliegenden Fall Microsoft Excel.

Schritt II: Harmonisierung der Datensätze – „Pre-Cleaning"

Die Unternehmensdatenbanken von Creditreform und Hoppenstedt ermöglichen das Abrufen der Handelsregisternummer sowie des zugehörigen Amtsgerichts der jeweiligen Unternehmen. Auf Basis dieser Daten wurde für alle ausgewählten Unternehmen dieser Datenbanken eine eigens entwickelte Unternehmensidentifikationsnummer (U_ID) erstellt, die eine eindeutige Identifikation der Firmen ermöglicht. Da Creditreform zur Beschreibung ihrer Informationen auf englische Begriffe und Hoppenstedt auf deutsche Begrifflichkeiten zurückgreifen, wurden diese Bezeichnungen wo notwendig auf das englische Format harmonisiert. Da die Datenquellen der zweiten und dritten Erhebungsphase jedoch keine Informationen zur Handelsregisternummer enthalten, muss für eine erfolgreiche Verknüpfung ein anderes identifizierendes Attribut, der Unternehmensname, herangezogen werden. Eine direkte Nutzung der Unternehmensnamen ist jedoch nur unzureichend möglich, da diese in den jeweiligen Datenbanken in unterschiedlichen Formaten und Schreibweisen vorliegen. Die Namen müssen daher zunächst standardisiert werden. Zur Standardisierung der Unternehmensnamen werden die einzelnen Datensätze einer Pre-Cleaning Prozedur unterzogen, welche sich an den Arbeitsschritten von Magerman et al. (2006) orientiert.

Zu allererst erfolgt eine Zeichenbereinigung innerhalb der Unternehmensnamen. Dazu wird der Unternehmensname komplett in Großbuchstaben umgewandelt. Im Zuge dessen werden auch deutsche Umlaute, Zeichen mit Akzenten oder Zeichen mit Codierungsvermerken durch ihre ASCII[14]-Äquivalente ersetzt. Doppelte Leerzeichen im Namen sowie Leerzeichen am Beginn oder Ende des Namens werden entfernt. Anschließend werden Klammersymbole und Schreibweisen für „und" vereinheitlicht sowie vorhandene Klammerausdrücke extrahiert. In einem zweiten Schritt werden alle Nicht-

14 Der American Standard Code for Information Interchange (ASCII) ist eine Zeichenkodierung die 128 Zeichen definiert, bestehend aus 33 nicht druckbaren sowie 95 druckbaren Zeichen. Die druckbaren Zeichen umfassen das lateinische Alphabet in Groß- und Kleinschreibung, die zehn arabischen Ziffern sowie einige Satzzeichen (Horn 2011).

ASCII-Zeichen aus dem Namen entfernt. Anschließend werden die Gesellschaftsformen von Unternehmen identifiziert. Die Originalschreibweisen der Gesellschaftsform werden anschließend aus dem Unternehmensnamen entfernt und als zusätzliches Attribut extrahiert. Diese Prozeduren eignen sich sehr gut um eine Zuordnung bei leicht abweichenden Schreibweisen für denselben Unternehmensnamen zu gewährleisten. Hierzu gehören beispielsweise auch Unterschiede in der Verwendung von Trennstrichen oder Leerzeichen, die eine direkte Zuordnung verhindern. Zur Anpassung und Standardisierung der Unternehmensnamen gehören auch die Namen der Anmelder der Patentdatenbank sowie die Namen der Zuwendungsempfänger aus den Daten des Förderkatalogs.

Weiterer Harmonisierungsschritte sind notwendig bei allen Daten die sich auf Zahlenwerte beziehen, also Datumsformate und Angaben zu Investitions- und Fördersummen. Zur besseren Zuordnung und Analyse wurde das Datumsformat in allen Datenquellen auf das Jahr reduziert, Angaben zu Tag und Monat wurden entfernt. Die finanziellen Daten wurden einheitlich auf Euro umgerechnet und werden mit Bezugsjahr 2010 inflationsbereinigt angegeben.

Schritt III: Zusammenführung – „Data Linkage"

Zu Beginn dieser Phase werden die beiden Unternehmensdatensätze aus Creditreform und Hoppenstedt anhand der U_ID zu einem Datensatz vereint und anschließend etwaige Duplikate mittels der U_ID entfernt. Ebenso werden die Datensätze der zweiten Erhebung sowie die Datensätze der dritten Erhebung mittels der standardisierten Unternehmensnamen zur Innovationsdatenbank bzw. Finanzierungsdatenbank vereinigt. Durch die Verwendung deterministischer Methoden werden die drei aggregierten Datensätze anschließend zusammengeführt. Dies geschieht anhand des Query Editors von Excel, in dem die drei Datenbanken mittels Left Outer Join miteinander verknüpft werden. Durch den Left Outer Join werden zur Unternehmensdatenbank alle Informationen der beiden anderen Datenbanken hinzugefügt, sofern die standardisierten Unternehmensnamen übereinstimmen (Abbildung 3-4).

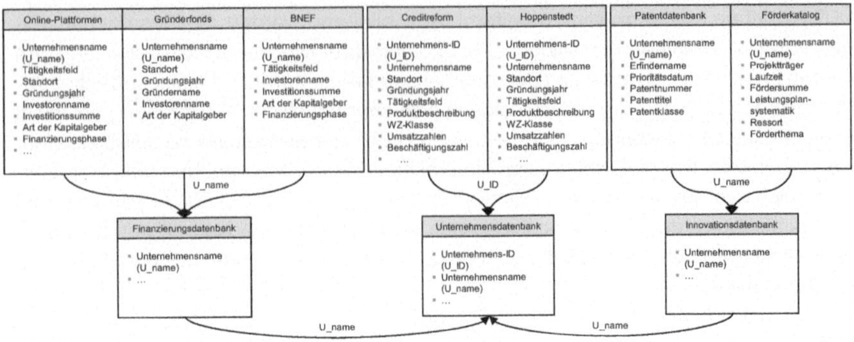

Abbildung 3-4: Harmonisierung und Zusammenführung der Datensätze
Quelle: Eigene Darstellung

Als Ergebnis dieser Harmonisierung und Zusammenführung, liegt nun eine Datenbank vor, die sowohl Daten zu den typologischen Unternehmensmerkmalen und Marktzuordnungen enthält, als auch Daten zu Patentanmeldungen, FuE-Ausgaben sowie Investitionsaktivitäten integriert.

4 Deskriptive Analyse der Datenerhebung

Nach Auswahl und Aufbereitung der Daten anhand der zuvor beschriebenen Strategien werden die Ergebnisse der Datenerhebung nachfolgend beschrieben und analysiert. Entsprechend der drei Phasen der Datenerhebung beginnt das vierte Kapitel mit der Auswertung der unternehmerischen Merkmale von Energy Startups. Im zweiten Schritt folgt eine Detailanalyse der einzelnen Leitmärkte des Energy Entrepreneurship. Diese fokussiert vor allem die zeitliche Entwicklung des Gründungsgeschehens über den Untersuchungszeitraum. Anschließend werden die Daten zur Innovationsaktivität, also die Angaben zu den Patentanmeldungen und öffentlichen FuE-Ausgaben, analysiert. Den Abschluss der Ergebnisanalyse bildet die Untersuchung der Finanzierungsaktivität.

4.1 Energy Entrepreneurship in Deutschland

Thematisiert werden der Bestand und die zeitliche Entwicklung von Energy Startups in Deutschland. Basierend auf den Daten der erstellten Unternehmensdatenbank werden die aus Kapitel 3.1.1 bekannten Indikatoren der Unternehmenstypologie ausgelesen und analysiert. Dazu gehören allgemeine Daten zu den Unternehmen und Mitarbeitern, wie beispielsweise deren Rechtsform, Umsatz- und Beschäftigungsentwicklung oder Art der Gründung sowie Angaben zur regionalen Verteilung der Energy Startups.

4.1.1 Bestandsaufnahme des Energy Entrepreneurship

Um das Gründungsgeschehen von Energy Startups in einen Gesamtkontext zu bringen zeigt Abbildung 4-1 den Verlauf aller Unternehmensgründungen in Deutschland über den Betrachtungszeitraum. Diese Unternehmensgründungen sind jedoch von dem in Kapitel 2.2.1 definierten Begriff zu unterscheiden, da zu den hier dargestellten Unternehmensgründungen sowohl Betriebsgründungen[15] als auch Kleingewerbetreibende zählen. Letztere sind, basierend auf der zugrunde gelegten Definition aus Kapitel 2.2.1, von der vorliegenden Analyse ausgeschlossen. Dennoch ist eine einführende Betrachtung sinnvoll, um den allgemeinen gesamtdeutschen Gründungstrend in allen Bereichen der Wirtschaft zu beurteilen. Insgesamt ist dieser Trend in Deutschland seit 2010 rückläufig (s. Abbildung 4-1).

Als Kontext für die vorliegende Arbeit sind besonders die im Handelsregister eintragungspflichtigen Betriebsgründungen von Bedeutung. Auch hier lässt sich nach einer nahezu konstanten Entwicklung zwischen 2008 und 2010 in den darauffolgenden Jahren ein Rückgang von 17 Prozent auf ca. 124.000 Betriebsgründungen im Jahr 2014 beobachten. Ebenfalls dargestellt sind die Gründungen, welche den in Kapitel 3.2.2

15 Definition Betriebsgründung: „Gründung eines Betriebes durch eine juristische Person, eine Gesellschaft ohne Rechtspersönlichkeit (Personengesellschaft) oder eine natürliche Person. Bei einer natürlichen Person, die eine Hauptniederlassung anmeldet, ist Voraussetzung, dass sie entweder in das Handelsregister eingetragen ist oder aber eine Handwerkskarte besitzt oder mindestens einen Arbeitnehmer beschäftigt." (Statistisches Bundesamt 2015b)

zur ersten Eingrenzung der Daten benutzten WZ-Klassen zugeordnet werden können. Diese Gründungen weisen über den Beobachtungszeitraum einen anderen Verlauf auf. Zwar ist zwischen 2008 und 2014 ein Rückgang von insgesamt drei Prozent zu verzeichnen, dennoch weisen diese Gründungszahlen deutlich geringere Schwankungen auf und folgen im Gegensatz zu den Betriebsgründungen einem bogenförmigen Verlauf, welcher seinen Höchststand im Jahr 2011 erreicht. Die Gründungen in diesen WZ-Klassen bilden die Basis für die Detailuntersuchung anhand der Tätigkeitsbeschreibungen und die schlussendliche Zuordnung zu den relevanten Leitmärkten der *Umweltfreundlichen Erzeugung, Speicherung und Verteilung von Energie*, der *Energieeffizienz* sowie der *Nachhaltigen Mobilität*.

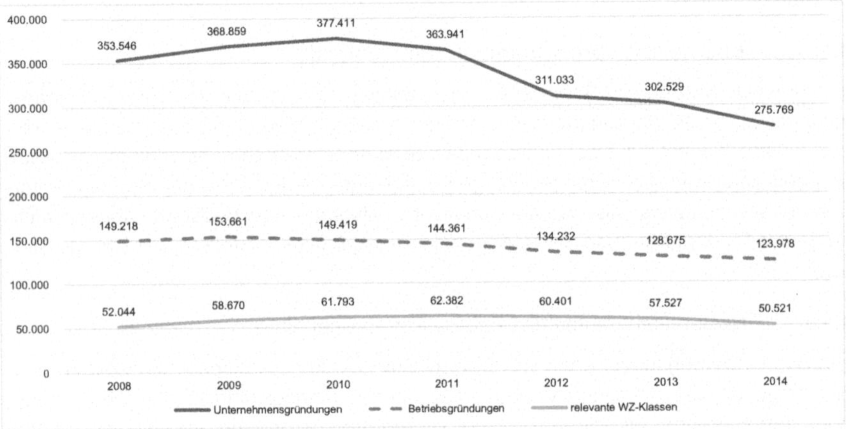

Abbildung 4-1: Anzahl der jährlichen Unternehmens- und Betriebsgründungen in Deutschland (2008-2014)
Quelle: IfM (2015), Statistisches Bundesamt (2009; 2010; 2011; 2012b; 2013; 2014; 2015a), eigene Berechnung

Kumuliert über den Zeitraum von 2008 bis 2014 liegt die Gesamtzahl der Betriebsgründungen bei 983.544 Unternehmen. Über diesen Betrachtungszeitraum liegt die Betriebsgründungsintensität, also die Anzahl der Betriebsgründungen je 10.000 Erwerbsfähige im Alter von 18 bis 65 Jahren, bei durchschnittlich 34,1. Nach der Abgrenzung der relevanten WZ-Klassen konnte die Zahl der zu analysierenden Betriebsgründungen über den gesamten Untersuchungszeitraum auf 403.337 Unternehmen reduziert werden. Von diesen relevanten Betriebsgründungen entfallen 32.151 Gründungen, also acht Prozent, auf die Bereiche des Energy Entrepreneurship. Der Anteil an Energy Startups an den gesamten Betriebsgründungen liegt damit bei 3,3 Prozent. Im Beobachtungszeitraum liegt die Gründungsintensität im Mittel bei 1,11. Damit wird je 10.000 Erwerbsfähige im Alter von 18 und 65 Jahren etwas mehr als ein Betrieb des Energy Entrepreneurship gegründet. Nach Untersuchungen des ZEW lag die Gründungsintensität im High-Tech Sektor in Deutschland zwischen 2006 und 2009 zum

Vergleich zwischen 1,1 (IHK Trier) und 4,17 (IHK Frankfurt am Main) (Heger et al. 2011, S. 10).

Tabelle 4-1: Gründungsindikatoren des Energy Entrepreneurship für Deutschland

Energy Entrepreneurship in Deutschland	
Gründungsintensität	1,11
Gründungsanteil an Betriebsgründungen	3,30 %
Anzahl Energy Startups gesamt (2008-2014)	32.151
Anzahl originärer Energy Startups (2008-2014)	28.204

Quelle: Eigene Berechnung

Die Untersuchung der Gründungsart zeigt, dass 88 Prozent dieser Energy Startups originär gegründet wurden, die restlichen zwölf Prozent als derivative Gründungen. Letztere teilen sich wiederum auf in Akquisitionen bzw. Fusionen (9 %), Änderungen der Rechtsform (2 %) und Umgründungen nach oder im Zuge von Insolvenzverfahren (1 %). Da im Zuge dieser Arbeit ein besonderes Augenmerk auf neu geschaffene Unternehmen ohne vorherige Strukturen gelegt wird, beziehen sich die folgenden Analysen ausschließlich auf originäre Gründungen.

Insgesamt liegt die Zahl der originären Energy Startups im Beobachtungszeitraum bei 28.204 Gründungen. Im Durchschnitt wurden über den gesamten Untersuchungszeitraum jährlich 4.029 Unternehmen des Energy Entrepreneurship gegründet (s. Abbildung 4-2). Damit gehört das Energy Entrepreneurship bezogen auf die durchschnittlichen jährlichen Gründungszahlen zwar zum unteren Mittelfeld, der Vergleich zeigt jedoch, dass eine reine Untersuchung auf Basis des Wirtschaftsbereichs Energieversorgung zu einer deutlichen Untererfassung von Energy Startups führen würde.

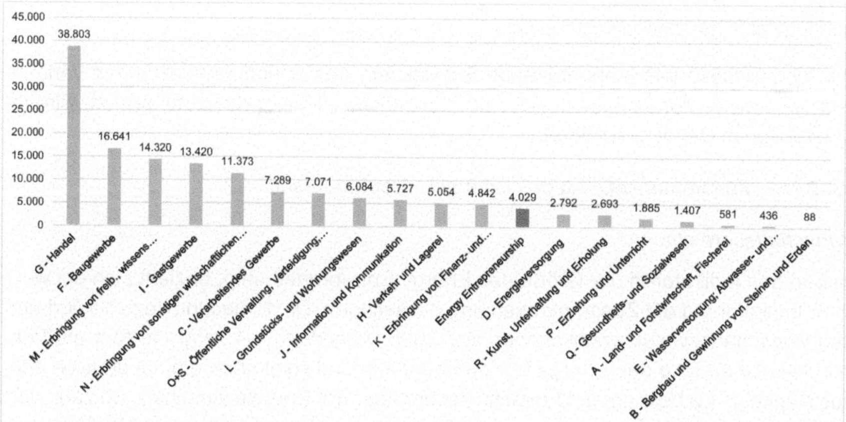

Abbildung 4-2: Durchschnittliche Anzahl der jährlichen Betriebsgründungen nach Wirtschaftsbereichen (2008-2014)

Quelle: Statistisches Bundesamt (2009; 2010; 2011; 2012b; 2013; 2014; 2015a), eigene Berechnung

Diese Anzahl an jährlichen Energy Startups, führt zu einem konstanten Anstieg der Gründungsbestände innerhalb des Energy Entrepreneurship. Abbildung 4-3 kombiniert eine eigene Hochrechnung für die Jahre 2000 bis 2007 basierend auf den Ergebnissen der ZEW-Erhebung (ZEW 2014) mit den erhobenen Daten des Energy Entrepreneurship von 2008 bis 2014. Die Hochrechnung von 2000 bis 2007 basiert auf den Ergebnissen der ZEW-Erhebung zu Unternehmensgründungen mit Bezug zur Erzeugung und Versorgung mit erneuerbarer Energie sowie der Produktion, Planung, Beratung und Installation von Anlagen zur Erzeugung erneuerbarer Energie oder zur effizienteren Energienutzung. Die Abbildung zeigt bereits am 2006 einen starken jährlichen Zuwachs des Gründungsbestands (s. Abbildung 4-3). Erst ab dem Jahr 2012 wird der Verlauf des kumulierten Gründungsbestandes flacher.

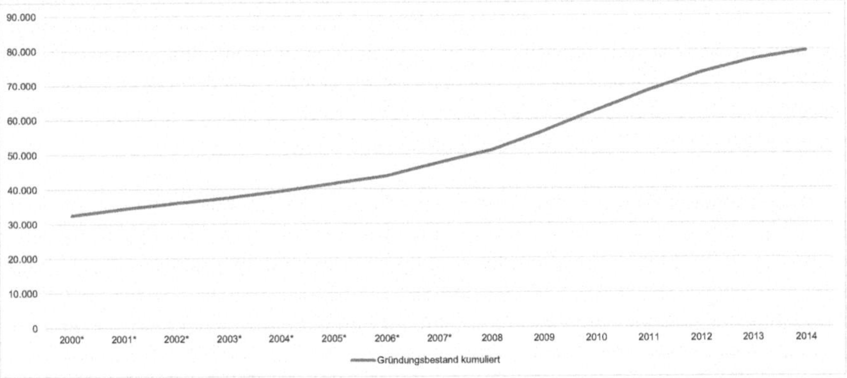

Abbildung 4-3: Entwicklung des jährlichen Gründungsbestandes im Energy Entrepreneurship (2000-2014)
Quelle: ZEW (2014), eigene Berechnung

Wie genau diese leicht abnehmende Entwicklung des Gründungsbestandes verläuft und auf welche Wirtschaftsbereiche und Leitmärkte diese zurückzuführen ist, wird in Kapitel 4.2 im Detail geschildert.

4.1.2 Zusammensetzung des Energy Entrepreneurship

Wirtschaftsbereiche

Neben den Indikatoren der Größe des Energy Entrepreneurship, bezieht sich ein weiterer Indikator auf die Zusammensetzung desselbigen. Die Einteilung dazu basiert auf den Wirtschaftszweigklassifikationen WZ 2008. Abbildung 4-4 zeigt die fünf größten Wirtschaftsbereiche des Energy Entrepreneurship und zeigt noch einmal deutlich den aus Kapitel 2.1.2 bekannten Querschnittscharakter der Energiewirtschaft. So zählt der größte Anteil an Energy Startups mit 29 Prozent zum Wirtschaftsbereich der Energieversorgung. Dieser Bereich besteht hauptsächlich aus den zwei großen Blöcken Elektrizitätserzeugung ohne bzw. mit Bezug zur Verteilung mit 47 Prozent bzw. 21 Prozent.

An zweiter Stelle mit 21 Prozent folgt der Bereich der Erbringung von freiberuflichen, wissenschaftlichen und technischen Dienstleistungen. Die Mehrheit dieser Dienstleistungen besteht aus Ingenieurbüros (30 %), der Verwaltung und Führung von Unternehmen und Betrieben (27 %) sowie Beratungsdienstleitungen (12 %).

Der Wirtschaftsbereich des Baugewerbes mit insgesamt elf Prozent der Energy Startups, besteht vor allem aus Unternehmen der Elektroinstallation (29 %), dem Bereich der Gas-, Wasser-, Heizungs- sowie Lüftungs- und Klimainstallation (17 %) sowie sonstigen Bauinstallationen (16 %).

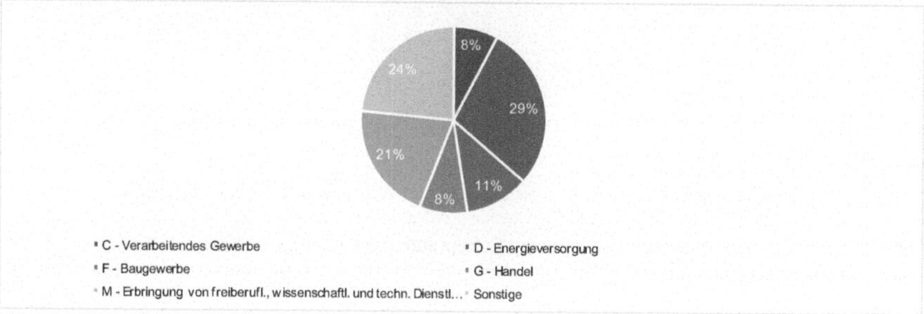

Abbildung 4-4: Zusammensetzung des Energy Entrepreneurship nach Wirtschaftsbereichen
Quelle: Eigene Berechnung

Die Bereiche Handel und Verarbeitendes Gewerbe kommen auf Anteile von jeweils acht Prozent. Die sonstigen 24 Prozent umfassen Unternehmen nahezu aller anderen Abschnitte des WZ 2008 mit Ausnahme der Land-, Forstwirtschaft und Fischerei (A), der Kunst, Unterhaltung und Erholung (R), Erziehung und Unterricht (P), Gesundheits- und Sozialwesen (Q), des Gastgewerbes (I) sowie der Öffentlichen Verwaltung, Verteidigung und Sozialversicherung (O).

Leitmärkte

Den mit Abstand größten Leitmarkt stellt die *Umweltfreundliche Erzeugung, Speicherung und Verteilung von Energie* dar (s. Abbildung 4-5). Knapp drei Viertel aller identifizierten Energy Startups können somit den Marktsegmenten *Erneuerbare Energien*, *Umweltschonende Nutzung fossiler Brennstoffe*, *Speichertechnologien* und *Effiziente Netze* zugeordnet werden.

23 Prozent der Energy Startups entfallen auf den Leitmarkt der *Energieeffizienz* mit den Marktsegmenten *Energieeffiziente Produktionsverfahren*, *Energieeffizienz von Gebäuden*, *Energieeffizienz von Geräten* und *Branchenübergreifende Komponenten*.

Mit fünf Prozent bildet der Leitmarkt *Nachhaltige Mobilität* mit den dazugehörigen Marktsegmenten *Alternative Antriebstechnologien*, *Erneuerbare Kraftstoffe*, *Technologien zur Effizienzsteigerung* und *Verkehrsinfrastruktur und Verkehrssteuerung* den geringsten Anteil an Energy Startups.

Eine detaillierte Analyse dieser Verteilung mit allgemeiner jährlicher Entwicklung und der Entwicklung der Anteile der jeweiligen Marktsegmente folgt in Kapitel 4.2.

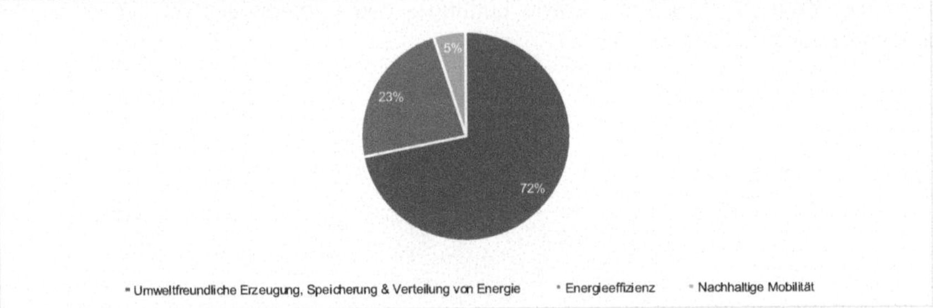

Abbildung 4-5: Zusammensetzung des Energy Entrepreneurship nach Leitmärkten
Quelle: Eigene Berechnung

Bei dieser prozentualen Verteilung der Leitmärkte ist zu beachten, dass es trotz sorgfältiger und möglichst disjunkter Auswahl und Zusammensetzung der Thesauren zu Mehrfachnennungen der Energy Startups kommt. Bei dem Querschnittscharakter des Energy Entrepreneurship ist es jedoch nicht weiter verwunderlich, dass einige Energy Startups in mehr als einem Leitmarkt wirtschaftlich aktiv sind. So summiert sich bei Betrachtung der absoluten Gründungszahlen pro Leitmarkt die Anzahl der zugeordneten Energy Startups auf insgesamt 32.797 Energy Startups (s. Abbildung 4-6).

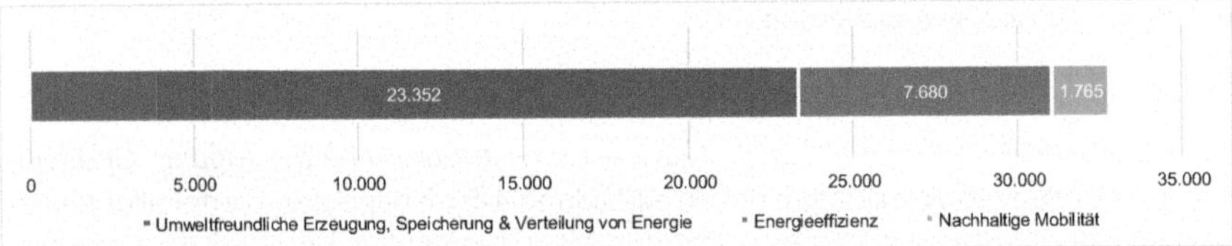

Abbildung 4-6: Absolute Gründungszahlen nach Leitmärkten
Quelle: Eigene Berechnung (Mehrfachnennung möglich)

4.1.3 Unternehmen und Mitarbeiter

Unternehmensgröße

Um die Unternehmen nach ihrer Größe zu klassifizieren sind im Handelsgesetzbuch vier Größenklassen anhand dreier Merkmale beschrieben. Diese Merkmale beziehen sich auf die Bilanzsumme, die Umsatzerlöse sowie die Anzahl der Mitarbeiter (s. Tabelle 4-2).

Tabelle 4-2: Größenklassen von Unternehmen

Klasse	Mitarbeiter		Umsatzerlöse in Mio. €		Bilanzsumme in Mio. €
Kleinstunternehmen	< 10	und	< 0,7	oder	< 0,38
Kleinunternehmen	< 50	und	< 9,68	oder	< 4,84
Mittlere Unternehmen	< 250	und	< 38,5	oder	< 19,25
Große Unternehmen	≥ 250	und	≥ 38,5	oder	≥ 19,25

Quelle: Eigene Darstellung nach (§ 267 HGB) und (§ 267a HGB)

Wie Abbildung 4-7 zeigt, sind die identifizierten Gründungen des Energy Entrepreneurship maßgeblich durch Kleinstunternehmen geprägt. Unter Berücksichtigung der Mitarbeiteranzahl sowie den Umsatzerlösen bestehen 60 Prozent der Energy Startups aus Unternehmen mit weniger als zehn Mitarbeitern und einem Umsatz unter 0,7 Millionen Euro. 33 Prozent der Energy Startups zählen weniger als 50 Mitarbeiter und erwirtschaften einen Jahresumsatz unter 9,68 Millionen Euro. Zur Kategorie der mittleren und großen Unternehmen zählen insgesamt knapp sieben Prozent der Energy Startups (s. Abbildung 4-7).

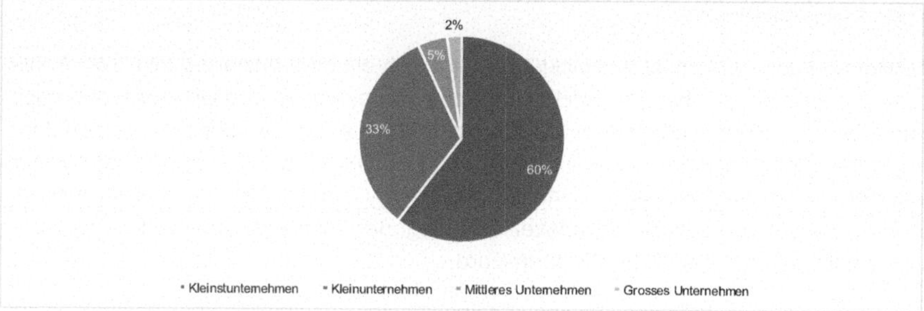

Abbildung 4-7: Unternehmensgröße der Energy Startups
Quelle: Eigene Berechnung

Startups sind zu Beginn in der Regel Kleinstunternehmen, die oftmals nur aus dem Gründer selbst oder einem kleinen Gründerteam bestehen (Fallgatter 2007). Aus dem starken Anteil an Kleinstunternehmen ergibt sich ein Mittelwert von 4,3 Mitarbeitern zum Gründungszeitpunkt eines Energy Startup. Wie aus Abbildung 4-8 ersichtlich, erhöht sich die durchschnittliche Beschäftigtenzahl pro Unternehmen mit zunehmendem Alter der Energy Startup. Lediglich für die Jahre 2011 und 2014 ist ein leichter Rückgang zu verzeichnen. Über den gesamten Untersuchungszeitraum liegt die durchschnittliche Mitarbeiteranzahl bei 10,1 Mitarbeitern pro Unternehmen.

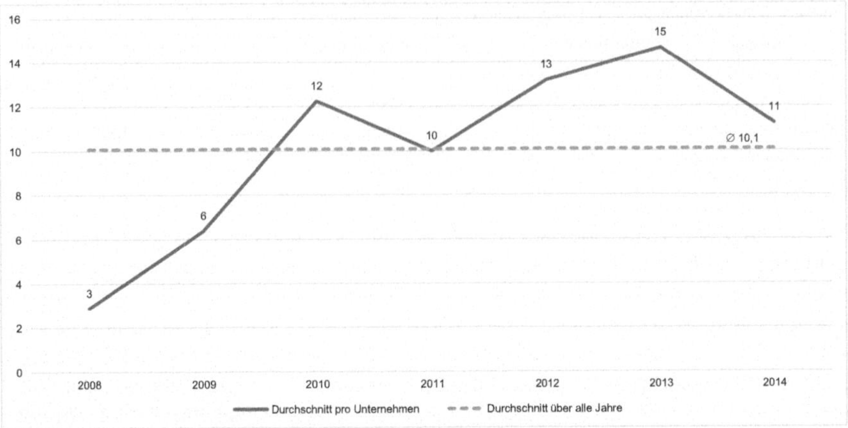

Abbildung 4-8: Durchschnittliche Entwicklung der Beschäftigtenzahl pro Energy Startup und im Mittel über den Untersuchungszeitraum (2008-2014)
Quelle: Eigene Berechnung

Bei Betrachtung der Umsatzentwicklung ergibt sich ein differenziertes Bild. Wie Abbildung 4-9 illustriert wächst der durchschnittliche Jahresumsatz pro Unternehmen nach einem leichten Rückgang im Jahr 2009 nahezu konstant an und erlebt im letzten Jahr des Untersuchungszeitraums nochmals einen deutlichen Zuwachs. Im Gründungsjahr liegt der durchschnittliche Jahresumsatz pro Energy Startup bei 1,67 Millionen Euro. Über den gesamten Untersuchungszeitraum liegt der Jahresumsatz der Energy Startups bei durchschnittlich 3,34 Millionen Euro.

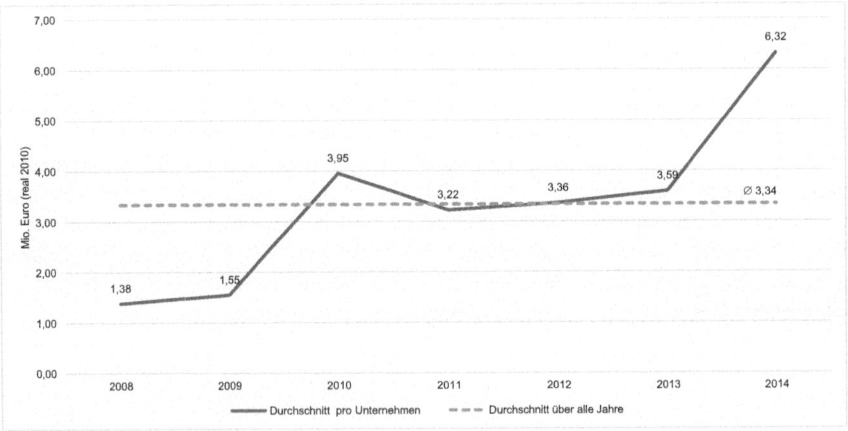

Abbildung 4-9: Durchschnittliche Umsatzentwicklung pro Energy Startup und im Mittel über den Untersuchungszeitraum (2008-2014)
Quelle: Eigene Berechnung

Die gemittelten Werte über den gesamten Untersuchungszeitraum, lassen sich vor allem damit begründen, dass viele der Energy Startups zwar weniger als zehn Mitarbeiter aufweisen, jedoch bezogen auf den Umsatz über 0,7 Millionen Euro liegen. Dadurch gehören diese Gründungen zur Klasse der Kleinunternehmen, auch wenn sie rein nach Mitarbeiterzahl als Kleinstunternehmen deklariert werden könnten. Bezogen auf die Verteilung der Größenklassen fällt die durchschnittliche Mitarbeiterzahl damit vergleichsweise gering und der durchschnittliche Jahresumsatz vergleichsweise hoch aus. Zudem muss hier erwähnt werden, dass die Umsatzzahlen durch einige wenige, sehr erfolgreiche Unternehmen verzerrt werden. Eine gesonderte Betrachtung dieser Ausreißer wäre sicherlich sinnvoll, in dieser Arbeit wird jedoch auf diese weitergehende Analyse verzichtet.

Unternehmensstruktur

Der Anteil an weiblichen Gründerpersonen in Deutschland bei Vollerwerbsgründungen ist zwischen 2008 und 2014 leicht ansteigend und lag im Mittel bei ca. 33 Prozent (Abel-Koch 2014). Der Frauenanteil in geschäftsführenden Positionen lag 2014 bei 29 Prozent über alle Altersklassen (Günther et al. 2015, S. 12). Bei den identifizierten Energy Startups fiel der Anteil weiblicher Führungskräfte mit neun Prozent deutlich geringer aus. Auch der Anteil der Gründerinnen liegt mit elf Prozent deutlich unter dem Mittel der Vollerwerbsgründungen.

Die mit Abstand häufigsten Rechtsformen bei Energy Startups sind die GmbH mit 53 Prozent, gefolgt von der GmbH & Co. KG mit 32 Prozent (s. Abbildung 4-10).

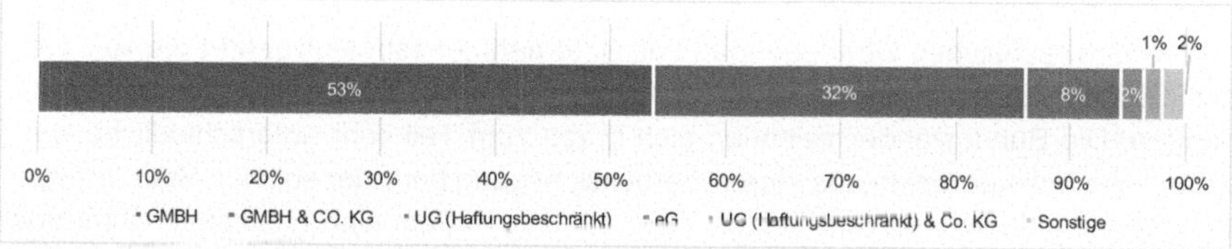

Abbildung 4-10: Die fünf häufigsten Rechtsformen bei Energy Startups
Quelle: Eigene Berechnung

Entsprechend der Häufigkeit dieser Rechtsformen besitzen 59 Prozent der Energy Startups eine Natürliche Person als alleinigen Inhaber oder größten Anteilseigner, 35 Prozent ein Industrieunternehmen und drei Prozent ein Finanzunternehmen. Die verbleibenden zwei Prozent verteilen sich auf öffentliche Einrichtungen, Forschungseinrichtungen und den Staat (s. Abbildung 4-11).

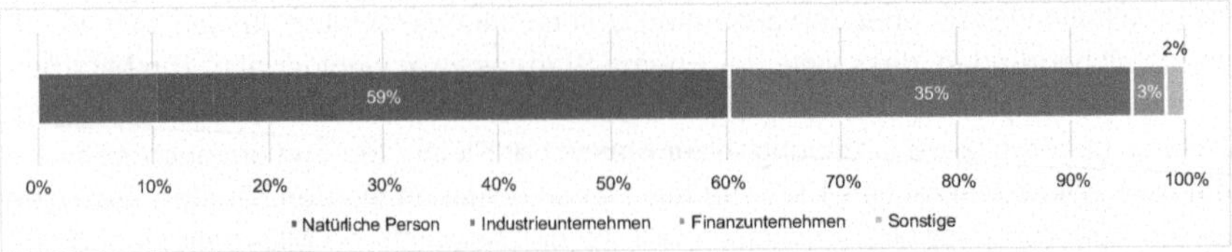

Abbildung 4-11: Inhaberschaft von Energy Startups
Quelle: Eigene Berechnung

Insgesamt weisen 60 Prozent der Energy Startups Kapitalbeteiligungen vor. Im Schnitt besitzen diese Gründungen 3,9 Anteilseigner. Die Verteilung der Art der Anteilseigner, ähnelt stark der Verteilung der Inhaberschaft. So bilden natürliche Personen mit 70 Prozent den Großteil dieser Anteilseigner. 27 Prozent der Kapitalbeteiligungen entfallen auf Industrieunternehmen, die restlichen drei Prozent teilen sich auf in Finanzunternehmen und Sonstige (s. Abbildung 4-12).

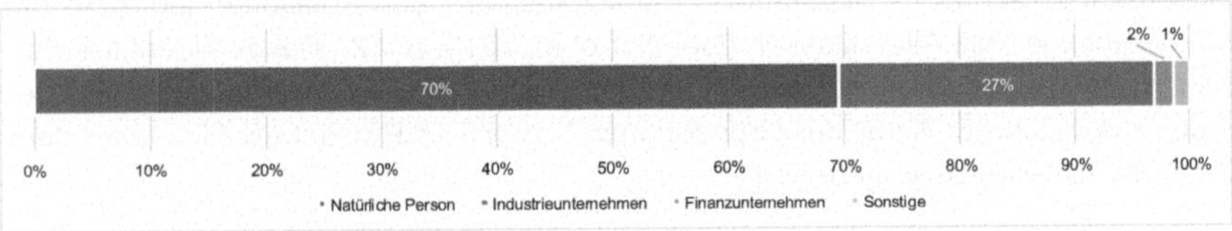

Abbildung 4-12: Art der Kapitalbeteiligungen an Energy Startups
Quelle: Eigene Berechnung

4.1.4 Regionale Verteilung

Neben den rechtlichen Überlegungen zur Unternehmensstruktur gehört die Auswahl des Gründungsstandortes zu einer wichtigen Entscheidung für Unternehmensgründungen. Die Bundesländer zeichnen sich durch zum Teil sehr unterschiedliche wirtschaftliche Schwerpunkte aus, deren Berücksichtigung bei einer solchen Standortwahl Beachtung finden (Weiß und Fichter 2015, S. 64). Zudem sind bestimmte Standorte aufgrund der wirtschaftlichen Stabilität und Infrastruktur in der Region für Neugründungen attraktiver als andere (Berlemann und Tilgner 2006).

Eine Betrachtung der regionalen Verteilung der Betriebsgründungen für die Jahre 2008 bis 2014 zeigt, dass die meisten Betriebsgründungen im Durchschnitt in den Ländern Nordrhein-Westfalen (19,5 %) und Bayern (17,3 %) entstehen. Zudem stellen die Bundesländer Baden-Württemberg (11,8 %), Niedersachsen (9,2 %) und Hessen (8,0 %) einen größeren Anteil der Gründungen (s. Abbildung 4-13).

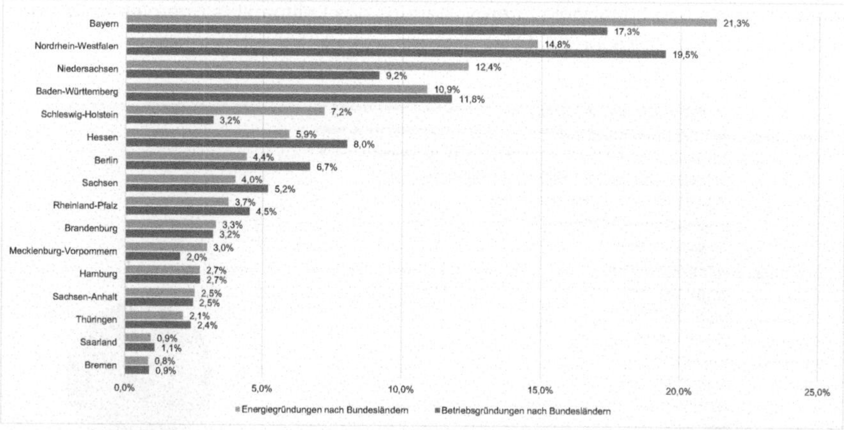

Abbildung 4-13: Regionale Verteilung der Energy Startups nach Bundesländern im Vergleich zur regionalen Verteilung der gesamten Betriebsgründungen in Deutschland (2008-2014)

Quelle: Statistisches Bundesamt (2009; 2010; 2011; 2012b; 2013; 2014; 2015a), eigene Berechnung

Bezogen auf die Energy Startups verliert Hessen den Platz unter den fünf Bundesländern mit den höchsten Gründungszahlen an Schleswig-Holstein. Die anderen vier Bundesländer bleiben bestehen, die Rangfolge ändert sich jedoch leicht. So weist Bayern mit einem Anteil von ca. 21 Prozent gegenüber den Betriebsgründungen (17,3 %) einen überproportionalen Anteil an Energy Startups auf, wohingegen der Anteil der Energy Startups in Nordrhein-Westfalen mit 14,5 Prozent gegenüber den Betriebsgründungen mit 19,5 Prozent unterproportional ist. Auffallend ist vor allem die Überproportionalität von Energy Startups in Schleswig-Holstein mit 7,2 Prozent gegenüber 3,2 Prozent sowie die Unterproportionalität in Hessen von 5,9 Prozent zu 8,0 Prozent (s. Abbildung 4-13).

In den vier größten deutschen Bundesländern Bayern, Niedersachsen, Nordrhein-Westfalen und Baden-Württemberg wurden über den Untersuchungszeitraum insgesamt 16.683 Energy Startups identifiziert. In Summe sind in Abbildung 4-14 ca. 32.000 Energy Startups abgebildet. Dies liegt in den Mehrfachnennungen im Zuge der Tätigkeitsanalyse aus Kapitel 3.2.2. Demnach können einige Energy Startups aufgrund ihrer Produkte und Dienstleistungen mehreren Leitmärkten zugeordnet werden. Somit entfallen knapp 60 Prozent der Energy Startups auf diese vier Bundesländer.

Die Verteilung nach Leitmärkten folgt dabei im Großteil der Bundesländer in etwa der gesamtdeutschen Verteilung aus Kapitel 4.1.2. Ein überproportional großer Anteil des Leitmarktes *Umweltfreundliche Erzeugung, Speicherung und Verteilung von Energie* liegt in den Ländern Niedersachsen (78 %), Mecklenburg-Vorpommern (80 %) und Schleswig-Holstein mit 81 Prozent der jeweiligen Energy Startups vor. Zu einer leichten Verschiebung der Leitmarktverteilung kommt es auch in den Ländern Nordrhein-Westfalen, Berlin, Hessen und Baden-Württemberg, in denen zum gesamtdeutschen

Vergleich überproportional viele Energy Startups des Leitmarktes *Energieeffizienz* gegründet wurden (s. Abbildung 4-14).

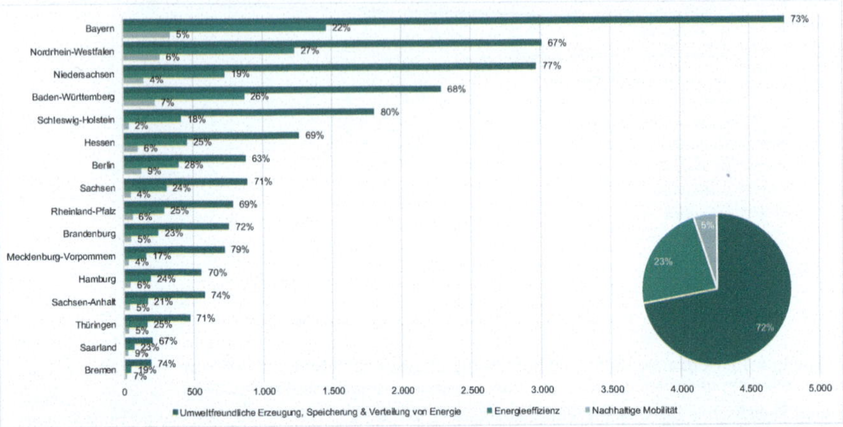

Abbildung 4-14: Anzahl und Verteilung von Energy Startups nach Bundesländern und Leitmärkten im Vergleich zur gesamtdeutschen Verteilung (2008-2014)

Lesehilfe: Zwischen 2008 und 2014 wurden in Bayern ca. 4800 Energy Startups des Leitmarktes Umweltfreundliche Erzeugung, Speicherung und Verteilung von Energie gegründet. Dies entspricht 73 Prozent aller in Bayern gegründeten Energy Startups, womit dieser Leitmarkt im gesamtdeutschen Vergleich von 72 Prozent leicht überproportional vertreten ist.

Quelle: Eigene Berechnung (Mehrfachnennungen möglich)

Eine Standortanalyse basierend auf den Postleitzahlen der Energy Startups verdeutlicht deren regionale Verteilung. So zeigt sich eine deutliche stärkere Konzentration in den alten Bundesländern und hier im Besonderen in Süddeutschland und im Ruhrgebiet (s. Abbildung 4-15). Zudem wird im Norden Deutschlands die starke Bedeutung Schleswig-Holsteins in Bezug auf Energy Startups deutlich. Diese erklärt sich vor allem durch die zunehmende Bedeutung von Windkraftanlagen in Küstennähe sowie der Ansiedlung zugehöriger Installations- und Wartungsunternehmen oder sonstigen in Verbindung stehenden Dienstleistungen.

Die starke Präsenz von Unternehmen aus dem Leitmarkt *Umweltfreundliche Erzeugung, Speicherung und Verteilung von Energie* in Bayern, wird dominiert von Betreibern und Installateuren von Photovoltaikanlagen sowie Unternehmen aus der Umweltberatung. Neben Wind und Photovoltaik nehmen Anlagen und Unternehmen der Biomassenutzung in Bayern, vor allem aber auch in Nordrhein-Westfalen und Niedersachsen immer stärker an Bedeutung zu und führen zu einer stärkeren regionalen Bündelung von Energy Startups aus diesem Bereich.
Bei Gründungen aus dem Leitmarkt *Energieeffizienz* ist eine regionale Bündelung nicht zu erkennen. Der Leitmarkt *Nachhaltige Mobilität* zeigt hingegen einen deutlichen Fokus auf Großstädte und Ballungsräume. So wurden im Untersuchungszeitraum knapp

die Hälfte aller Gründungen mit Bezug zu Car Sharing Angeboten und 30 Prozent der Gründungen aus dem Marktsegment *Alternative Antriebstechnologien* in Berlin, dem Großraum München und im Ruhrgebiet gegründet.

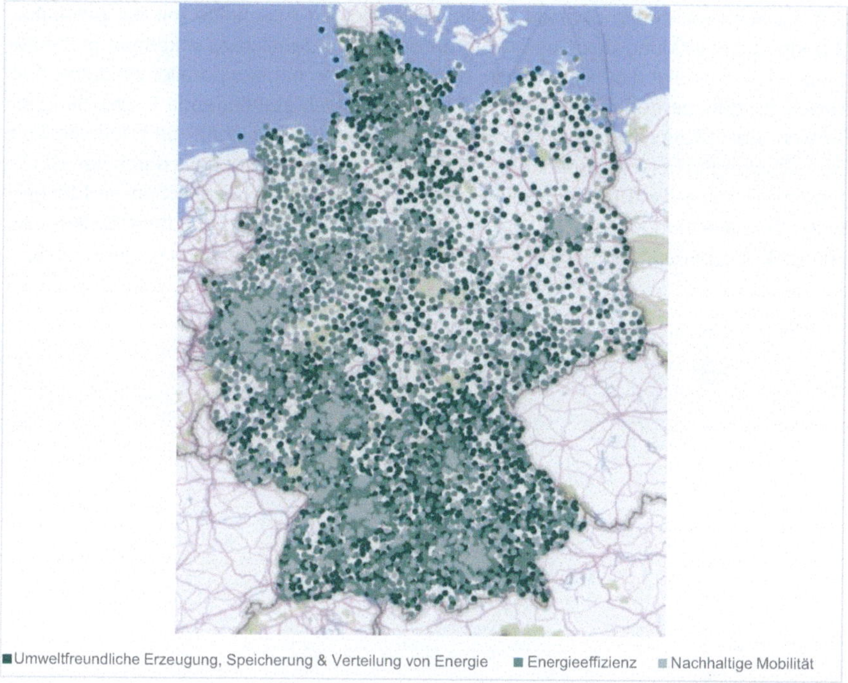

Abbildung 4-15: Regionale Verteilung der Energy Startups nach Leimärkten und Standorten (2008-2014)

Quelle: Eigene Darstellung

4.2 Entwicklung des Energy Entrepreneurship

Nach der Bestandsaufnahme und Analyse von strukturrelevanten Informationen folgt nun die Auswertung der zeitlichen Entwicklung des Energy Entrepreneurships über den Betrachtungshorizont von 2008 bis 2014. Dem Vorgehen aus Kapitel 4.1.2 entsprechend, erfolgt diese Analyse zunächst auf Basis der anhand der WZ 2008 abgeleiteten Wirtschaftsbereiche der Unternehmen. Anschließend werden die Entwicklungen in den drei Leitmärkten des Energy Entrepreneurship betrachtet.

4.2.1 Die Wirtschaftsbereiche des Energy Entrepreneurship

Wie die Ergebnisse aus der Analyse der Zusammensetzung des Energy Entrepreneurship zeigen, sind nahezu alle 21 Wirtschaftsabschnitte der Wirtschaftszweigklassifikation bei den Energy Startups vertreten. Der Großteil der Unternehmen entfällt dabei auf die Abschnitte Energieversorgung (D) und Erbringung von freiberuflichen, wissenschaftlichen und technischen Dienstleistungen (M). Dementsprechend bilden diese Abschnitte die wesentlichen Treiber bei der Entwicklung des Energy Entrepreneurship.

Dies ist auch bei einem direkten Vergleich der beiden Abschnitte mit der gesamten Gründungsentwicklung des Energy Entrepreneurship deutlich zu erkennen (s. Abbildung 4-16). So zeigt dieser Vergleich, dass die Kurven nahezu parallel verlaufen. Die Abweichungen werden maßgeblich durch die zeitgleich stattfindende Entwicklung im Bereich der Erbringung von freiberuflichen, wissenschaftlichen und technischen Dienstleistungen hervorgerufen. Somit erklärt sich die Tatsache, dass durch den Rückgang im Bereich der Erbringung von freiberuflichen, wissenschaftlichen und technischen Dienstleistungen seit 2012, ein stetes Angleichen der Gründungszahlen des Energy Entrepreneurship und dem Wirtschaftsbereich der Energieversorgung erfolgt.

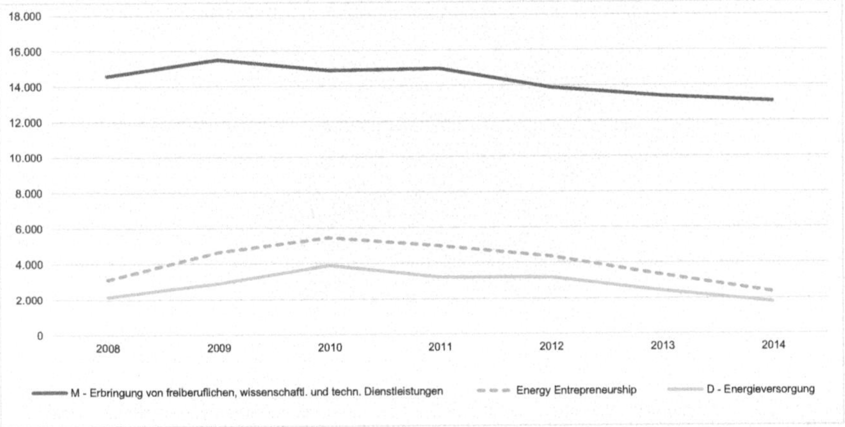

Abbildung 4-16: Entwicklung der jährlichen Gründungszahlen des Energy Entrepreneurship im direkten Vergleich mit den Wirtschaftsbereichen M und D
Quelle: Statistisches Bundesamt (2009; 2010; 2011; 2012b; 2013; 2014; 2015a), eigene Berechnung

Von 2008 bis 2009 ist ein deutlicher Anstieg der Anzahl der jährlichen Energy Startups aus Abschnitt M zu verzeichnen (s. Abbildung 4-17). Auf eine weitere leichte Zunahme bis 2010 folgt jedoch ein konstanter Rückgang der Zahl der Energy Startups aus diesem Wirtschaftsbereich.

Energy Startups aus dem Bereich der Energieversorgung zeigen zu Beginn des Untersuchungszeitraums einen entgegengesetzten Verlauf. So sinkt die Zahl der jährlichen Energy Startups aus Abschnitt D zwischen 2008 und 2009 zunächst. Nach einer deutlichen Steigerung der Gründungszahl bis 2010, bleiben diese bis 2012 nahezu konstant. Ab 2012 nähern sich die beiden Kurven von Abschnitt M und Abschnitt D zunehmend an, da die Anzahl der Gründungen aus dem Bereich der Energieversorgung zwischen 2012 und 2014 rapide sinkt.

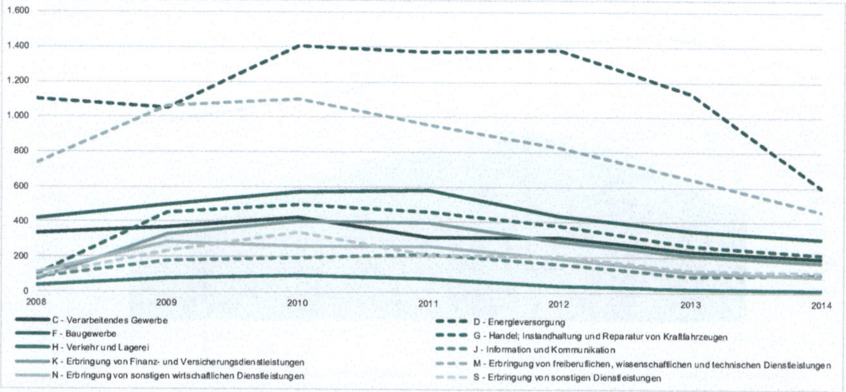

Abbildung 4-17: Entwicklung der jährlichen Anzahl an Energy Startups nach Wirtschaftsbereichen
Quelle: Eigene Berechnung

Die Kurven der anderen Wirtschaftsbereiche verlaufen hingegen alle nahezu parallel zueinander. Einem schwachen aber konstanten Anstieg von 2008 bis 2011, folgt ein ebenso schwacher aber wiederum konstanter Rückgang der Energy Startups aus den restlichen Bereichen bis 2014.

Dieser allgemeine Trend im Rückgang der Gründungszahlen ist bereits aus der Betrachtung der gesamten Betriebsgründungen in Deutschland aus Kapitel 4.1.1 bekannt. Damit ist zu erwarten, dass dieser allgemeine Trend auch Auswirkungen auf die Entwicklung in den Leitmärkten des Energy Entrepreneurship mit sich bringt. Angemerkt sei an dieser Stelle, dass auch eine etwaige Hochrechnung am aktuellen Rand, auf welche bei dieser Analyse verzichtet wurde (vgl. Kapitel 3.2.1), keine Änderung dieses Abwärtstrends zur Folge hätte. Eine Hochrechnung würde den Trend für die Jahre 2013 und 2014 lediglich minimal abschwächen.

Abbildung 4-18 zeigt die allgemeine Entwicklung der Energy Startups von 2008 bis 2014 vor dem Hintergrund der allgemeinen Entwicklung der jährlichen Betriebsgründungszahlen in Deutschland, abgetragen auf der Sekundärachse. Diese allgemeine Entwicklung der Energy Startups wird vor allem durch die Unternehmen aus den Abschnitten D und M der Wirtschaftsbereiche geprägt. So zeigt sich bis 2010 ein konstanter Anstieg der jährlichen Gründungszahlen in allen drei Leitmärkten. Nach 2010 folgt dann jedoch der Rückgang der jährlichen Energy Startups, der zwar zwischen 2011 und 2012 von den Gründungen aus dem Bereich der Energieversorgung leicht abgeschwächt werden kann, den abnehmenden Trend bis 2014 jedoch beibehält.

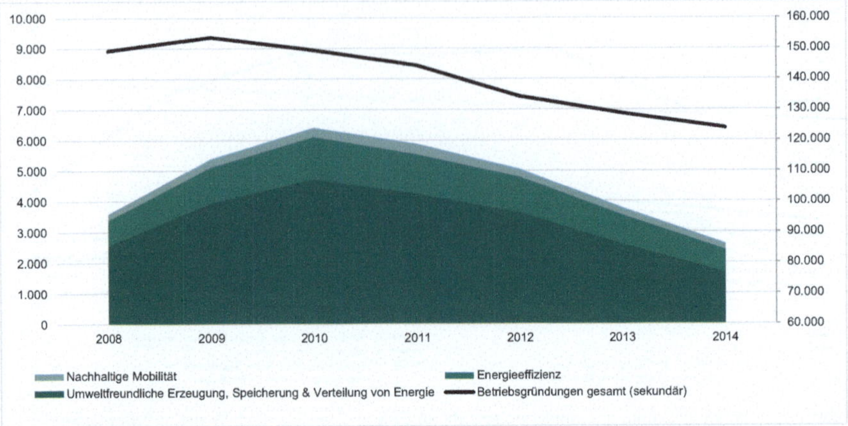

Abbildung 4-18: Entwicklung der jährlichen Anzahl an Energy Startups nach Leitmärkten des Energy Entrepreneurship

Quelle: Eigene Berechnung (Mehrfachnennungen möglich)

Wie zu erwarten zeigt sich somit eine Abhängigkeit aller drei Leitmärkte vom allgemeinen Gründungsgeschehen. Die Entwicklung dieser Leitmärkte wird nachfolgend auf Ebene der Marktsegmente detailliert dargestellt.

4.2.2 Leitmarkt Umweltfreundliche Erzeugung, Speicherung und Verteilung von Energie

Entwicklung der Wirtschaftsbereiche innerhalb des Leitmarktes

Die dominierende Rolle des Leitmarktes *Umweltfreundliche Erzeugung, Speicherung und Verteilung von Energie* zeigt sich auch bei Betrachtung der Entwicklung der einzelnen Wirtschaftsbereiche innerhalb des Leitmarktes. So verlaufen die jährlichen Gründungszahlen der einzelnen Wirtschaftsbereiche nahezu identisch mit der allgemeinen Entwicklung des gesamten Energy Entrepreneurship (s. Abbildung 4-19). Mit insgesamt 33 Prozent Anteil ist der Bereich Energieversorgung in diesem Leitmarkt im Vergleich zum gesamten Energy Entrepreneurship noch stärker ausgeprägt.

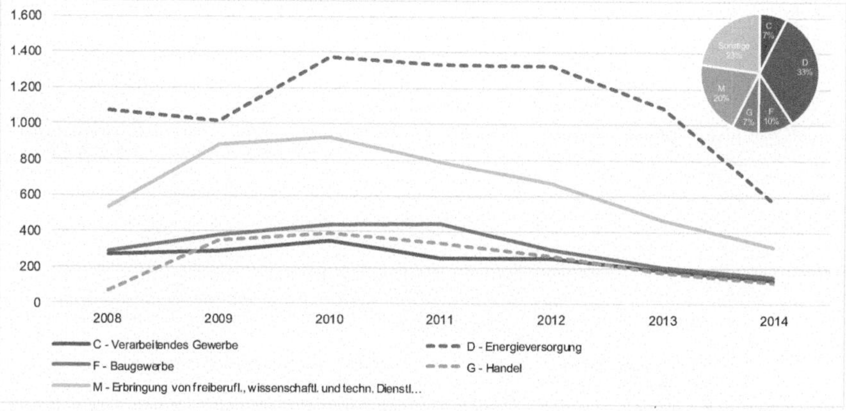

Abbildung 4-19: Entwicklung der jährlichen Anzahl an Energy Startups innerhalb des Leitmarkt Umweltfreundliche Erzeugung, Speicherung und Verteilung von Energie nach den fünf wichtigsten Wirtschaftsbereichen sowie deren Anteile am Leitmarkt (2008-2014)

Quelle: Eigene Berechnung

Entwicklung der Marktsegmente innerhalb des Leitmarktes

Der Leitmarkt *Umweltfreundliche Erzeugung, Speicherung und Verteilung von Energie* bildet den größten Leitmarkt des Energy Entrepreneurship. Der bei weitem wichtigste Treiber dieses Leitmarktes ist das Marktsegment *Erneuerbare Energien*, mit 86 Prozent Anteil an den Energy Startups dieses Leitmarktes (s. Abbildung 4-20). Innerhalb dieses Segments hat sich die jährliche Anzahl der Energy Startups von 2008 bis 2010 mit einer Steigerung von 2.300 auf über 5.000 Energy Startups pro Jahr mehr als verdoppelt. In den darauffolgenden Jahren nahm die Anzahl der jährlichen Energy Startups bis 2014 kontinuierlich ab und wies im Jahr 2014 weniger als 1.500 Energy Startups aus.

Durch den Verlauf des Marktsegments *Erneuerbare Energien* erklärt sich der glockenförmige Verlauf des gesamten Leitmarktes. Abgeschwächt werden die Auswirkungen des starken Rückgangs im Marktsegment *Erneuerbare Energien* auf den gesamten Leitmarkt, durch nahezu konstante Gründungszahlen in den restlichen drei Marktsegmenten *Effiziente Netze*, *Umweltschonende Nutzung fossiler Brennstoffe* und *Speichertechnologien*.

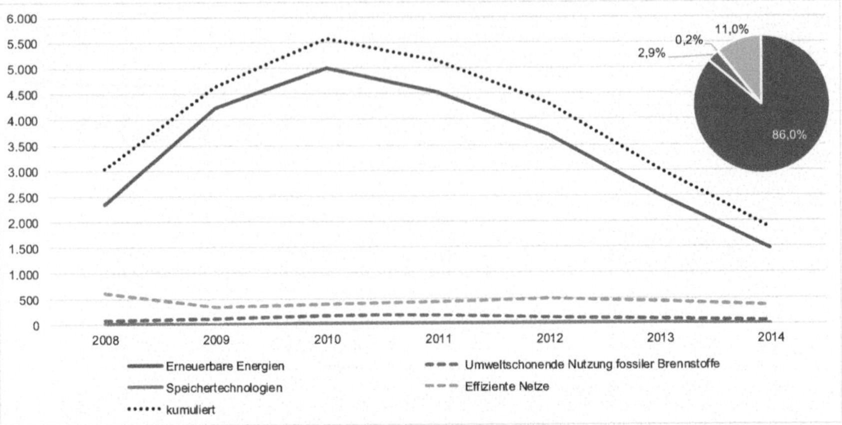

Abbildung 4-20: Entwicklung der jährlichen Anzahl an Energy Startups innerhalb des Leitmarkt Umweltfreundliche Erzeugung, Speicherung und Verteilung nach Marktsegmenten sowie deren Anteile am Leitmarkt (2008-2014)

Quelle: Eigene Berechnung (Mehrfachnennung möglich)

Aufgrund der starken Bedeutung des Marktsegments *Erneuerbare Energien*, wird dieses nachfolgend noch auf Ebene der Technologielinien analysiert. Hier zeigt sich, dass besonders Gründungen mit Bezug zur Photovoltaik segmentprägend sind. Über den gesamten Untersuchungszeitraum entfallen auf die Technologielinie Photovoltaik 45 Prozent aller Energy Startups aus dem Marktsegment *Erneuerbare Energien* (s. Abbildung 4-21). Auffallend ist zudem der starke Anstieg von Energy Startups der Technologielinie Biomassenutzung zwischen 2008 und 2010. Die Technologielinien Biomassenutzug und Windkraft (On-/Offshore) bilden jeweils 18 Prozent des Marktsegmentes aus. Letzteres weist von 2008 bis 2013 ein kontinuierliches aber vergleichsweise schwaches Wachstum auf.

Die Technologielinie Sonstige umfasst mit zwölf Prozent Energy Startups die in ihren Tätigkeiten einen Bezug zu erneuerbaren Technologien aufweisen, diesen jedoch nicht näher definieren. Auch diese folgen dem allgemeinen Trend des Wachstums bis 2011 und anschließenden Rückgangs bis 2014. Die Technologielinien Solarthermie, Geothermie und Wasserkraft spielen in dem gesamten Marktsegment nur eine untergeordnete Rolle und stellen zusammen lediglich fünf Prozent der Energy Startups in diesem Segment.

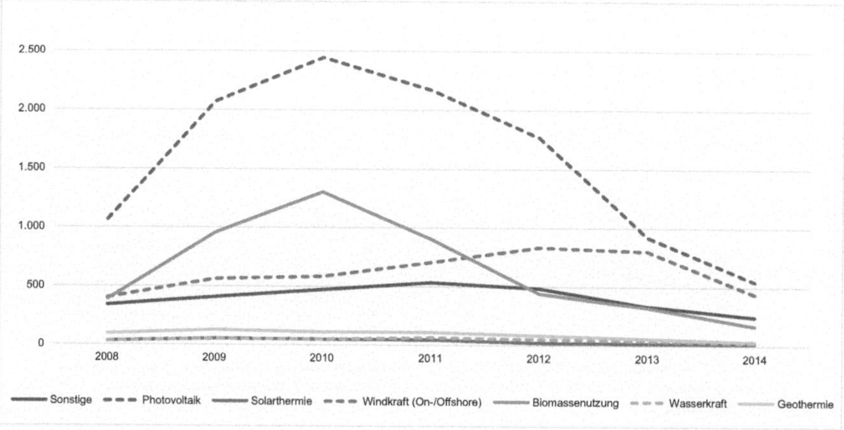

Abbildung 4-21: Entwicklung der jährlichen Anzahl an Energy Startups im Marktsegment Erneuerbare Energien
Quelle: Eigene Berechnung (Mehrfachnennung möglich)

Das zweite bedeutsame Marktsegment für den Leitmarkt *Umweltfreundliche Erzeugung, Speicherung und Verteilung von Energie* bildet das Segment der *Effizienten Netze.* Auffallend ist hier zu Beginn die Entwicklung der Netze und Anlagen zur regenerativen Erzeugung und Verteilung. Diese Technologielinie erlebt zwischen 2008 und 2009 einen extremen Rückgang an Neugründungen, ehe sie sich in den darauffolgenden Jahren stabilisiert und bis 2012 einen Anstieg verzeichnen kann (s. Abbildung 4-22).

Über den gesamten Untersuchungszeitraum hält die Technologielinie IKT („Internet der Energie") mit 38 Prozent den größten Anteil an Energy Startups im Marktsegment *Effiziente Netze* und weißt von 2008 bis 2012 einen sehr stabilen Verlauf auf. Im Jahr 2013 ist dann erstmals ein Rückgang der jährlichen Gründungszahl in dieser Technologielinie zu verzeichnen. Im letzten Untersuchungsjahr wuchs die Anzahl jedoch wieder auf das Ausgangsniveau von 2008. Im Mittel wurden im Untersuchungszeitraum jährlich 168 Unternehmen aus dieser Technologielinie gegründet.

Die Anzahl der jährlichen Energy Startups mit Bezug zu Zähl- und Verbrauchsmessungssystemen erlebte von 2008 bis 2012 einen enormen Anstieg von 50 auf über 160 Energy Startups pro Jahr. Diese Zahl blieb im Jahr 2013 nahezu konstant ehe 2014 ein Rückgang auf 86 Energy Startups zu verzeichnen war. Die Technologielinien Netze und Anlagen zur Wärme- und Kälteerzeugung und -verteilung sowie Netze und Anlagen zur fossilen Erzeugung und Verteilung spielen in dem Marktsegment eine untergeordnete Rolle mit nahezu konstanten Verläufen und lediglich 20 bzw. drei Unternehmendgründungen pro Jahr, gemittelt über den Zeitraum von 2008 bis 2014.

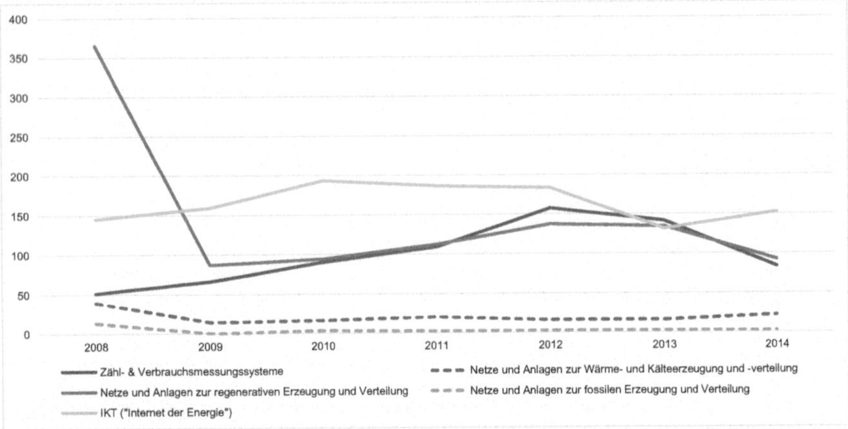

Abbildung 4-22: Entwicklung der jährlichen Anzahl an Energy Startups im Marktsegment Effiziente Netze

Quelle: Eigene Berechnung (Mehrfachnennung möglich)

Auf eine Detailanalyse der Marktsegmente *Speichertechnologien* und *Umweltschonende Nutzung fossiler Brennstoffe* wird aufgrund ihrer geringen Bedeutung für den Leitmarkt verzichtet.

4.2.3 Leitmarkt Energieeffizienz

Entwicklung der Wirtschaftsbereiche innerhalb des Leitmarktes

Die Betrachtung der zugehörigen Wirtschaftsklassen des Leitmarktes *Energieeffizienz* offenbart, dass dieser Leitmarkt stärker von den Dienstleistungen geprägt ist (24 %) und weniger Unternehmen aus dem Wirtschaftsbereich Energieversorgung zu diesem Leitmarkt gehören. Deutlich wird auch die stärkere Bedeutung des Baugewerbes mit 18 Prozent der Anteile an Energy Startups innerhalb dieses Leitmarktes (s. Abbildung 4-23).

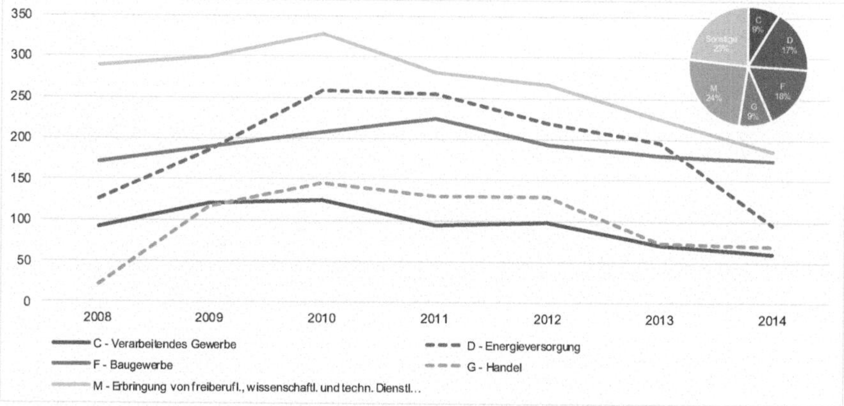

Abbildung 4-23: Entwicklung der jährlichen Anzahl an Energy Startups innerhalb des Leitmarkt Energieeffizienz nach den fünf wichtigsten Wirtschaftsbereichen sowie deren Anteile am Leitmarkt (2008-2014)

Quelle: Eigene Berechnung

Entwicklung der Marktsegmente innerhalb des Leitmarktes

Betrachtet das zuvor beschriebene Marktsegment der *Effizienten Netze* vor allem eine energieeffiziente Verteilung von Energie, so umfasst der Leitmarkt *Energieeffizienz* die effiziente Nutzung von Energie. Den größten Anteil an diesem Leitmarkt stellen die Marktsegmente *Energieeffiziente Produktionsverfahren* und *Energieeffizienz von Geräten* mit 37 Prozent bzw. 36 Prozent aller in diesem Leitmarkt gegründeten Energy Startups zwischen 2008 und 2014 (s. Abbildung 4-24).

Das Marktsegment *Energieeffizienz von Geräten* folgt dabei sehr stark dem allgemeinen Trend des Anstiegs bis 2010 und des darauffolgenden Rückgangs der jährlichen Gründungszahlen bis 2014. Beim Marktsegment *Energieeffiziente Produktionsverfahren* tritt dieser Rückgang erst ab 2012 ein, davor ist ein leichter aber kontinuierlicher Anstieg der jährlichen Gründungszahlen zu verzeichnen. Aufgrund der Vielseitigkeit dieser Segmente wurden die dazugehörigen Technologielinien im Zuge der Tätigkeitsanalyse zusammengefasst, wodurch eine Detailanalyse dieser Segmente nicht möglich ist. Gleiches gilt für das Marktsegment der *Branchenübergreifenden Komponenten*, welches über den gesamten Zeitraum einen sehr gleichbleibenden Verlauf mit ca. 120 Energy Startups pro Jahr aufweist.

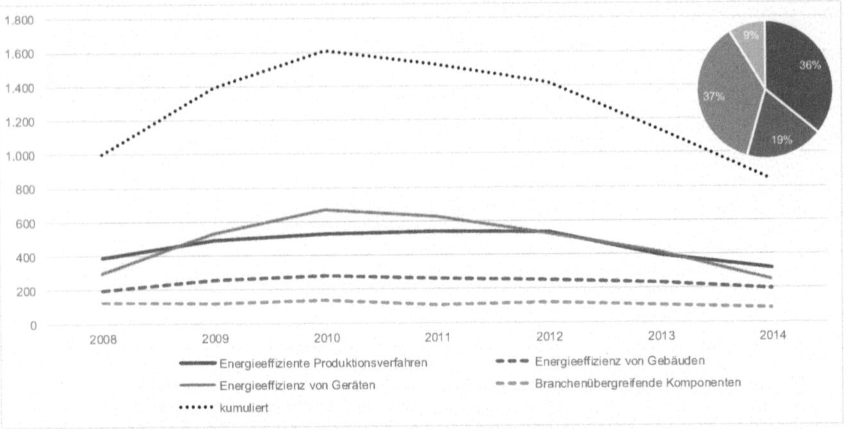

Abbildung 4-24: Entwicklung der jährlichen Anzahl an Energy Startups innerhalb des Leitmarkt Energieeffizienz nach Marktsegmenten sowie deren Anteile am Leitmarkt (2008-2014)
Quelle: Eigene Berechnung (Mehrfachnennung möglich)

Das mit 19 Prozent Anteilen drittgrößte Marktsegment, die *Energieeffizienz von Gebäuden*, erlaubt jedoch eine solche Detailanalyse. Wie aus Abbildung 4-25 ersichtlich, wird die Entwicklung dieses Marktsegments von der Technologielinie Wärmedämmung dominiert. Die Anzahl der jährlichen Energy Startups dieser Technologielinie steigt von 170 im Jahr 2008 auf 250 im Jahr 2010 an. Nach einem leichten Rückgang im Jahr 2011, wurden 2012 wieder ca. 250 Unternehmen mit Bezug zu Wärmedämmungen gegründet. Danach lässt sich auch für die Technologielinie Wärmedämmung der allgemeine Trend des Rückgangs für die Jahre 2013 und 2014 beobachten. Die weiteren Technologielinien dieses Segments, die Umweltberatung, Gebäudeautomation sowie Passivhäuser/Plus-Energiehäuser sind mit insgesamt ca. 30 Energy Startups pro Jahr nahezu vernachlässigbar.

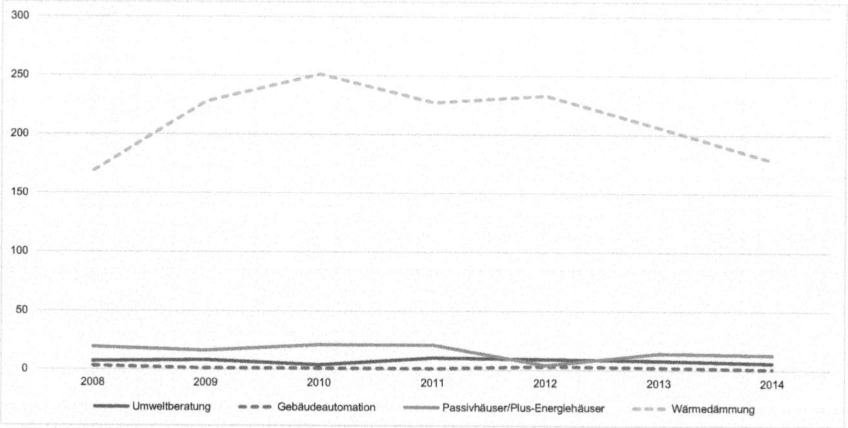

Abbildung 4-25: Entwicklung der jährlichen Anzahl an Energy Startups im Marktsegment Energieeffizienz von Gebäuden

Quelle: Eigene Berechnung (Mehrfachnennung möglich)

4.2.4 Leitmarkt Nachhaltige Mobilität

Entwicklung der Wirtschaftsbereiche innerhalb des Leitmarktes

Wie in den beiden anderen Leitmärkten, stammen auch im Leitmarkt *Nachhaltige Mobilität* in etwa 20 Prozent der Energy Startups aus dem Bereich der Erbringung von freiberuflichen, wissenschaftlichen und technischen Dienstleistungen. Differenziert verhält es sich jedoch mit dem Bereich der Energieversorgung. Dieser spielt im Leitmarkt *Nachhaltige Mobilität* mit neun Prozent nur eine untergeordnete Rolle. Dagegen gewinnen vor allem die Bereiche des Handels und des Verarbeitenden Gewerbes an Bedeutung. Zu beachten ist hier, dass zu dem Wirtschaftsbereich Handel (G) auch die Abschnitte Instandhaltung und Reparatur von Kraftfahrzeugen zählen, wodurch sich der große Anteil von 25 Prozent erklären ließe. Auffallend ist zudem, dass die Anzahl der jährlichen Energy Startups aus dem Dienstleistungsbereich ihren Höhepunkt im Jahr 2011 erreicht, also ein Jahr nach den anderen beiden Leitmärkten. Der Rückgang zwischen 2011 und 2012 ist dafür jedoch umso drastischer (s. Abbildung 4-26). Ab 2012 sind es vor allem Unternehmen aus dem Bereich des Handels, durch deren Gründung der Rückgang im gesamten Leitmarkt leicht aufgefangen werden kann.

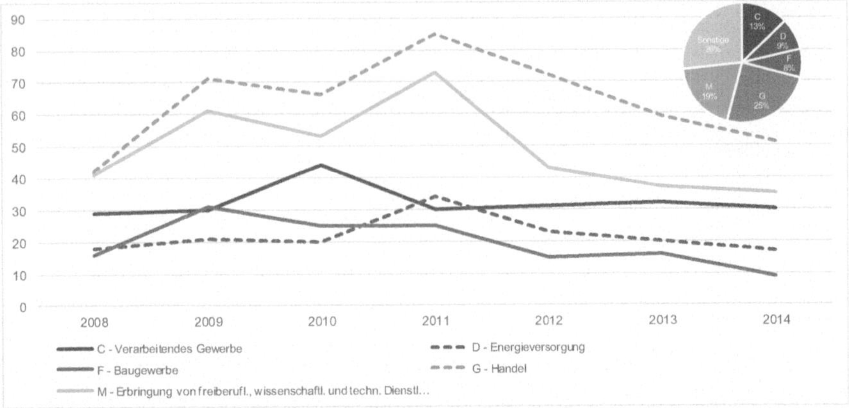

Abbildung 4-26: Entwicklung der jährlichen Anzahl an Energy Startups innerhalb des Leitmarktes Nachhaltige Mobilität nach den fünf wichtigsten Wirtschaftsbereichen sowie deren Anteile am Leitmarkt (2008-2014)

Quelle: Eigene Berechnung

Entwicklung der Marktsegmente innerhalb des Leitmarktes

Der Leitmarkt *Nachhaltige Mobilität* stellt den bezogen auf die Anzahl der Energy Startups kleinsten Leitmarkt dar. Der größte Anteil an diesem Leitmarkt entfällt mit 64 Prozent aller zugehörigen Energy Startups auf das Marktsegment *Alternative Antriebstechnologien*. Damit ist dieses Marktsegment ausschlaggebend für die Entwicklung des gesamten Leitmarkts. Die *Alternativen Antriebstechnologien* verzeichnen zwischen 2008 und 2014 eine stufenhafte Entwicklung der jährlichen Gründungszahlen (s. Abbildung 4-27). Nach einem Anstieg von 125 auf 195 Energy Startups pro Jahr von 2008 auf 2009, bleibt das Niveau für 2010 konstant. Den Höchsttand erreicht das Marktsegment nach einem weiteren Anstieg im Jahr 2011 bei 230 Gründungen. In den folgenden Jahren sinkt die Anzahl der jährlichen Energy Startups durchgehend, auf zuletzt 142 Gründungen im Jahr 2014. Das Marktsegment der *Technologien zur Effizienzsteigerung* durchläuft ebenso wie das Segment der Erneuerbaren Kraftstoffe eine sehr ähnliche Entwicklung, wenn auch in deutlich kleinerem Maßstab. So erreicht dieses Segment den Höchststand 2011 bei 78 Energy Startups pro Jahr. Das Marktsegment *Erneuerbare Kraftstoffe* erreicht den Höchststand von 48 Gründungen pro Jahr bereits 2010 und hält dieses Niveau auch 2011 konstant.

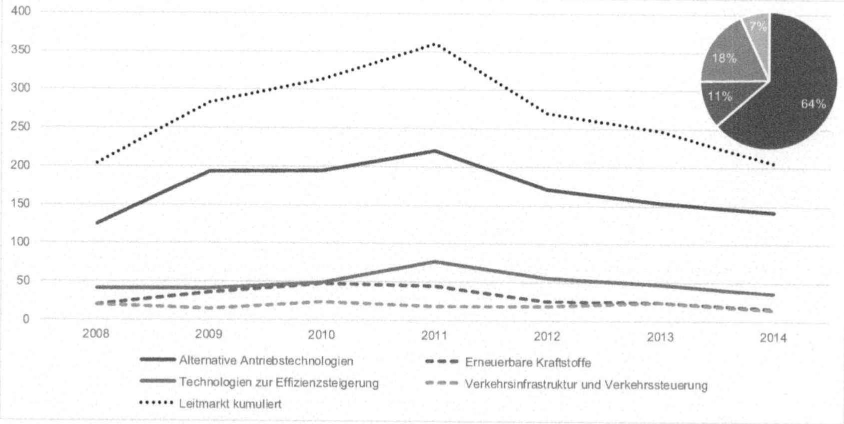

Abbildung 4-27: Entwicklung der jährlichen Anzahl an Energy Startups innerhalb des Leitmarktes Nachhaltige Mobilität nach Marktsegmenten sowie deren Anteile am Leitmarkt (2008-2014)
Quelle: Eigene Berechnung (Mehrfachnennung möglich)

Aufgrund der zur Verfügung stehenden Datenbasis, ist eine Betrachtung dieser drei Marktsegmente auf Ebene der Technologielinien nicht möglich. Diese kann lediglich beim kleinsten der vier Segmente, der *Verkehrsinfrastruktur und Verkehrssteuerung* erfolgen. Die meisten Energy Startups entfallen hierbei auf die Technologielinie Verkehrsinfrastruktur, gefolgt von der Technologielinie Car Sharing. Ein klarer Trend lässt sich bei diesen beiden Technologien nicht erkennen, vielmehr folgen beide einer Wellenstruktur mit jährlich wechselnden Anstiegen und Rückgängen (s. Abbildung 4-28). Auch die sehr kleine Technologielinie Tankstelleninfrastruktur für alternative Antriebe folgt keiner klar ersichtlichen Struktur.

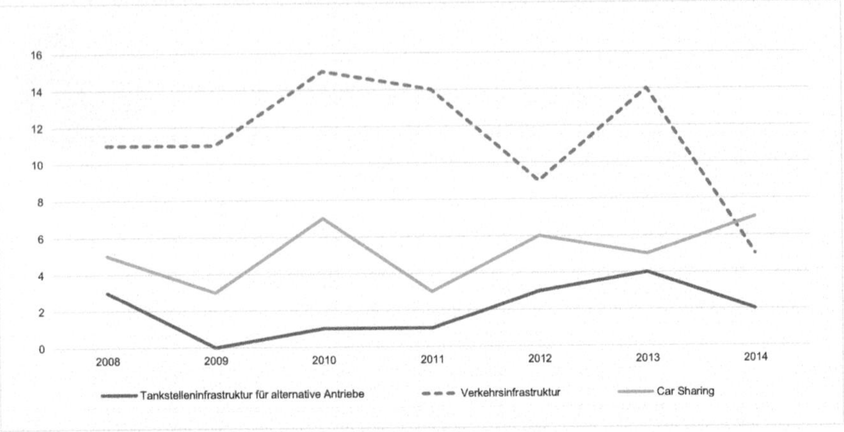

Abbildung 4-28: Entwicklung der jährlichen Anzahl an Energy Startups im Marktsegment Verkehrsinfrastruktur und Verkehrssteuerung
Quelle: Eigene Berechnung (Mehrfachnennung möglich)

4.3 Innovationsaktivität von Energy Startups

Wie aus den einführenden Betrachtungen aus Kapitel 2.1.4 oder 2.2.4 bekannt, wird Neugründungen in Literatur und Praxis oftmals ein hoher Grad an Innovation zugesprochen. Vor allem in Bereichen der Umweltinnovationen und dem sich vollziehenden Strukturwandel in der Energiewirtschaft werden Neugründungen eine besondere Bedeutung zu teil. Die zweite Forschungsfrage zielt daher auf die tatsächlichen Innovationsaktivitäten der Energy Startups ab. Aus diesem Grund wurden die zuvor identifizierten Energy Startups auf ihre Patentanmeldungen untersucht. Des Weiteren wurden öffentliche Ausgaben und Fördergelder für FuE herangezogen, um zu untersuchen in welchem Ausmaß die Gründungen des Energy Entrepreneurship von diesen öffentlichen Förderungen profitieren oder diese in Anspruch nehmen.

4.3.1 Patente

Zur Analyse des Patentierungsverhaltens der Energy Startups wurden die in Kapitel 3.3.2 beschriebenen Strategien verwendet. So wurden die zugrunde gelegten Datenbanken nach Patentanmeldungen des Unternehmens sowie des Inhabers untersucht, sofern letzterer eine natürliche Person ist und als Teil der Geschäftsführung geführt wird. Zur Einteilung der technologischen Zugehörigkeit der Patente wurden zum einen die offiziellen Patentklassen des IPC verwendet und zum anderen die Y-Klasse des Europäischen Patentamtes, um eine bessere Zuordnung zu Themen der Umweltinnovationen zu gewährleisten.

Patentierungsverhalten in Deutschland

Die Untersuchung der Energy Startups ergab, dass ca. zwei Prozent der identifizierten Gründungen Patente besitzen. Diese patentierenden Gründungen weisen im Schnitt

3,2 Patente aus. Abbildung 4-29 zeigt das Patentierungsverhalten der Energy Startups über den gesamten Untersuchungszeitraum. Auf der Sekundärachse sind zum Vergleich alle Patentanmeldungen in Deutschland abgetragen. Letztere erleben von 2008 auf 2009 einen deutlichen Rückgang von 62.300 auf 58.800 Patentanmeldungen pro Jahr. Nach einem leichten Anstieg auf 59.600 Patentanmeldungen im Jahr 2011 folgt bis 2014 ein kontinuierlicher Anstieg auf 65.900 Patentanmeldungen. Wie aus der Abbildung ersichtlich, stieg die Anzahl der angemeldeten Patente von Unternehmen des Energy Entrepreneurship von 2008 bis 2014 ebenfalls kontinuierlich an und folgt damit ab 2011 dem allgemeinen, ansteigenden Trend aller Patentanmeldungen in Deutschland. Wurden im Jahr 2008 noch 60 Patente angemeldet, so lag die Zahl der Anmeldungen im Jahr 2014 bei über 460 Patenten. Insgesamt wurden von den identifizierten Energy Startups im Zeitraum der Untersuchung 1.628 Patente in Deutschland angemeldet.

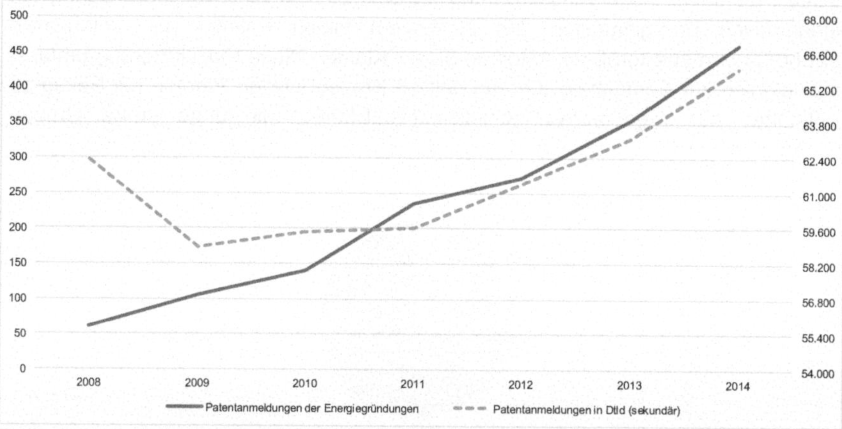

Abbildung 4-29: Anzahl der jährlichen Patentanmeldungen von Energy Startups im gesamtdeutschen Vergleich

Quelle: DPMA (2015), eigene Berechnung

Von diesen Patenten lassen sich 84 Prozent einer Klasse der Y-Klassifikation zuordnen. Der größte Anteil von 69 Prozent kann dabei der Klasse Y02E, also den Klimaschutztechnologien in Bezug auf die Energieerzeugung, -umwandlung und -verteilung, zugesprochen werden (s. Abbildung 4-30). An zweiter Stelle folgen Patente der Y02B Klasse zu Klimaschutztechnologien in Gebäuden, mit 16 Prozent der Patentanmeldungen mit Bezug zur Y-Klasse. Diese beiden Klassen werden nachfolgend einer Detailanalyse unterzogen. Eine Zusammenfassung und kurze Beschreibung der Unterklassen dieser Y-Klassifikation findet sich unter Anhang A.3.1.

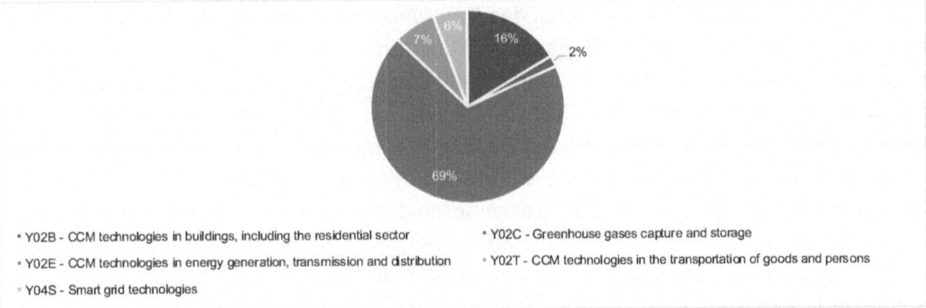

Abbildung 4-30: Verteilung der Patentanmeldungen der Energy Startups innerhalb der Y-Klassifikation
Quelle: PATSTAT, eigene Berechnung (Mehrfachnennungen möglich)

Mit 48 Prozent gehört die Unterklasse Y02E10/00 zum größten Vertreter der Y02E-Klasse. Patente mit dieser Klassifizierung beziehen sich auf die Energieerzeugung aus regenerativen Energiequellen. Mit 22 Prozent bilden Patente der Unterklasse Y02E60/00 den zweitgrößten Anteil an dieser Klasse. Diese Klassifizierung umfasst Technologien zur Energiespeicherung. Mit 18 Prozent stellen Patente mit Bezug zu Kraftstoffen aus regenerativen Quellen (Y02E50/00) die dritte große Gruppe (Abbildung 4-31).

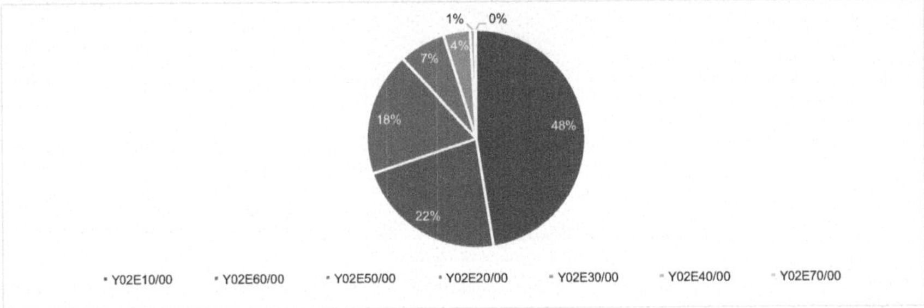

Abbildung 4-31: Verteilung innerhalb der Klasse Y02E - Climate change mitigation technologies in energy generation, transmission and distribution
Quelle: PATSTAT, eigene Berechnung (Mehrfachnennungen möglich)

Die Daten aus Abbildung 4-32 zeigen, dass die Patentanmeldungen mit Bezug zu Klimaschutz von Gebäuden vor allem den Unterklassen Y02B10/00 und Y02B30/00 zuzuordnen sind. Erstere umfasst Patente zur Integration von regenerativen Energiequellen in Gebäude, letztere klassifiziert Patente aus dem Bereich effiziente Heizungs-, Klima- und Lüftungstechnik. Die dritte große Unterklasse (Y02B20/00) dient der Klassifizierung von Patenten im Bereich effiziente Beleuchtungstechniken.

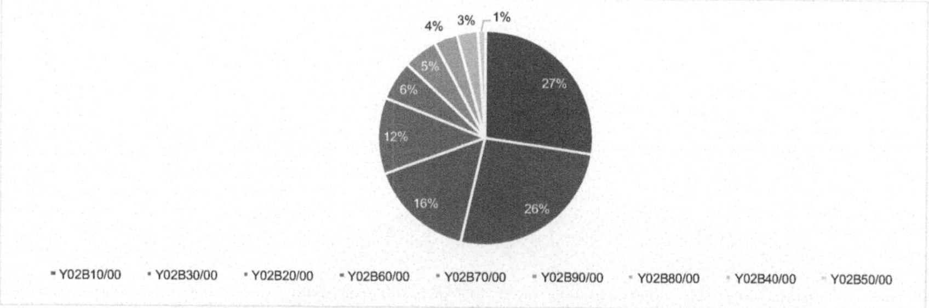

Abbildung 4-32: Verteilung innerhalb der Klasse Y02B - Climate change mitigation technologies in buildings, including the residential sector
Quelle: PATSTAT, eigene Berechnung (Mehrfachnennungen möglich)

Wie die Detailanalysen zeigen, spielt das Thema erneuerbare Energien, sei es im Zuge der Energieerzeugung oder der Integration dieser Energiequellen in den Alltag, eine ausgesprochen wichtige und prägende Rolle bei den patentierenden Unternehmen. Dieses Ergebnis stärkt die bereits aus der reinen Anzahl der Energy Startups in diesem Bereich herrührende Erkenntnis, dass die Thematik erneuerbare Energien für das Energy Entrepreneurship von maßgeblicher Bedeutung ist.

Umweltpatente weltweit und in Deutschland

Um die Bedeutung dieser Umweltpatente in einen allgemeineren Untersuchungsrahmen zu fassen, werden nachfolgend alle Patentanmeldungen der Y-Klasse in Deutschland und der Welt untersucht. So zeigt sich für alle Patente der Y-Klasse die seit 2008 in Deutschland angemeldet wurden zunächst ein Zuwachs von 19.584 auf 28.650 Patente bis 2011. In den Folgejahren lässt sich jedoch ein rapider Abstieg der Patentanmeldungen bis 2014 beobachten (s. Abbildung 4-33). Diese Entwicklung lässt sich jedoch nicht nur bei Patentanmeldungen in Deutschland beobachten, sondern erstreckt sich ebenfalls über die Patentanmeldungen der Y-Klasse weltweit. Auffallend ist, dass die Patentanmeldungen der Y-Klasse etablierter Unternehmen, oder solcher die nicht als Energy Startups zählen, rückläufig sind, wohingegen die Patentanmeldungen der Energy Startups in den Jahren 2012 bis 2014 ebenfalls ansteigen. Ebenfalls auffallend ist die veränderte Verteilung der Unterklassen bei Betrachtung aller deutschen Patentanmeldungen der Y-Klasse. So entfallen in diesem Fall 57 Prozent der Anmeldungen auf die Y02T-Klasse, also Technologien für den Klimaschutz im Transport- und Verkehrssektor. Mit 31 Prozent aller Anmeldungen spielen die Technologien mit Bezug zur Energieerzeugung, -umwandlung und -verteilung jedoch auch weiterhin eine große Rolle.

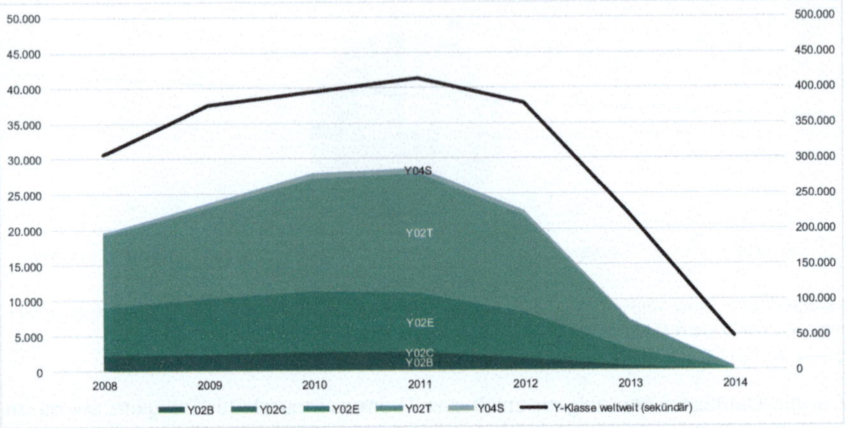

Abbildung 4-33: Anzahl der jährlichen Patentanmeldungen innerhalb der Y-Klasse in Deutschland und der Y-Klasse weltweit

Quelle: PATSTAT, eigene Berechnung

Der internationale Vergleich zeigt jedoch auch, dass die Anmeldungen in Deutschland in Bezug auf Umweltpatente, eine eher untergeordnete Rolle spielen. Haupttreiber für die weltweite Entwicklung von Umweltpatenten sind vor allem die Anmeldungen in China (s. Abbildung 4-34). Im Rückgang dieser Anmeldungen seit 2012, liegt damit auch der weltweite Rückgang aller Patente der Y-Klasse begründet.

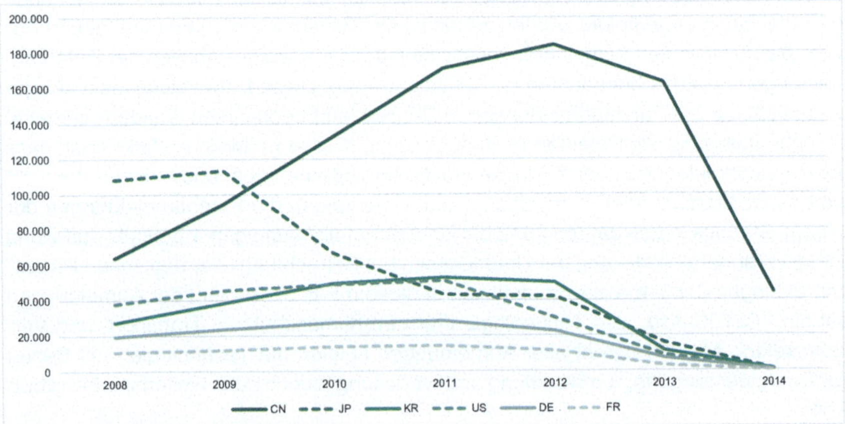

Abbildung 4-34: Patentanmeldungen der Y-Klasse in ausgewählten Ländern (2008-2014)

Quelle: PATSTAT, eigene Berechnung

In Deutschland werden zwar europaweit die meisten Umweltpatente angemeldet, international liegt Deutschland bei der Anmeldezahl jedoch hinter China, Korea, Japan und den USA nur auf dem fünften Platz.

4.3.2 Forschung und Entwicklung

Zur Bestimmung der FuE-Ausgaben wurden zunächst die allgemeinen öffentlichen Fördergelder und Förderprojekte untersucht und anschließend durch den Vergleich der Leistungsempfänger mit den Energy Startups verglichen. Die Zuordnung der Fördergelder zu einzelnen Technologielinien erfolgt auf Basis der Leistungsplansystematik des Bundes.

Öffentliche Energie- und Umweltförderung in Deutschland

Ein Blick auf die Ausgaben des Bundes für Wissenschaft, Forschung und Entwicklung zeigt bereits den hohen Stellenwert der Themen Energie und Umwelt. Sind die öffentlichen Forschungsausgaben seit 2008 generell ansteigend, so sind es vor allem die beiden genannten Bereiche die in den letzten drei Jahren stark an Bedeutung gewonnen haben (s. Abbildung 4-35). Neben den Förderbereichen Gesundheitsforschung und Luft- und Raumfahrt, liegen die Bereiche der Energieforschung (E) und Umweltforschung (F) seit 2012 gleichauf auf dem dritten Platz.

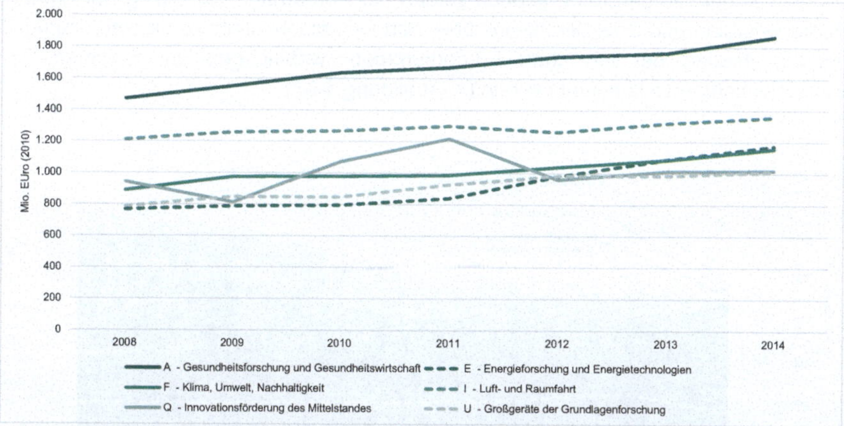

Abbildung 4-35: Ausgaben des Bundes für Wissenschaft, Forschung und Entwicklung in den sechs größten Förderbereichen

Quelle: BMBF (2014a), eigene Darstellung

Eine genaue Betrachtung des Förderbereichs Energieforschung und Energietechnologien zeigt erneut die wichtige Bedeutung des Förderschwerpunkts Erneuerbare Energien (s. Abbildung 4-36). Zusammen mit dem Förderschwerpunkt Rationelle Energieerzeugung bildet die Förderung der erneuerbaren Energien den mit Abstand größten Teil der Ausgaben in Bezug auf die Energieforschung.

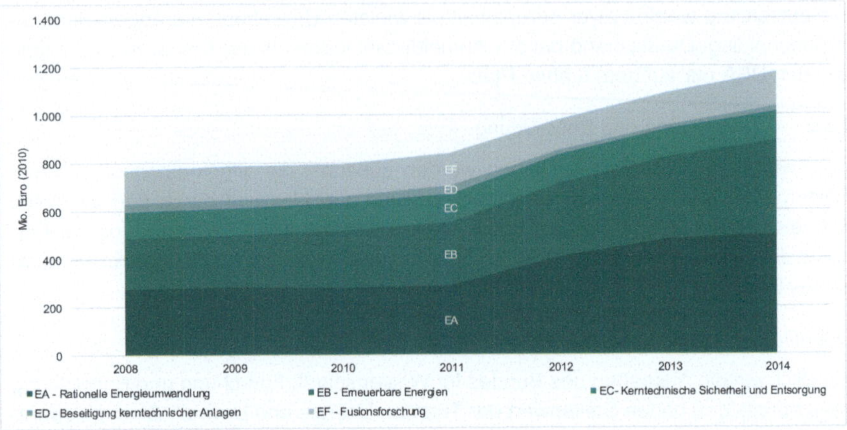

Abbildung 4-36: Ausgaben des Bundes für Wissenschaft, Forschung und Entwicklung für Energieforschung und Energietechnologien

Quelle: BMBF (2014a), eigene Darstellung

Eine Betrachtung der spezifischen Technologien dieses Förderbereichs, stellt neben den erneuerbaren Energien vor allem die Themen Energieeffizienz und Nukleartechnologien in den Vordergrund. Jedoch zeigen die Förderungen in Bezug auf erneuerbare Energien und Energieeffizienz über den Untersuchungshorizont einen zunehmenden Anstieg der jährlichen Fördersummen, wohingegen die Summen für Nukleartechnologien konstant bleiben (s. Abbildung 4-37).

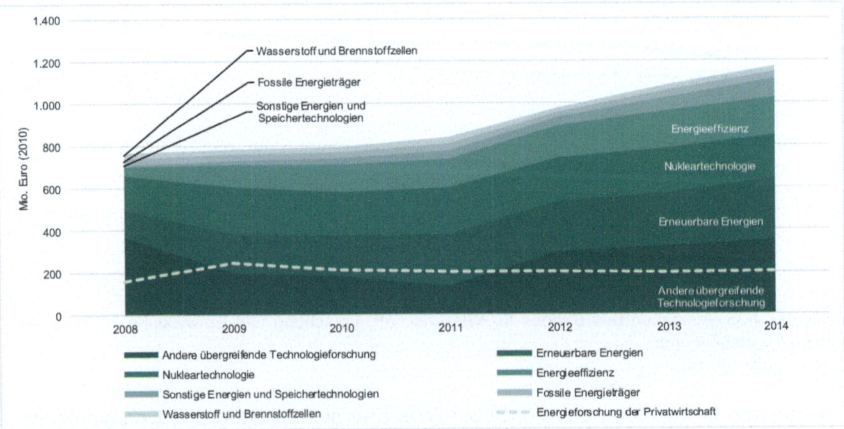

Abbildung 4-37: Ausgaben für Energieforschung aus Bundesmitteln nach Technologien

Quelle: Projektträger Jülich (2015), eigene Darstellung

Abbildung 4-37zeigt ebenfalls, dass die öffentlichen Investitionen in Energieforschung deutlich über denen der Privatwirtschaft liegen. Zudem blieben die privaten Ausgaben seit 2010 nahezu konstant, wohingegen die öffentlichen Fördermittel kontinuierlich erhöht wurden.

Forschungsförderung der Energy Startups

Aus diesem Grund lohnt eine Betrachtung der öffentlichen Forschungsunterstützung für die identifizierten Energy Startups. Über den gesamten Untersuchungszeitraum wurden nur bei einem Prozent der Energy Startups öffentliche Fördermittel eingesetzt. Diese Unternehmen wurden jedoch im Schnitt mit 2,1 Förderprojekten unterstützt, bei einer durchschnittlichen Förderdauer von 2,4 Jahren und einer mittleren Fördersumme von ca. 1,7 Mio. Euro. Der Großteil der gesamten Fördersummen stammt aus dem Förderbereich der Energieforschung und Energietechnologie. Genauer entfallen 59 Prozent der Fördersummen auf den Förderschwerpunkt Erneuerbare Energien und 14 Prozent auf den Schwerpunkt Rationelle Energieumwandlung (s. Abbildung 4-38). Bei Analyse der für die Energy Startups nutzbaren Förderschwerpunkte zeigt sich erneut der Querschnittscharakter des Energy Entrepreneurship. So stammen Teile der Fördersummen für die Energy Startups unter anderem aus den Förderbereichen Klima und Umwelt (8 %), oder auch aus dem Bereich Fahrzeug- und Verkehrstechnologien (4 %). Unter Sonstige sind zudem noch weitere neun Förderbereiche zusammengefasst, die jedoch nicht weiter analysiert werden.

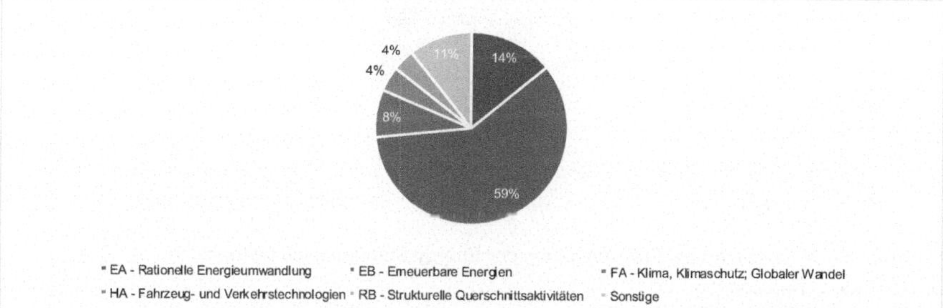

Abbildung 4-38: Verteilung der öffentlichen Fördersummen nach den fünf häufigsten Förderbereichen
Quelle: Förderkatalog. eigene Berechnung

4.3.3 Innovationsaktivität in den Leitmärkten

Durch das Zusammenführen der Daten der Unternehmensdatenbank und der Innovationsdatenbank, ist es möglich, Aussagen über die Innovationskraft der drei Leitmärkte des Energy Entrepreneurship zu treffen.

So gehören 60 Prozent der patentierenden Unternehmen zum Leitmarkt *Umweltfreundliche Erzeugung, Speicherung und Verteilung von Energie*. Rund ein Viertel entfällt auf den Leitmarkt *Energieeffizienz* und die restlichen 14 Prozent entsprechend auf den Leitmarkt *Nachhaltige Mobilität* (s. Abbildung 4-39).

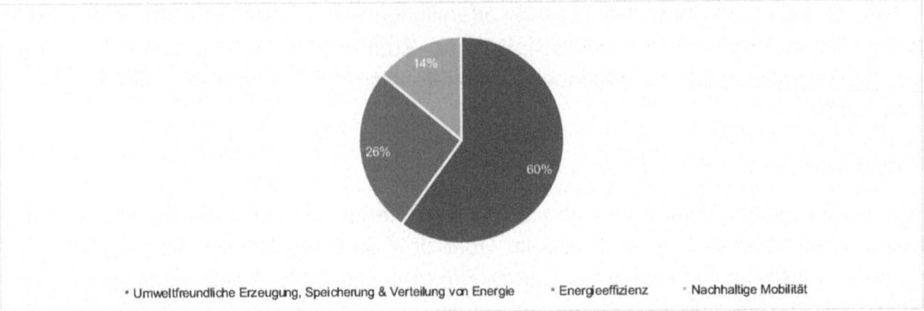

Abbildung 4-39: Verteilung der Patentanmeldungen der Energy Startups nach Leitmärkten
Quelle: Eigene Berechnung

Eine ähnliche Verteilung zeigt sich bei Betrachtung der FuE-Ausgaben. So stellt der Leitmarkt *Umweltfreundliche Erzeugung, Speicherung und Verteilung von Energie* auch hier mit 58 Prozent den größten Anteil (s. Abbildung 4-40). Der Leitmarkt *Energieeffizienz* kann den Anteil im Vergleich zu den Patentanmeldungen mit 31 Prozent leicht ausbauen. Auf den Leitmarkt *Nachhaltige Mobilität* entfallen dementsprechend elf Prozent der öffentlichen FuE-Ausgaben für Energy Startups.

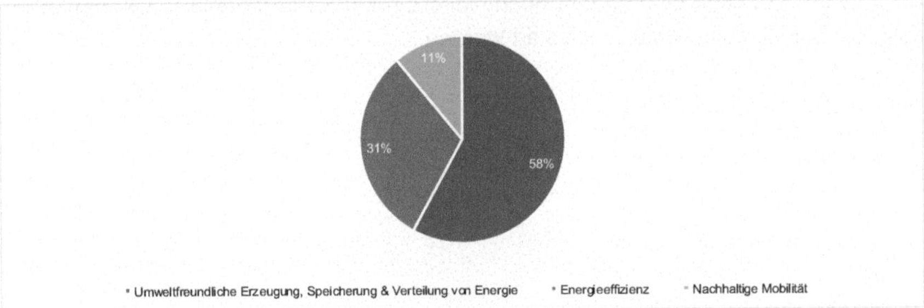

Abbildung 4-40: Verteilung der FuE-Ausgaben der Energy Startups nach Leitmärkten
Quelle: Eigene Berechnung

Die Analyse der Energy Startups zeigt zudem, dass 22 Prozent aller patentierenden Unternehmen auch öffentliche FuE-Förderungen erhalten haben. Anzumerken ist, dass die Aussagen anhand der öffentlichen Förderung nur bedingt Rückschlüsse über die gesamten FuE-Aktivitäten der Energy Startups zulassen. Für einen detaillierteren Einblick in diese Thematik müssen direkte Unternehmensbefragungen durchgeführt werden, welche die jeweiligen FuE-Ausgaben und Aktivitäten der Unternehmen messen. Die hier getroffenen Aussagen dienen daher vor allem als erster Richtwert und grober Überblick der Innovationsaktivitäten innerhalb des Energy Entrepreneurship.

4.4 Finanzierungsaktivität von Energy Startups

Ähnlich der Untersuchung der Innovationsaktivität erhebt die Analyse der Finanzierungsaktivitäten innerhalb des Energy Entrepreneurship keinen Anspruch auf Vollständigkeit. Dennoch sollen die verfügbaren Informationen genutzt werden, um erste Aussagen über die Finanzierungsformen und die Herkunft der aktiven Kapitalgeber von Energy Startups zu treffen sowie erste Angaben über die zeitliche Entwicklung der Investitionsaktivitäten zu liefern. Dazu wurden verschiedene öffentlich-private und rein private Gründerfonds sowie Webseiten zu Startup Investitionen untersucht.

4.4.1 Finanzierungszugang und Investitionsangebote

Dass die Themen Energie, Umweltschutz oder Nachhaltige Mobilität durchaus präsent sind in den Portfolios der Kapitalgeber, zeigt bereits ein Blick auf das Unternehmensportfolio des größten deutschen Gründerfonds, dem High-Tech Gründerfonds (HTGF). Wie aus Abbildung 4-41 ersichtlich, bestand das Investitionsportfolio des HTGF im Jahr 2015 mit Unternehmen aus der Energiebranche und beispielsweise der Elektromobilität zu über fünf Prozent aus jungen Unternehmen die dem Energy Entrepreneurship zugeordnet werden können. Damit bietet der HTGF Energy Startups eine Möglichkeit, Kapital für eine erfolgreiche Gründung zu beschaffen.

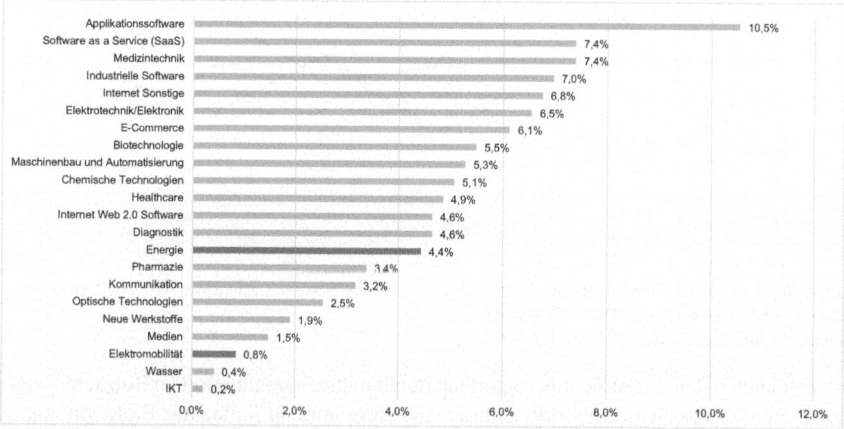

Abbildung 4-41: Investitionsportfolio des HTGF nach Unternehmensbranchen
Quelle: HTGF(2015b), eigene Berechnung

Eine Gegenüberstellung der seit 2008 getätigten Investitionen in die identifizierten Energy Startups, ausgewählten Technologien sowie den gesamten, in deutsche Unternehmen getätigten Investitionen zeigt, dass die Investitionen in das Energy Entrepreneurship keinem kontinuierlichen Verlauf folgen (s. Abbildung 4-42). Da zu vielen der getätigten Investitionen keine monetären Größen hinterlegt sind, nutzt die vorliegende Gegenüberstellung als Vergleichsgröße die Anzahl der getätigten Investitionen unabhängig von den jeweiligen Investitionshöhen. Wurden für das Jahr 2008 insgesamt zehn Investitionen in Energy Startups identifiziert, halbierte sich diese Zahl innerhalb des Folgejahres. Nach einem leichten Anstieg auf sieben Investitionen pro Jahr bis 2011, folgte im Jahr 2012 ein rasanter Anstieg auf 21 Investitionen in Energy Startups. Nach einem deutlichen Rückgang auf zehn Investitionen im Jahr 2013 steigerte sich die Anzahl der Investitionen im Jahr 2014 wiederum auf 17 Investitionen. Der Verlauf der restlichen Investitionen in Unternehmensgründungen in Deutschland, unabhängig von deren Wirtschaftsbranche und abgetragen auf der Sekundärachse, verzeichnet von 2008 auf 2009 ebenfalls einen Rückgang, wenn dieser von 114 auf 98 Investitionen prozentual gesehen auch geringer ausfällt als bei den Energy Startups. Nach einer ersten Verlaufsspitze im Folgejahr sank die Anzahl der Investitionen bis 2011. Ab dann konnte jedoch ein kontinuierliches Ansteigen der jährlichen Investitionen beobachtet werden, auf schließlich 333 Investitionen im Jahr 2014.

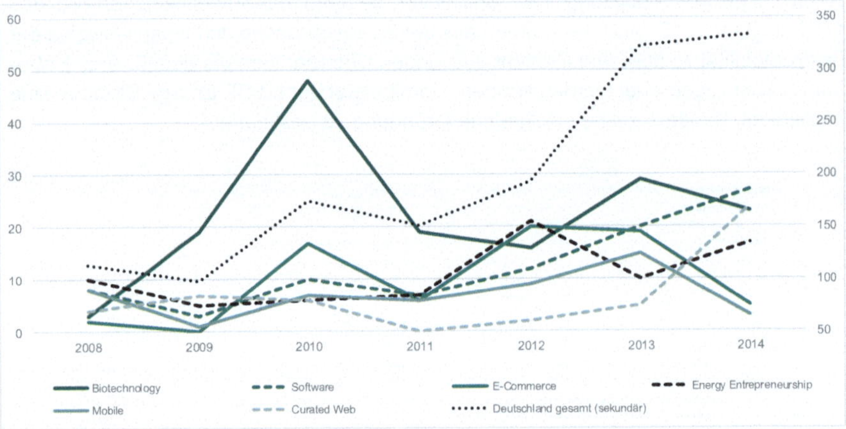

Abbildung 4-42: Anzahl der getätigten Investitionen in Energy Startups, ausgewählten Technologiebereichen sowie im gesamtdeutschen Vergleich
Quelle: CrunchBase, BNEF, eigene Berechnung

Im Vergleich mit den fünf Technologien mit den meisten Investitionen im Betrachtungszeitraum wird deutlich, dass das Energy Entrepreneurship hinter der Biotechnologie und Softwaretechnologien den dritten Platz nach Anzahl der getätigten Investitionen belegt. Den zweiten Platz verdanken die Softwaretechnologien vor allem dem Anstieg der Investitionen in den Jahren nach 2012, in denen die Investitionen in Gründungen des Energy Entrepreneurship weniger stark gewachsen sind.

Wie bereits zu Anfang des Kapitels erwähnt soll diese Darstellung lediglich einen ersten Eindruck der Investitionslandschaft des Energy Entrepreneurship in Deutschland vermitteln. Deutlich interessanter ist eine Detailanalyse der in Energy Startups getätigten Investitionen unter Betrachtung der Finanzierungsformen und Herkunft der Kapitalgeber. Hier zeigt sich, dass Investitionen aus Venture Capital mit 52 Prozent die häufigste Finanzierungsform darstellen (s. Abbildung 4-43). Darauf folgen Investitionen von Private Equity Gebern mit 18 Prozent. Investitionen durch Business Angels stellen 15 Prozent der Investitionen. Bei den restlichen 15 Prozent ist kein genauerer Finanzierungstyp angegeben.

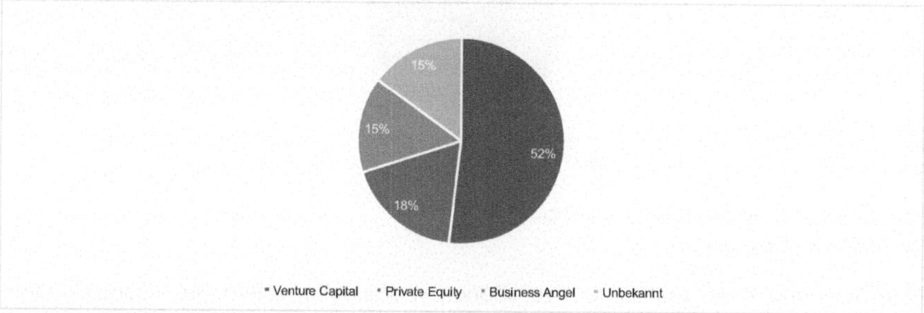

Abbildung 4-43: Finanzierungsformen der in Energy Startups getätigten Investitionen
Quelle: Eigene Berechnung

Eine Analyse der Finanzierungsphasen zeigt, dass ein Drittel der Investitionen in Energy Startups in der Seed-Phase getätigt wird (s. Abbildung 4-44). Knapp ein Viertel (24 %) der getätigten Investitionen fällt in die Wachstumsphase. Die Investitionen zwischen diesen beiden Phasen, die Series A, B und C, umfassen zusammen 28 Prozent der Investitionen. Auffallend groß ist auch der Anteil an Investitionen in den Later Stages mit 14 Prozent, wohingegen die vorangestellte Bridge-Phase lediglich drei Prozent der Investitionen umfasst.

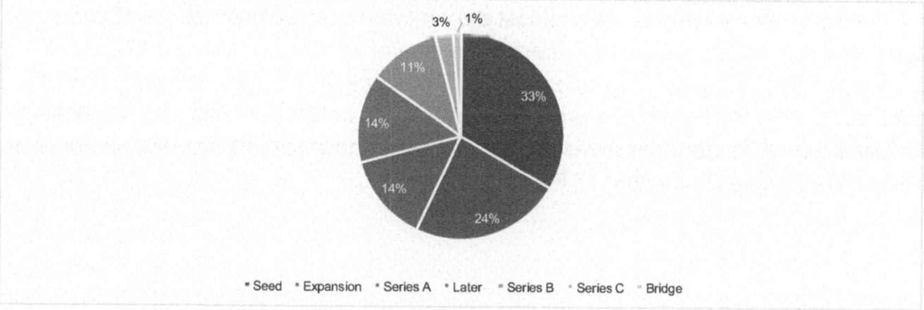

Abbildung 4-44: Finanzierungsphasen bei Energy Startups
Quelle: Eigene Berechnung

Der überwiegende Teil der Investoren die die untersuchten Investitionen in Energy Startups durchführen stammt aus Deutschland (84 %). Wie Abbildung 4-45 zu entnehmen ist, stammt etwa ein Sechstel aus anderen Ländern innerhalb und außerhalb Europas. Die USA, Schweiz und Frankreich stellen jeweils vier Prozent der Investoren. Ein Prozent stammt jeweils aus Großbritannien, Hong Kong und Belgien.

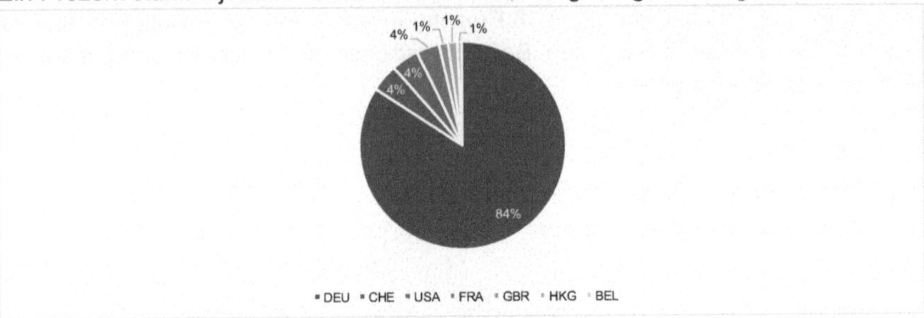

Abbildung 4-45: Herkunftsländer der Investoren
Quelle: Eigene Berechnung

Eine Auswertung der restlichen Investitionen in deutsche Unternehmensgründungen zeigt ein leicht differenziertes Bild. Zwar stammen auch hier die meisten Investoren aus Deutschland (67 %), der Anteil an amerikanischen und britischen Investoren ist jedoch deutlich höher mit zehn bzw. sieben Prozent. Dies zeigt, dass die identifizierten Energy Startups unter Umständen eine noch weniger ausgeprägte Internationalisierung aufweisen als andere deutsche Unternehmensgründungen. Eine solche Schlussfolgerung deckt sich mit den bereits aus Kapitel 2.4.2 bekannten Erkenntnissen von Fichter et al. (2014), über die geringe Sichtbarkeit und den geringen Kenntnisstand von Investoren über Gründungen im Bereich der Energie- und Umwelttechnik.

4.4.2 Finanzierungsaktivität in den Leitmärkten

Die Auswertung der Finanzierungsaktivität nach Leitmärkten zeigt eine Verteilung ähnlich der Innovationsaktivität. So umfasst der Leitmarkt *Umweltfreundliche Erzeugung, Speicherung und Verteilung von Energie* insgesamt 65 Prozent aller identifizierten Investitionen des Energy Entrepreneurship (s. Abbildung 4-46). Ein Unterschied liegt jedoch vor bei der Verteilung des restlichen Drittels. So belegt der Leitmarkt *Nachhaltige Mobilität* mit 18 Prozent der Investitionen erstmals den zweiten Platz, knapp vor dem Leitmarkt *Energieeffizienz* mit 17 Prozent.

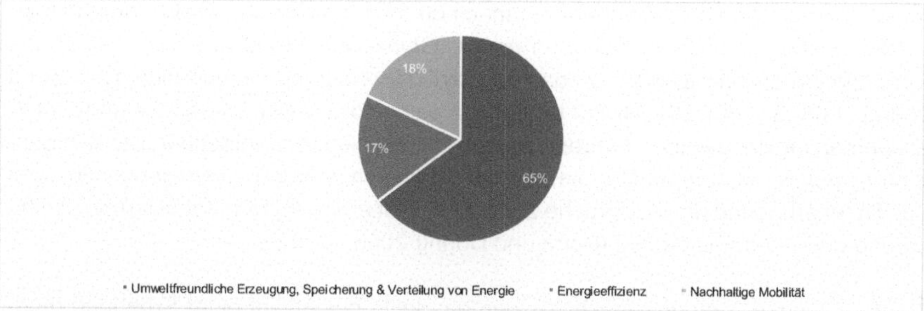

Abbildung 4-46: Finanzierungsaktivität nach Leitmärkten
Quelle: Eigene Berechnung

Aufgrund der allgemeinen Größe und Bedeutung des Leitmarkts *Umweltfreundliche Erzeugung, Speicherung und Verteilung von Energie* ist dieser, wie bereits bei den Patentanmeldungen und FuE-Ausgaben, stärker repräsentiert als die beiden anderen Leitmärkte. Dennoch lassen die Ergebnisse den Schluss zu, dass Investoren dem Leitmarkt *Nachhaltige Mobilität* trotz schlechterem Abschneiden bei Patenten und FuE eine stärkere Entwicklung zutrauen als dem Leitmarkt *Energieeffizienz*. Eine mögliche Begründung dafür wäre beispielsweise die stärkere Auslegung der nachhaltigen Mobilität auf Softwarelösungen und IKT, welche endnutzerbezogener sind als Geschäftsideen aus dem Leitmarkt *Energieeffizienz* und damit für Investoren eine schnellere Möglichkeit der Refinanzierung bieten. Um eine solche Aussage jedoch wissenschaftlich zu fundieren, sind weitere unternehmensbezogene Untersuchungen auf diesem Gebiet nötig.

4.5 Validierung des Erhebungsdesigns

Nach Ghanbari (2002, S. 29) gibt die Validität oder auch Gültigkeit eines Messinstrumentes an, ob das Messinstrument tatsächlich das misst was es messen soll bzw. was es zu messen vorgibt. Im vorliegenden Fall soll das angewendete Verfahren für die festgelegten Indikatoren quantitative und qualitative Messgrößen finden die eine Interpretation der Entwicklung des Energy Entrepreneurship an sich und die Vergleichbarkeit mit dem gesamten Gründungsgeschehen in Deutschland oder anderen Bereichen der Wirtschaft ermöglichen. Damit ein Erhebungsverfahren valide ist muss es nach Sarris (1992) objektiv durchgeführt, ausgewertet und interpretiert werden. Zusätzlich muss das Messinstrument ausreichend reliabel sein (Sarris 1992, S. 238).

Der Validität eines Verfahrens liegen also dessen Objektivität und Reliabilität als notwendige Bedingungen zugrunde, wobei die Objektivität als notwendige Voraussetzung für Reliabilität zu bewerten ist (Sarris 1992, S. 238). *Reliabilität* (Zuverlässigkeit) bezeichnet die Verlässlichkeit von Datenerhebungen. Sie betrifft dabei sowohl die Verlässlichkeit der Daten, als auch die Genauigkeit der Messung. Sie gibt also an wie stark die gefundenen Messwerte durch Ungenauigkeiten und Messfehler beeinträchtigt sind. Eine hohe Reliabilität wird demnach durch möglichst standardisierte und kontrollierte Untersuchungsbedingungen erzielt. *Objektivität* macht eine Datenerhebung durch Standardisierung und Transparenz nachvollziehbar und wiederholbar (Bortz und Döring 2006, S. 195). Objektivität bedeutet also beispielsweise, dass eine andere Urteilsperson mit der gleichen Fragestellung und der gleichen Untersuchung zu den gleichen Ergebnissen kommt. Um dies zu gewährleisten, werden im Umkehrschluss an eine Datenerhebung drei Ansprüche zur Objektivität erhoben, Standardisierung, Archivierung und Wiederholbarkeit (Bortz und Döring 2006, S. 195).

Um der *Standardisierung* gerecht zu werden, sollte der Ablauf einer Erhebung möglichst explizit festgeschrieben sein (Bortz und Döring 2006). Im vorliegenden Fall nutzt das Erhebungsdesign standardisierte Zuordnungsverfahren, wie z.B. die WZ 2008 oder international vereinheitlichte Datenquellen wie beispielsweise die Datenbank des Europäischen Patentamts PATSTAT. Zudem basiert die Auswahl der Datenquellen auf den zuvor festgelegten Indikatoren des Erhebungsdesigns. Des Weiteren werden die Daten mittels festgelegter Auswertungs- und Zuordnungsvorschriften bearbeitet, womit der standardisierte Rahmen der Datenerhebung festgeschrieben wird. Damit die Untersuchung nachvollziehbar ist, wird eine genaue und umfassende *Archivierung*, also die Dokumentation der Abläufe, notwendig (Bortz und Döring 2006). Diese Dokumentation wurde in den Kapiteln 3.1 bis 3.5 als Methodik der angewendeten Analyse dargelegt.

Wiederholbarkeit, oder auch Transparenz, bedeutet, dass unter gleichen Versuchsbedingungen und im Rahmen der einzukalkulierenden Messungenauigkeiten, gleiche Ergebnisse erzielt werden. Dazu müssen Vorgehen, Ergebnisse und Schlussfolgerungen so dargestellt werden, dass sie durch andere Wissenschaftler oder Wissenschaftlerinnen wiederholt werden können (Bortz und Döring 2006). Das Vorgehen und die Ergebnisse wurden im vorliegenden Fall in den vorherigen Kapiteln festgelegt und dokumentiert. Dadurch kann die Interpretation und Bewertung der Testergebnisse unabhängig von der Urteilsperson stattfinden. Die Wiederholbarkeit der Erhebung ist somit gewährleistet.

Somit sind alle drei Ansprüche zur Einhaltung der Objektivität der Datenerhebung erfüllt und die Objektivität als Voraussetzung der Reliabilität ist gewährleistet. Nach Bortz und Döring (2006, S. 195) sind in der Realität kaum perfekte Reliabilitäten anzutreffen, sodass die Messwerte von zwei Zeitpunkten nicht hundertprozentig miteinander korrelieren. Auch im vorliegenden Fall können zu einem späteren Zeitpunkt Ungenauigkeiten in der Messung auftreten. Diese Ungenauigkeiten sind in erster Linie auf die zugrunde gelegten Datenquellen zurückzuführen. Wie bereits aus Kapitel 3.2.1 bekannt, wird eine vollständige Erfassung aller eintragungspflichtigen Unternehmensgründungen durch die gewählten Datenbanken zwar impliziert, dennoch sind Aussagen zum Erfassungsumfang von Unternehmensgründungen seitens Creditreform und Hoppenstedt nur bedingt möglich (Bersch und Wagner 2014, S. 2 f.). Zudem muss aufgrund der Einschränkungen der Erfassungsgeschwindigkeit (vgl. Kapitel 3.2.1) davon ausgegangen werden, dass zu einem späteren Zeitpunkt mehr Unternehmen in den Grunddaten aufgeführt werden als dies zum Zeitpunkt der Analyse der Fall ist. Darüber hinaus kann es in den anderen Datenquellen ebenfalls zu verzögerten oder rückwirkenden Dateneintragungen und Änderungen kommen. Da diese Änderungen und die damit einhergehenden Ungenauigkeiten aufgrund der zeitlichen Distanz zwischen der Datenerhebung und dem Ende des Untersuchungszeitraum sowie der elektronischen Erfassung in allen Datenquellen jedoch als gering zu bewerten sind, bietet das angewandte Erhebungsdesign für zukünftige Messungen dennoch eine gute Reliabilität. Darüber hinaus bietet die systematische Datenerhebung die Möglichkeit, bei Einhaltung der Auswahlstrategien jederzeit neue Datensätze, beispielsweise aus jüngeren Jahren, zur Unternehmensdatenbank hinzuzufügen. Die notwendigen Voraussetzungen zur Bewertung der Validität des Erhebungsdesigns, werden somit durch das vorliegende Verfahren erfüllt.

Die eigentliche Validität, also Inwieweit die jeweiligen Merkmale und Indikatoren gültig gemessen werden, lässt sich nach Bortz und Döring (2006, S. 196 ff.) auf drei verschiedenen Wegen bestimmen, nämlich mit Hilfe der Kontentvalidität, der Konstruktvalidität[16] oder der Kriteriumsvalidität[17]. Im vorliegenden Fall wird die Validität mittels der *Kontentvalidität* bestimmt. Die anderen beiden Möglichkeiten sind beispielsweise bei Bortz und Döring (2006, S. 196 ff.) sehr gut und übersichtlich dargestellt. Sie werden im Folgenden daher nicht weiter erläutert. Zur Erfüllung der Kontentvalidität einer Erhebung oder eines Verfahrens, muss belegt werden, dass die betrachteten Merkmale inhaltlich den zu untersuchenden Bereich, also sowohl das Untersuchungsumfeld als auch den Untersuchungsgegenstand, umfassend definieren und abgrenzen, wodurch dieser Bereich vollständig und detailliert im Verfahren abgebildet werden kann. Diese Merkmale zur Definition und Abgrenzung des Untersuchungsumfeldes und des Untersuchungsgegenstandes basieren auf den in Kapitel 2.1 und 2.2 getätigten Vorüberlegungen und Analysen bereits bestehender Erhebungen. Das Energy Entrepreneurship wird dabei klar durch die drei relevanten Leitmärkte definiert. Die Energy Startups werden ebenfalls anhand dieser drei Leitmärkte, in Kombination mit einer allgemeinen Definition von Unternehmensgründungen definiert und somit erfassungsbezogen abgegrenzt.

Die grobe, äußere Abgrenzung des Untersuchungsumfeldes basiert auf der statistisch eindeutig identifizierenden Wirtschaftszweigklassifikation WZ 2008. Die zugrunde ge-

16 Die Konstruktvalidität gibt an, inwieweit ein Test oder Erhebungsverfahren ein interessierendes Merkmal so misst, dass es mit bestehenden Konstruktdefinitionen und Theorien übereinstimmt (Bortz und Döring 2006, S. 196).

17 Kriteriumsvalidität gibt an, inwieweit ein Untersuchungsverfahren ein interessierendes Merkmal so misst, dass es mit einem, für das Merkmal relevanten Außenkriterium, übereinstimmt (Bortz und Döring 2006, S. 197).

legten WZ-Klassen wurden dazu aus mehreren wissenschaftlichen Studien entnommen und zusammengetragen. Die schlussendlich finale Abgrenzung über die Leitmärkte des Energy Entrepreneurship erfolgt jedoch nicht über diese eindeutigen WZ-Klassen, sondern basiert auf den eigens entwickelten Thesauren zur Identifikation der unternehmerischen Tätigkeit. Bei diesen Thesauren ist zu beachten, dass trotz sorgfältiger Auswahl und Optimierung der identifizierenden Begrifflichkeiten nur solche Begriffe gefunden werden können, die von den jeweiligen Sachbearbeitern der Datenbanken von Creditreform und Hoppenstedt zur Beschreibung der unternehmerischen Tätigkeit verwendet wurden. Somit ist trotz aller Sorgfalt nicht auszuschließen, dass Unternehmen erfasst wurden deren Tätigkeitsfelder nicht zwingend in Verbindung mit den Leitmärkten des Energy Entrepreneurship stehen. Ebenso besteht die Möglichkeit, dass Unternehmen, die eigentlich als Energy Startup hätten erfasst werden müssen, aufgrund der verwendeten Tätigkeitsbeschreibung nicht als solche identifiziert wurden. Mehrere Stichprobenuntersuchungen der finalen Unternehmensdatenbank zeigen jedoch sehr gute Ergebnisse bei der Güte der verwendeten Thesauren. So ergab eine Stichprobe mit mehr als 2000 Unternehmen der UMFIS-Datenbank des Umwelttechnologie-Atlas (vgl. Kapitel 2.1.2 oder 3.2.2), dass 98 Prozent aller relevanten Unternehmen[18] dieser Datenbank, mittels der verwendeten Thesauren als Energy Startup identifiziert und dem richtigen Leitmarkt zugeordnet werden konnten. Eine umfassende Definition und Abgrenzung des Untersuchungsumfeldes und -gegenstandes anhand definierter und standardisierter Merkmale ist demnach gegeben. Das Erhebungsdesign ist somit nach obiger Definition kontentvalide.

Zur Datenerhebung bezüglich der Innovations- und Finanzierungsaktivität wurde bereits an entsprechender Stelle angemerkt, dass diese Untersuchungen keinen Anspruch auf Vollständigkeit erheben. Die zur Verfügung stehenden Daten erlauben lediglich einen ersten Überblick des Patentierungsverhaltens, der FuE-Aktivität sowie der Finanzierungs- und Investitionslandschaft des Energy Entrepreneurship. Die daraus resultierenden Ergebnisse dienen daher lediglich als vorläufige Richtwerte, ehe zur tatsächlichen Erhebung dieser Werte unternehmenseigene Daten von den Energy Startups direkt erfragt und analysiert werden. Eine solche Datenerhebung sollte auf spezifischen Fragebögen und Interviews für die einzelnen Leitmärkte und idealerweise sogar auf Ebene der Marktsegmente erfolgen.

---

18 Relevante Unternehmen bedeutet in diesem Fall Unternehmen, die zwischen 2008 und 2014 gegründet und im Handelsregister erfasst wurden. Zudem müssen diese relevanten Unternehmen eine unternehmerische Tätigkeit in einem oder mehreren der drei Leitmärkte des Energy Entrepreneurship vorweisen können.

5 Zusammenfassung

In den vorangehenden Kapiteln wurde ein Konzept entwickelt durch welches das Gründungsgeschehen innerhalb der Energiewirtschaft in Deutschland zunächst abgegrenzt, gemessen und anschließend ausgewertet werden konnte. Übergeordnetes Ziel dieser Konzeptentwicklung und Auswertung war die Beantwortung der folgenden drei Forschungsfragen:

Wie lassen sich Startups in der Energiewirtschaft anhand typologischer Unternehmensmerkmale messen, charakterisieren und klassifizieren?

Welche Bereiche der Energiewirtschaft zeichnen sich durch eine hohe Innovationsaktivität der zugehörigen Startups aus?

In welchen Bereichen der Energiewirtschaft lassen sich verstärkte Finanzierungsaktivitäten in Bezug auf Startups beobachten?

Nachfolgend werden die finalen Erkenntnisse aus der Beantwortung dieser drei Fragen zunächst zusammengefasst. Darüber hinaus wird der Versuch unternommen die Entwicklung dieser Gründungslandschaft anhand zeitlicher und politischer Geschehnisse zu interpretieren und einzuordnen. In der anschließenden Schlussbetrachtung werden Handlungsempfehlungen formuliert, um den Bereich des Energy Entrepreneurship, und im Besonderen die dazugehörigen Energy Startups, zukünftig besser erfassen, analysieren und fördern zu können.

5.1 Zusammenfassende Würdigung der Ergebnisse

Starke Branchenabhängigkeit des Energy Entrepreneurship

Bereits seit Anfang der Jahrtausendwende aber vor allem ab dem Jahr 2008 hat sich der Bestand von Unternehmen mit Bezug zur Energiewirtschaft sehr positiv entwickelt. Die vorliegende Untersuchung der Gründungslandschaft des Energy Entrepreneurship in den Jahren von 2008 bis 2014 zeigt, dass die jährliche Gründungsrate prinzipiell aus allen drei Leitmärkten gespeist wird. Diese sind der Leitmarkt *Umweltfreundliche Erzeugung, Speicherung und Verteilung von Energie*, der Leitmarkt *Energieeffizienz* sowie der Leitmarkt *Nachhaltige Mobilität.* Alle drei Leitmärkte konnten über den Untersuchungszeitraum ein kontinuierliches Wachstum der Unternehmensbestände vorweisen. Den mit Abstand größten Beitrag an Unternehmensgründungen des Energy Entrepreneurship, den sogenannten Energy Startups, stellt der Leitmarkt *Umweltfreundliche Erzeugung, Speicherung und Verteilung von Energie* mit dem dominierenden Marktsegment *Erneuerbare Energien*, gefolgt von den Energy Startups aus den Leitmärkten der *Energieeffizienz* und der *Nachhaltigen Mobilität.*

Diese Größenanteile können vor dem Hintergrund der Entwicklung der deutschen Energiewirtschaft kaum verwundern. Hier führte die Marktliberalisierung und die Förderung von erneuerbaren Energien zu einer fundamentalen Änderung der Rahmenbedingungen durch welche die Bereiche der Erzeugung und Verteilung von Energie aus regenerativen Quellen überaus attraktiv für neue Akteure wurden (ZEW 2014, S. 104 f.). So ist es auch nicht weiter verwunderlich, dass der Wirtschaftsbereich der Energieversorgung eine dominierende Rolle in der Zusammensetzung des Energy Entrepreneurship einnimmt. Auffällig ist hingegen der große Anteil an Gründungen aus dem Wirtschaftsbereich Erbringung von freiberuflichen, wissenschaftlichen und technischen Dienstleistungen, nachfolgend als Wirtschaftsbereich Dienstleistung bezeichnet. Ein direkter Vergleich der zeitlichen Entwicklung des Gründungsbestandes verschiedener Wirtschaftsbereiche mit der des Energy Entrepreneurship zeigt, dass es vor allem diese beiden Branchen sind, die das Gründungsgeschehen des Energy Entrepreneurship prägen. Neben dieser allgemeinen Abhängigkeit von der Entwicklung innerhalb der beiden Wirtschaftsbereiche ist es, bezogen auf die Leitmärkte und Marktsegmente, vor allem das bereits erwähnte Marktsegment *Erneuerbare Energien* das einen maßgeblichen Einfluss auf das Gründungsgeschehen des Energy Entrepreneurship ausübt.

Nachwirkungen der Wirtschaftskrise dämpfen die Entwicklung

Vor dem Hintergrund dieser starken Prägung des Energy Entrepreneurship durch die Bereiche Energieversorgung und Dienstleistung und hier vor allem durch die Thematik der erneuerbaren Energien, überrascht der zeitliche Verlauf der Gründungen. In den letzten Jahren des Betrachtungszeitraums ist die Zahl der Gründungen drastisch zurückgegangen. Alle drei Leitmärkte mussten seit 2010/2011 deutliche Einbrüche in den Gründungszahlen verbuchen. Zwar zeigt sich ein solcher Rückgang auch in der allgemeinen Gründungsentwicklung in Deutschland und den Unternehmensgründungen in den Bereichen Dienstleistung und Energieversorgung, jedoch in deutlich abgeschwächter Form. Nach dem 2011 gefassten Beschluss der Bundesregierung zur „Energiewende“ wäre die vermutete Konsequenz ein erster Anstieg der Energy Startups gewesen, ausgelöst durch den mit dem Energiekonzept beschlossenen, stärkeren Ausbau und der erweiterten Förderung der erneuerbaren Energien. Der stattdessen eingetretene Rückgang der Gründungszahlen im Energy Entrepreneurship lässt vermuten, dass viele potentielle Marktakteure hinsichtlich der zukünftigen Rahmenbedingungen durch die Energiewende verunsichert sind. Die offenen Fragen zu Themen wie der zukünftigen Ausgestaltung des EEG oder die Einbindung und der Netzzugang für dezentrale Energieerzeuger können zu fehlender Planungssicherheit führen aufgrund derer potentielle Akteure von einer Gründung absehen können.

Die Detailanalyse der Energy Startups offenbart jedoch, dass die Anzahl der Energy Startups aus dem Wirtschaftsbereich der Energieversorgung zwischen 2010 und 2013 nahezu konstant blieb. Die These des Gründungsrückgangs durch eine Verunsicherung der Marktakteure im Rahmen der politischen Diskussion um die Entscheidung zur

Energiewende ist somit nur bedingt haltbar. Dennoch zeigt die Entwicklung nach 2011, dass die erwartete Euphorie nach Beschluss der Energiewende ausblieb. Ein Einfluss der politischen Entscheidungen auf das Gründungsgeschehen des Energy Entrepreneurship kann somit nicht ausgeschlossen werden.

Darüber hinaus zeigt die Detailanalyse, dass der Rückgang der Energy Startups aus dem Dienstleistungsbereich ab 2010 als Hauptgrund für den allgemeinen Abwärtstrend der Gründungszahlen des Energy Entrepreneurship gesehen werden kann. Eine andere Begründung der Entwicklung des Energy Entrepreneurship konzentriert sich daher auf die Entwicklung im Dienstleistungssektor. Eine mögliche Erklärung der zeitlichen Entwicklung der Energy Startups aus diesem Bereich liegt in der Finanz- und Wirtschaftskrise von 2008 bzw. 2009. So wurde in vielfachen Studien belegt, dass die Zahl der Unternehmensgründungen in Krisenzeiten zunächst ansteigt, unter anderem ausgelöst durch den häufigen Wechsel von Erwerbslosen in die Selbstständigkeit. Diese Entwicklung wurde beispielsweise im DIHK Gründerreport von 2009 vor allem im Bereich des Dienstleistungssektors vorausgesagt (DIHK 2009). In der Phase der Stabilisierung nach einer solchen Krise relativieren sich die Gründungszahlen wieder, wodurch sich der Rückgang der Energy Startups aus dem Dienstleistungsbereich ab 2010/2011 erklären ließe.

Weil diese möglichen Erklärungen zu diesem Zeitpunkt nur Hypothesen sind, ist eine weitere und detailliertere Analyse der identifizierten Startups notwendig. Eine solche Analyse würde präzisere Aussagen über die verantwortlichen Effekte für die Entwicklung des Energy Entrepreneurship ermöglichen.

Steigende Innovationsaktivität im Energy Entrepreneurship

Die Anzahl der jährlichen Patentanmeldungen der Energy Startups steigt im Untersuchungszeitraum stetig an und hat sich zwischen 2008 und 2014 mehr als versiebenfacht. Der Großteil dieser angemeldeten Patente hat einen direkten Bezug zu Technologien zur Abschwächung des Klimawandels, auch als Umweltpatente bezeichnet. Die Anmeldungen zu solchen Umweltpatenten in Deutschland und der Welt befinden sich seit 2012 auf einem deutlichen Rückgang. Das Patentierungsverhalten der Energy Startups in Bezug auf diese Umweltpatente entwickelt sich jedoch entgegen diesem rückläufigen Trend. Da allerdings nur ein geringer Teil der Energy Startups tatsächlich Patente anmeldet, ist es mit den vorliegenden Daten nicht haltbar, die Energy Startups als Treiber für Umweltpatente zu bezeichnen. Die steigende Anzahl an Umweltpatenten durch Energy Startups entgegen dem allgemeinen Trend zeigt jedoch, dass den Energy Startups beim Thema Umweltpatente eine durchaus wichtige Rolle zuteilwird.

Das damit verbundene Innovationspotential der Energy Startups wird auch von der Politik anerkannt und spiegelt sich in den öffentlichen FuE-Ausgaben der Bundesrepublik wider. Die Fördergelder für die Bereiche Klima, Umwelt und Nachhaltigkeit sowie die Bereiche Energieforschung und Energietechnologien wurden im Beobachtungszeitraum jährlich erhöht. Demnach wäre zu erwarten, dass vor allem junge Unternehmen die Möglichkeit der öffentlichen Förderung für FuE nutzen. Entgegen dieser These gab es im Untersuchungszeitraum jedoch kaum öffentliche Förderprojekte mit Beteiligung von Energy Startups. Der Großteil der öffentlichen Fördergelder für FuE ging an etablierte Unternehmen und Forschungseinrichtungen oder Hochschulen. Eine mögliche Erklärung hierfür können die zum Teil sehr hohen bürokratischen Hürden für Neugründungen sein, öffentliche Fördergelder überhaupt erst zu beantragen, unabhängig davon ob diese für FuE oder andere Bereiche aufgewendet werden (Hahn 2014, S. 77).

Zurückhaltende Finanzierungsaktivität internationaler Investoren im Energy Entrepreneurship

Diese Hürden können auch als Erklärung für einen Teil der Finanzierungsaktivität innerhalb des Energy Entrepreneurship dienen. So erfolgt die Finanzierung der Energy Startups in der Regel über Venture Capital oder Private Equity-Geber. Öffentliche Gründerförderung ist bei Energy Startups nur in Form von öffentlich-privaten Gründerfonds zu beobachten. Rein öffentliche Fördermittel zur Finanzierung sind bei den identifizierten Energy Startups kaum zu verzeichnen. Zum Einsatz kommen die Finanzierungen durch Venture Capital oder Private Equity vor allem in der Seed-Phase sowie der Wachstumsphase. Im Vergleich zum allgemeinen Finanzierungsgeschehen von Gründungen in Deutschland sowie verschiedenen Technologiebereichen zeigt sich, dass das Energy Entrepreneurship bei Investoren durchaus eine gewichtige Rolle spielt. Bei Betrachtung der Herkunftsländer der Investoren wird jedoch schnell deutlich, dass das Energy Entrepreneurship in Deutschland kaum internationale Investoren vorweisen kann. Die fehlenden internationalen Investoren können als Indiz einer fehlenden oder unzureichenden internationalen Sichtbarkeit des deutschen Energy Entrepreneurship gedeutet werden.

5.2 Schlussbetrachtung und Handlungsempfehlungen

Um die ambitionierten Ziele des Energiekonzeptes der Bundesregierung zu erreichen sind tiefgreifende Veränderungen bei der Gestaltung der deutschen Energiewirtschaft nötig. Um diesen vielfach propagierten Strukturwandel zu vollziehen, werden den großen etablierten Unternehmen ebenso wie den hier untersuchten Energy Startups gleichsam wichtige Rollen zuteil. Besonders die letztere Gruppe der Energy Startups kann mit ihrem starken Bezug zu Dienstleistungen sowie der Erzeugung, Speicherung und Verteilung im Themenfeld der erneuerbaren Energien zu einem entscheidenden Schritt in Richtung dieses Strukturwandels beitragen. Die Untersuchungen des Unternehmensbestandes zeigen, dass das Energy Entrepreneurship weit mehr beinhaltet, als nur Unternehmen aus dem Wirtschaftsbereich der Energieversorgung. Auch in den in den Bereichen Energieeffizienz und Nachhaltige Mobilität liegt Potential. Durch neue

Geschäftsmodelle und innovative Technologien, beispielsweise im Rahmen von Umweltpatenten, kann ein wichtiger Beitrag zur Einhaltung der Ziele und einer erfolgreichen Umsetzung des Energiekonzeptes geleistet werden.

Mit der Definition über die Leitmärkte des Energy Entrepreneurship liegt eine Abgrenzung dieser schwer zu erfassenden Querschnittsbranche vor, die sich nahtlos in bestehende Abgrenzungen des übergeordneten Konzepts der Green Economy einfügt. Die Herausforderung der Zuordnung von Gründungsunternehmen und etablierten Unternehmen hinsichtlich der statistischen Erfassung und Erhebung der Energiewirtschaft bleibt jedoch auch mit diesem Leitmarktansatz bestehen. Die Zuordnungshürden nach dem Leitmarktansatz machen sich besonders bei Mehrproduktunternehmen bemerkbar sowie bei solchen Unternehmen, die nicht in allen Aspekten ihrer unternehmerischen Tätigkeit einen Bezug zur Energiewirtschaft vorweisen. Die Sichtbarkeit und bessere statistische Erfassung des Energy Entrepreneurship, ist daher eine zentrale Handlungsempfehlung, die aus den Erkenntnissen dieser Arbeit abgeleitet wird.

Die aktuelle Erfassung der Energiewirtschaft durch Unternehmen der Wirtschaftszweigklassifikation Energieversorgung ist deutlich zu oberflächlich, um diese Querschnittsbranche angemessen mit anderen Wirtschaftsbereichen vergleichen zu können. Nur wenn ein solcher Vergleich möglich ist, kann die tatsächliche Bedeutung der Energiewirtschaft und damit auch die Bedeutung des Energy Entrepreneurship für Deutschland angemessen bewertet werden. Durch eine detaillierte Einteilung des Wirtschaftsbereichs Energieversorgung mittels der WZ-Klassen, wie dies z.B. für das Verarbeitende Gewerbe durchgeführt wurde, wäre eine solche Vergleichbarkeit deutlich verbessert. Möglich wäre auch das Energy Entrepreneurship als eigenständiges Gründungsfeld oder als fest verankerten Teil der Green Economy in der statistischen Erfassung sowie im Unterstützungssystem der deutschen Gründungsförderung zu etablieren. Durch eine so verbesserte, stete Überprüfung des Gründungsgeschehens, können die Potentiale von Unternehmensgründungen aus diesem Bereich besser gemessen und somit auch besser publiziert werden.

Eine bessere Bekanntmachung von Gründungen mit einem hohen Erfolgspotential, würde nicht zuletzt dazu führen, dass sich mehr Investoren, national wie international, für das Gründungsfeld Energy Entrepreneurship interessieren und die teils hohen Anfangsinvestitionen vor dem Hintergrund der hohen Ertragschancen aufbringen. Gleiches gilt für den Bereich der öffentlichen Förderung und Finanzierung. Von einem eigenen Förderfeld mit staatlichen Programmen, beispielsweise im Umfeld der Forschungsagenda Green Economy, würden letztlich auch die Energy Startups als Teil der Green Economy profitieren.

Neben diesen rein statistischen Rahmenbedingungen zur Erfassung und Förderung des Energy Entrepreneurship kann kein Zweifel daran bestehen, dass die aktuellen

Diskussionen und Unsicherheiten zur Gestaltung der wirtschaftlichen Rahmenbedingungen sowie den regulatorischen Maßnahmen mit Bezug zur Energiewende keinen optimalen Nährboden für Unternehmensgründungen bilden. Es würde den Rahmen der vorliegenden Arbeit erheblich übersteigen, wenn nun der Versuch unternommen würde ein Maßnahmenbündel zu definieren, welches zum einen positive Effekte auf das Gründungsgeschehen innerhalb der Energiewirtschaft aufweist und zum anderen zu einer erfolgreichen Umsetzung des Energiekonzepts führt, ohne dabei negative Wechselwirkungen hervorzurufen. Vor der Erstellung eines solchen Bündels müssten zunächst die spezifischen Probleme von Energy Startups erfragt und untersucht werden bevor Maßnahmen entwickelt werden können, um diese Probleme zu reduzieren. Eine solche Untersuchung kann nur durch die Erhebung unternehmenseigener Daten in Form von Fragebögen oder Interviews erfolgen und wäre somit Inhalt weiterer Forschungsarbeit auf dem Gebiet des Energy Entrepreneurship. Es soll hier lediglich darauf aufmerksam gemacht werden, dass die Potentiale von Energy Startups zur Unterstützung und Umsetzung der Ziele des Energiekonzeptes nur dann voll ausgeschöpft werden können, wenn die politischen und regulatorischen Rahmenbedingungen möglichst stabil, verlässlich und langfristig festgeschrieben werden.

Zu diesen politischen Rahmenbedingungen sollte neben dem Umgang mit erneuerbaren Energien vor allem die Unterstützung von Steigerungen im Bereich der Energieeffizienz zählen. Diese energetischen Effizienzsteigerungen umfassen dabei alle Ebenen der Energieversorgung, -verteilung sowie des Energieverbrauchs. Neue Geschäftsmodelle von Energy Startups durch eine stärkere Nutzung und Einbindung von IKT bieten vor allem in den Segmenten Wohnraum und Verkehr Möglichkeiten zur intelligenten Nutzung von Energie und damit zu einer erhöhten Energieeffizienz.

Eine gezielte Erfassung, Förderung und Finanzierung von Energy Startups kann dazu führen, dass sich die zuletzt rückläufige Gründungsdynamik des Energy Entrepreneurship erholt und die für einen erfolgreichen Strukturwandel der Energiewirtschaft notwendigen, neuen Geschäftsmodelle und innovativen Technologien im eigenen Land entwickelt und etabliert werden. Der Vorbildcharakter Deutschlands im Zuge der Energiewende kann dadurch gestärkt werden und Deutschland seine angestrebte Stellung als Leitanbieter für Technologien einer umweltfreundlichen Energieerzeugung, -verteilung und -speicherung, der Energieeffizienz und nachhaltigen Mobilität weiter ausbauen.

Literaturverzeichnis

§ 267 HGB: Handelsgesetzbuch. § 267 HGB, vom Zuletzt geändert durch Art. 1 G v. 22.12.2014 I 2409. Online verfügbar unter http://handelsgesetzbuch.net/paragraph-267, zuletzt geprüft am 08.11.2017.

§ 267a HGB: Handelsgesetzbuch. § 267a HGB, vom Zuletzt geändert durch Art. 1 G v. 22.12.2014 I 2409. Online verfügbar unter http://handelsgesetzbuch.net/paragraph-267a, zuletzt geprüft am 08.11.2017.

Abel-Koch, Jennifer (2014): Gründerinnen holen auf – Selbstständigkeit als Weg in die Erwerbstätigkeit. Hg. v. KFW ECONOMIC RESEARCH (Fokus Volkswirtschaft, Nr. 71). Online verfügbar unter https://www.kfw.de/PDF/Download-Center/Konzernthemen/Research/PDF-Dokumente-Fokus-Volkswirtschaft/Fokus-Nr.-71-September-2014.pdf, zuletzt geprüft am 08.11.2017.

AGEB (2015): Auswertungstabellen zur Energiebilanz Deutschland. 1990 bis 2014. Unter Mitarbeit von DIW Berlin / Energy Emvironment Forecast Analysis (EEFA). Hg. v. Arbeitsgemeinschaft Energiebilanzen e.V. Online verfügbar unter http://www.ag-energiebilanzen.de/index.php?article_id=29&fileName=ausw_25082015_ov.pdf, zuletzt geprüft am 08.11.2017.

Ahsen, Anette von; Heesen, Marcel; Kuchenbuch, André (2010): Grundlagen der Bewertung von Innovationen im Mittelstand. In: Bewertung von Innovationen im Mittelstand: Springer, S. 1–38.

Allen, John C.; Malin, Stephanie (2008): Green Entrepreneurship: A Method for Managing Natural Resources? In: *Society & Natural Resources* 21 (9), S. 828–844. DOI: 10.1080/08941920701612917.

Anderson A. (1998): Cultivating the garden of eden: Environmental entrepreneuring. In: *J. Organizational Change Manage.* 11, S. 135.

Berlemann, Michael; Tilgner, Jane (2006): Determinanten der Standortwahl von Unternehmen-ein Literaturüberblick. In: *ifo Dresden berichtet* 6 (2006), S. 14–24.

Bersch, Johannes; Wagner, Simona (2014): Die Bereitstellung von MUP-Indikatoren zum Gründungsgeschehen in Deutschland für externe Datennutzer. Unter Mitarbeit von Zentrum für Europäische Wirtschaftsforschung GmbH (ZEW).

Bessen, James; Meurer, Michael James (2008): Patent failure. How judges, bureaucrats, and lawyers put innovators at risk. Princeton: Princeton University Press.

Bieritz, Loreto (2013): Die Energiewirtschaft. Energieerzeugung und Energieverbrauch einer Branche im Umbruch. gws Themenreport 2013/1. Hg. v. Gesellschaft für Wirtschaftliche Strukturforschung mbH. Osnabrück. Online verfügbar unter http://papers.gws-os.com/tbericht_energiewirtschaft__final.pdf, zuletzt geprüft am 08.11.2017.

Bisnode (2012): Hoppenstedt Firmendatenbank. Hg. v. Bisnode Deutschand GmbH. Darmstadt. Online verfügbar unter https://docs.bisnode.de/pdf/Bisnode-Selektionskriterien-Schaubild.pdf?_ga=2.107629131.852732135.1510156578-1856101032.1510156578, zuletzt geprüft am 08.11.2017.

BMBF (2014a): Bundesbericht Forschung und Innovation 2014. Hg. v. Bundesministerium für Bildung und Forschung (BMBF). Bonn, Berlin. Online verfügbar unter http://www.bundesbericht-forschung-innovation.de/files/BuFI_2014_barrierefrei.pdf, zuletzt geprüft am 08.11.2017.

BMBF (2014b): Forschungsagenda Green Economy. Hg. v. Bundesministerium für Bildung und Forschung (BMBF).

BMBF (2015a): Bildung und Forschung in Zahlen 2015. Ausgewählte Fakten aus dem Daten-Portal des BMBF. Hg. v. Bundesministerium für Bildung und Forschung (BMBF). Bonn/Berlin. Online verfügbar unter https://www.bmbf.de/pub/Bildung_und_Forschung_in_Zahlen_2015.pdf, zuletzt geprüft am 08.11.2017.

BMBF (2015b): IKT 2020 - Forschung für Innovation - BMBF. Online verfügbar unter https://www.bmbf.de/de/ikt-2020-forschung-fuer-innovation-854.html, zuletzt geprüft am 08.11.2017.

BMUB (2012): Green Economy (6/2012). In: *Umwelt*, S. 58–61.

BMUB/BDI (2012): Memorandum für eine Green Economy. Eine gemeinsame Initiative des BDI und BMU. Hg. v. Bundesministerium für Umwelt, Naturschutz und Reaktorsicherheit / Bundesverband der Deutschen Industrie e.V. Berlin.

BMWi (2011a): Forschung für eine umweltschonende, zuverlässige und bezahlbare Energieversorgung. Das 6. Energieforschungsprogramm der Bundesregierung. Hg. v. Bundesministerium für Wirtschaft und Technologie. Berlin. Online verfügbar unter http://www.bmwi.de/Redaktion/DE/Publikationen/Energie/6-energieforschungsprogramm-der-bundesregierung.pdf?__blob=publicationFile&v=32, zuletzt geprüft am 08.11.2017.

BMWi (2011b): Förderdatenbank - Fördersuche. Online verfügbar unter http://www.foerderdatenbank.de/Foerder-DB/Navigation/Foerderrecherche/suche.html?get=views;document&doc=7510, zuletzt geprüft am 08.11.2017.

BMWi (2014): Die Energie der Zukunft - Erster Fortschrittsbericht zur Energiewende. Ein gutes Stück Arbeit. Kurzfassung. Hg. v. Bundesministerium für Wirtschaft und Energie (BMWi). Berlin. Online verfügbar unter http://www.bmwi.de/Redaktion/DE/Downloads/F/fortschrittsbericht-kurzfassung.pdf?__blob=publicationFile&v=3, zuletzt geprüft am 08.11.2017.

BNEF (2015): Coverage | Energy Market Analysis | Bloomberg New Energy Finance. Hg. v. Bloomberg New Energy Finance. Online verfügbar unter https://about.bnef.com/product/, zuletzt geprüft am 08.11.2017.

Böhmer, Michael; Kirchner, Almut; Hobohm, Jens; Weiß, Johann; Piegsa, Alexnader (2015): Wertschöpfungs- und Beschäftigungseffekte der Energiewirtschaft. Schlussbericht. Studie im Auftrag des Bundesministeriums für Wirtschaft und Energie. Hg. v. Prognos AG. München/Basel/Berlin.

Borderstep Institut (2012): Booklet. Start-ups: Produkt Pioneers for a Green Economy. Online verfügbar unter https://www.borderstep.de/wp-content/uploads/2014/09/Booklet-Start-ups_Product_Pioneers_for_a_Green_Economy.pdf, zuletzt geprüft am 08.11.2017.

Börner, Christoph J.; Grichnik, Dietmar (2005): Entrepreneurial finance. Kompendium der Gründungs- und Wachstumsfinanzierung. Heidelberg: Physica-Verlag.

Bortz, Jürgen; Döring, Nicola (2006): Forschungsmethoden und Evaluation. Für Human- und Sozialwissenschaftler. 4., überarbeitete Auflage. Berlin, Heidelberg: Springer Medizin Verlag Heidelberg (Springer-Lehrbuch).

Bound, John; Cummins, Clint; Griliches, Zvi; Hall, Bronwyn H.; Jaffe, Adam B. (1982): Who does R&D and who patents?: National Bureau of Economic Research Cambridge, Mass., USA.

Breithaupt, Joachim; Ottersbach, Jörg H.; Altendorf, Klaus; Breithaupt-Ottersbach (Hg.) (2010): Kompendium Gesellschaftsrecht. Formwahl, Gestaltung, Muster für die Praxis ; [mit neuem GmbH-Recht]. München: Vahlen.

Bretz, Michael; Egeln, Jürgen; Gottschalk, Sandra; Murmann, Martin; Niefert, Michaela; Wagner, Simone (2015): Mannheimer Gründungspanel. Technischer Anhang, Erhebung 2014. Hg. v. Verband der Vereine Creditreform e.V und Zentrum für Europäische Wirtschaftsforschung GmbH (ZEW). Mannheim. Online verfügbar unter http://ftp.zew.de/pub/zew-docs/gruendungspanel/MannheimerGruendungspanel_TechnischerAnhang.pdf, zuletzt geprüft am 08.11.2017.

Brouwer, Erik; Kleinknecht, Alfred (1999): Innovative output, and a firm's propensity to patent.: An exploration of CIS micro data. In: *Research Policy* 28 (6), S. 615–624. Online verfügbar unter https://ideas.repec.org/a/eee/respol/v28y1999i6p615-624.html, zuletzt geprüft am 08.11.2017.

Büchele, Ralph; Henzelmann, Torsten; Panizza, Philipp; Wiedemann, Andrea (2014): GreenTech made in Germany 4.0 - Umwelttechnologie-Atlas für Deutschland. Unter Mitarbeit von Roland Berger Strategy Consultants. Hg. v. Bundesministerium für Umwelt, Naturschutz, Bau und Reaktorsicherheit (BMUB). Online verfügbar unter http://www.bmub.bund.de/fileadmin/Daten_BMU/Pools/Broschueren/greentech_atlas_4_0_bf.pdf, zuletzt geprüft am 08.11.2017.

CrunchBase (2014): CrunchBase Terms of Service. San Francisco. Online verfügbar unter https://info.crunchbase.com/docs/terms-of-service/, zuletzt geprüft am 08.11.2017.

Danelius, Renate; König, Andreas; Tönskötter, Linda (2012): Future Energy Grid. Migrationspfade ins Internet der Energie. acatech STUDIE. Hg. v. Hans-Jürgen Appelrath, Henning Kagermann und Christoph Mayer. acatech – Deutsche Akademie der Technikwissenschaften.

Dangelico, Rosa Maria; Pujari, Devashish (2010): Mainstreaming green product innovation: Why and how companies integrate environmental sustainability. In: *Journal of Business Ethics* 95 (3), S. 471–486.

DESTATIS (2015): Produzierendes Gewerbe. Beschäftigung, Umsatz, Investitionen und Kostenstruktur der Unternehmen in der Energieversorgung, Wasserversorgung, Abwasser- und Abfallentsorgung, Beseitigung von Umweltverschmutzungen - Fachserie 4 Reihe 6.1 - 2013. Hg. v. Statistisches Bundesamt. Wiesbaden. Online verfügbar unter https://www.destatis.de/DE/Publikationen/Thematisch/Energie/Struktur/BeschaeftigungUmsatzKostenstruktur2040610137004.pdf?__blob=publicationFile, zuletzt geprüft am 08.11.2017.

DFG (2012): Förderatlas 2012. Kennzahlen zur öffentlich finanzierten Forschung in Deutschland. Weinheim: Wiley-VCH Verlag.

DIHK (2009): DIHK-Gründerreport 2009. Schwieriges Gründungsklima. Zahlen und Einschätzungen der IHK-Organisation zum Gründungsgeschehen in Deutschland. Berlin: Deutscher Industrie- und Handelskammertag e. V. (Starthilfe und Unternehmensförderung).

DIHK (2012): Existenzgründung im Wandel DIHK-Gründerreport 2012. Zahlen und Einschätzungen der IHK-Organisation zum Gründungsgeschehen in Deutschland. Berlin: Deutscher Industrie- und Handelskammertag e. V. (Starthilfe und Unternehmensförderung).

DIHK (2015): DIHK-Gründerreport 2015. Talfahrt gebremst, aber Schwäche dauert an. Berlin: Deutscher Industrie- und Handelskammertag e. V. (Starthilfe und Unternehmensförderung).

DPMA (2015): DEPATISnet | Datenbestand. Online verfügbar unter https://depatisnet.dpma.de/DepatisNet/depatisnet?action=datenbestand, zuletzt geprüft am 08.11.2017.

DPMA - Glossar (2015). Online verfügbar unter https://www.dpma.de/service/glossar/index.html, zuletzt geprüft am 08.11.2017.

Duden (2015): Duden | The-sau-rus | Rechtschreibung, Bedeutung, Definition. Online verfügbar unter http://www.duden.de/node/698078/revisions/1206942/view, zuletzt geprüft am 08.11.2017.

Eckl, Verena; Dau, Nadine; Grave, Barbara; Hellmich, Ruth; Nagel, Bernhard; Kladorbra, Andreas et al. (2015): a:rən'di: Zahlenwerk 2015 – Forschung und Entwicklung in der Wirtschaft 2013. Im Auftrag des Bundesministeriums für Bildung und Forschung. Hg. v. SV Gesellschaft für Wissenschaftsstatistik mbH. Essen. Online verfügbar unter http://www.stifterverband.de/fue-zahlenwerk/zahlenwerk_2015_alle_tabellen.pdf, zuletzt geprüft am 08.11.2017.

Edler, Dietmar (2009): Beschäftigungswirkungen des Umweltschutzes in Deutschland. Methodische Grundlagen und Schätzung für das Jahr 2006 ; Endbericht ; Forschungsprojekt im Auftrag des Umweltbundesamtes. Berlin (UBA-FB, 01,296).

Ehrenfeld, Wilfried (2015): RegDemo: Aufbereitung und Zusammenführung der Akteursdaten-Technische Dokumentation der Routinen und Datensätze. Hg. v. LEIBNIZ-INSTITUT FÜR WIRTSCHAFTSFORSCHUNG HALLE – IWH. IWH Technical Reports 01/2015. Halle (Saale).

Eilenberger, Guido; Haghani, Sascha (Hg.) (2008): Unternehmensfinanzierung zwischen Strategie und Rendite. Berlin, Heidelberg: Springer-Verlag (Academic network). Online verfügbar unter http://dx.doi.org/10.1007/978-3-540-70764-6, zuletzt geprüft am 08.11.2017.

Engel, Dirk; Fryges, Helmut (2002): Aufbereitung und Angebot der ZEW Gründungsindikatoren. Mannheim (02-01). Online verfügbar unter http://hdl.handle.net/10419/39159, zuletzt geprüft am 08.11.2017.

EPO (2015): EPO - Weekly updates. Hg. v. European Patent Office. Online verfügbar unter http://documents.epo.org/projects/babylon/eponet.nsf/0/4E8744EB66E8F944C12577D600598EEF/$File/espacenet_brochure_de.pdf, zuletzt geprüft am 08.11.2017.

Fallgatter, M. (2007): Junge Unternehmen: Charakteristika, Potenziale, Dynamik: Kohlhammer. Online verfügbar unter https://books.google.de/books?id=AH2gdewgxnUC, zuletzt geprüft am 08.11.2017.

Fichter, Klaus (2014): Grundlagen des Innovationsmanagements. Unter Mitarbeit von R. Hintemann: Carl-von-Ossietzky-Univ., Arbeitsbereich Weiterbildung und Bildungsmanagement.

Fichter, Klaus; Clausen, Jens (2013): Erfolg und Scheitern "grüner" Innovationen. Warum einige Nachhaltigkeitsinnovationen am Markt erfolgreich sind und andere nicht. Marburg: Metropolis-Verl.

Fichter, Klaus; Weiß, Ralf; Bergset, Linda; Clausen, Jens; Hain, Alexander; Tiemann, Irina (2014): Analyse des Unterstützungssystems für grüne Unternehmensgründungen in Deutschland. Endbericht zu Arbeitspaket 2.1 im Vorhaben StartUp4 Climate. Hg. v. Borderstep Institut für Innovation und Nachhaltigkeit gGmbH. Oldenburg. Online verfügbar unter https://www.borderstep.de/wp-content/uploads/2014/11/Fichter-et-al.-Analyse_Unterstuetzungssystem_gruene_Unternehmensgruendungen-2014.pdf, zuletzt geprüft am 08.11.2017.

Franz, Peter; Wiechoczek, Jenny; Kammerer Florian; Burger, Andreas; Schwermer, Sylvia; Eckermann, Frauke (2011): Umweltwirtschaftsbericht 2011. Daten und Fakten für Deutschland. Berlin: Bundesministerium für Umwelt, Naturschutz und Reaktorsicherheit (BMUB) / Umweltbundesamt.

Gallagher, Kelly Sims; Holdren, John P.; Sagar, Ambuj D. (2006): Energy-technology innovation. In: *Annual Review of Environmental Economics* 31, S. 193–237.

Gans, Joshua S.; Hsu, David H.; Stern, Scott (2002): When does start-up innovation spur the gale of creative destruction? In: *The Rand journal of economics* 33 (4), S. 571–586.

Garud, Raghu; Karnøe, Peter (2001): Path creation as a process of mindful deviation. In: *Path dependence and creation* 138.

Gehrke, Birgit; Rammer, Christian; Frietsch, Rainer; Neuhäusler, Peter; Leidmann, M. (2010): Listen wissens-und technologieintensiver Güter und Wirtschaftszweige. Zwischenbericht zu den NIW/ISI/ZEW-Listen 2010/2011. Hg. v. Niedersächsisches Institut für Wirtschaftsforschung e.V. (NIW), Fraunhofer Institut für System- und Innovationsforschung (ISI) und Zentrum für Europäische Wirtschaftsforschung (ZEW). Hannover, Karlsruhe, Mannheim. Online verfügbar unter http://www.e-fi.de/fileadmin/Studien/Studien_2010/StuDIS_19-2010.pdf, zuletzt geprüft am 08.11.2017.

Gehrke, Birgit; Rammer, Christian; Frietsch, Rainer; Neuhäusler, Peter; Leidmann, M. (2013): Neuabgrenzung forschungsintensiver Industrien und Güter. NIW/ISI/ZEW-Listen 2012. Hg. v. Niedersächsisches Institut für Wirtschaftsforschung e.V. (NIW), Fraunhofer Institut für System- und Innovationsforschung (ISI) und Zentrum für Europäische Wirtschaftsforschung (ZEW). Hannover, Karlsruhe, Mannheim.

Ghanbari, Shahram Azizi (2002): Einführung in die Statistik für Sozial- und Erziehungswissenschaftler. Berlin [u.a.]: Springer (Springer-Lehrbuch).

Gowers, Andrew (2006): Gowers review of intellectual property: The Stationery Office.

Graham, S.; Sichelman, T. M. (2008): Why Do Start-Ups Patent? In: *Berkeley Technology Law Journal* 23 (3), S. 1064–1097.

Graham, Stuart J. H.; Merges, Robert P.; Samuelson, Pamela; Sichelman, Ted M. (2009): High technology entrepreneurs and the patent system: Results of the 2008 Berkeley patent survey. In: *Berkeley Technology Law Journal* 24 (4), S. 255–327.

Grubler, A.; Anadon, L. D.; Gallagher, K.; Kempener, R.; O'Rourke, A.; C. Wilson (2012): Global R&D, Market Formation, and Diffusion Investments in Energy Technology Innovation. Historical Case Studies of Energy Technology Innovation. Hg. v. Cambridge University Press. Cambridge (The Global Energy Assessment, Chapter 24).

Günterberg, B. (2011): Gründungen, Liquidationen, Insolvenzen 2010 in Deutschland. Hg. v. Institut für Mittelstandsforschung Bonn (IfM) (Institut für Mittelstandsforschung Bonn: Daten und Fakten Nr. 1).

Günther, Lisa; Körner, Thomas; Marder-Puch, Katharina (2015): Qualität der Arbeit. Geld verdienen und was sonst noch zählt · 2015. Hg. v. Statistisches Bundesamt. Wiesbaden.

Hahn, Christopher (2014): Finanzierung und Besteuerung von Start-up-Unternehmen. Praxisbuch für erfolgreiche Gründer. Wiesbaden: Imprint: Springer Gabler (SpringerLink : Bücher).

Hall, Bronwyn H. (2007): Patents and patent policy. In: *Oxford review of economic policy* 23 (4), S. 568–587.

Hall, Bronwyn H.; Griliches, Zvi; Hausman, Jerry A. (1986): Patents and R and D: is there a lag? In: *International economic review* 27 (2), S. 265–283.

Handelsregisterverordnung - HRV (2015): Verordnung über die Einrichtung und Führung des Handelsregisters, vom Zuletzt geändert durch Art. 2 Abs. 3 G v. 01.04.2015 I 434. Online verfügbar unter http://www.gesetze-im-internet.de/bundesrecht/hdlregvfg/gesamt.pdf., zuletzt geprüft am 08.11.2017.

Hauschildt, Jürgen; Salomo, Sören (2011): Innovationsmanagement: Vahlen.

Heger, Diana; Höwer, Daniel; Müller, Bettina; Licht, Georg (2011): High-Tech-Gründungen in Deutschland. Von Tabellenführern, Auf- und Absteigern ; regionale Entwicklung der Gründungstätigkeit ; in Zusammenarbeit mit Microsoft, Mannheim. Mannheim: ZEW ([ZEW Gutachten / Forschungsberichte]).

Helmers, Christian; Rogers, Mark (2011): Does patenting help high-tech start-ups? Issue dedicated to Chris Freeman, Founding Editor. In: *Research Policy* 40 (7), S. 1016–1027. DOI: 10.1016/j.respol.2011.05.003.

Heuss, E. (1965): Allgemeine Markttheorie. Tuebingen: [s.n.] (Sankt Galler Wirtschaftswissenschaftliche Forschungen, Bd. 21).

Horn, Torsten (2011): ASCII-Tabelle. Hg. v. Universität Duisburg-Essen. Aachen. Online verfügbar unter https://www-vs.informatik.uni-ulm.de/teach/ws03/rn1/ASCII_Tabelle.pdf, zuletzt geprüft am 08.11.2017.

Höwer, Daniel (2010): Die Bereitstellung von Standardauswertungen zum Gründungsgeschehen in Deutschland für externe Datennutzer. Version 2010-02. Hg. v. Zentrum für Europäische Wirtschaftsforschung GmbH (ZEW).

Hsu, David H.; Ziedonis, Rosemarie H. (Hg.) (2008): PATENTS AS QUALITY SIGNALS FOR ENTREPRENEURIAL VENTURES. Academy of Management Proceedings: Academy of Management (1).

HTGF (2015a): Boilerplate. Hg. v. High-Tech Gründerfonds. Online verfügbar unter https://high-tech-gruenderfonds.de/wp-content/uploads/2015/12/2016_Boilerplates-HTGFII.pdf, zuletzt geprüft am 08.11.2017.

HTGF (2015b): High-Tech Gründerfonds | Portfoliounternehmen. Online verfügbar unter http://high-tech-gruenderfonds.de/de/portfolio/?b=&r=&sp=#, zuletzt geprüft am 08.11.2017.

Hurtado-Albir, Javier; Owens, Gerard; Veefkind, Victor (2013): Finding sustainable technologies in patents. Hg. v. European Patent Office. München. Online verfügbar unter https://e-courses.epo.org/pluginfile.php/1238/mod_resource/content/4/sustainable_technologies_brochure_en.pdf, zuletzt geprüft am 08.11.2017.

IfM (2015): Gewerbliche Unternehmensgründungen und Unternehmensliquidationen. Hg. v. Institut für Mittelstandsforschung Bonn (IfM). Bonn. Online verfügbar unter https://www.ifm-bonn.org/fileadmin/data/redaktion/statistik/gruendungen-und-unternehmensschliessungen/dokumente/UntGr_UntLi_D_2005-2015.pdf, zuletzt geprüft am 08.11.2017.

IHK (2015): Rechtsformen: Übersichtstabelle. Hg. v. Industrie- und Handleskammer Aachen. Online verfügbar unter https://www.aachen.ihk.de/blob/acihk24/recht/downloads/605672/52eac64c134fde14c1f8b73a0f69ecbc/rechtsformen_uebersichtstabelle-data.pdf, zuletzt geprüft am 08.11.2017.

Isaak, R. (2002): The making of the ecopreneur. In: *Green Manage. Int. Special Edition* 38, S. 81.

Jaffe, Adam B.; Lerner, Josh (2004): Innovation and its discontents. How our broken patent system is endangering innovation and progress, and what to do about it. Princeton, NJ: Univ. Press.

Kaczmarek, J. (2013): Welcher Investor ist der richtige? Online verfügbar unter http://www.gruenderszene.de/allgemein/investor-finden#disqus_thread, zuletzt geprüft am 08.11.2017.

Kahlenborn et al. (2013): Treiber und Hemmnisse für die Transformation der deutschen Wirtschaft zu einer "Green Economy". Hg. v. Bundesministerium für Bildung und Forschung (BMBF). Borderstep Institut. Berlin. Online verfügbar unter http://www.borderstep.de/publikation/fichter-k-kahlenborn-w-bergset-l-beucker-s-clausen-j-hauffe-p-kampffmeyer-n-knopf-j-mewes-h-weiss-r-2013-treiber-und-hemmnisse-fuer-die-transformation-der-deutschen-wi/, zuletzt geprüft am 08.11.2017.

Kalinowska, Dominika; Krähe, Melanie; Rumpke, Christian (Hg.) (2012): Verkehr. Energie. Klima. Alles Wichtige auf einen Blick. 1. Aufl. Berlin: Deutsche Energie-Agentur GmbH (dena).

Karl, Hans-Dieter (2011): Die volkswirtschaftliche Bedeutung der Energiewirtschaft. In: *Ifo-Schnelldienst* 64 (7), S. 10–20.

Kemp, René; Pearson, Peter (2007): Final report MEI project about measuring eco-innovation. Deliverable 15 of MEI Project (D15). Hg. v. OECD. Online verfügbar unter http://www.oecd.org/greengrowth/consumption-innovation/43960830.pdf, zuletzt geprüft am 08.11.2017.

KfW (2015): Merkblatt - Gründen Nachfolgen Festigen. ERP-Gründerkredit – Universell. Hg. v. KfW Bankengruppe. Online verfügbar unter https://www.kfw.de/Download-Center/F%C3%B6rderprogramme-(Inlandsf%C3%B6rderung)/PDF-

Dokumente/6000002259-Merkblatt-ERP-Gr%C3%BCnderkredit-068.pdf, zuletzt geprüft am 08.11.2017.

Kirkwood, J.; Walton, S. (2014): How green is green? Ecopreneurs balancing environmental concerns and business goals. In: *Australasian Journal of Environmental Management* 21 (1), S. 37–51. DOI: 10.1080/14486563.2014.880384.

Kollmann, Tobias (2011): E-Entrepreneurship: Grundlagen der Unternehmensgründung in der Net Economy: Springer-Verlag.

Kollmann, Tobias; Kuckertz, Andreas (2003): E-Venture-Capital. Unternehmensfinanzierung in der Net Economy Grundlagen und Fallstudien. Wiesbaden, s.l.: Gabler Verlag. Online verfügbar unter http://dx.doi.org/10.1007/978-3-663-10010-2, zuletzt geprüft am 08.11.2017.

Krischer, Anette (2001): Erfolgsfaktoren von Internet-Startups: Eine empirische Untersuchung: diplom. de.

Kühnapfel, Jörg B. (2015): Prognosen für Start-up-Unternehmen. Wiesbaden: Springer Science and Business Media; Springer Gabler.

Lackes, Richard (2015): Stichwort: URL. Hg. v. Springer Gabler Verlag. Gabler Wirtschaftslexikon. online im Internet. Online verfügbar unter http://wirtschaftslexikon.gabler.de/Archiv/55200/url-v8.html, zuletzt geprüft am 08.11.2017.

Lee, Ki-Hoon; Min, Byung (2015): Green R&D for eco-innovation and its impact on carbon emissions and firm performance. In: *Journal of Cleaner Production* 108, Part A, S. 534–542. DOI: 10.1016/j.jclepro.2015.05.114.

Licht, G. (1999): Zuwachs an Gründungen geht zurück. Hg. v. Zentrum für Europäische Wirtschaftsforschung (ZEW) (ZEW news, Nr. 9). Online verfügbar unter ftp://ftp.zew.de/pub/zew-docs/zn/zn0999.pdf, zuletzt geprüft am 08.11.2017.

Ludewig, D. (2015): Green Entrepreneurship: Einordnung in die Green Economy und Bestandsaufnahme des Themenfeldes. Flensburg (6). Online verfügbar unter http://hdl.handle.net/10419/107144.

Magerman, Tom; van Looy, Bart; Song, Xiaoyan (2006): Data production methods for harmonized patent statistics: Patentee name harmonization. Hg. v. Katholieke Universiteit Leuven.

Metzger, G. (2015): KfW-Gründungsmonitor 2015: Tabellen-und Methodenband. Hg. v. KfW Bankengruppe. Frankfurt am Main. Online verfügbar unter https://www.kfw.de/PDF/Download-Center/Konzernthemen/Research/PDF-Dokumente-Gr%C3%BCndungsmonitor/Gr%C3%BCndungsmonitor-2015-Tabellenband.pdf, zuletzt geprüft am 08.11.2017.

Metzger, Georg; Heger, Diana; Höwer, Daniel; Licht, Georg (2010): High-Tech-Gründungen in Deutschland. Hemmnisse junger Unternehmen. Hg. v. Zentrum für Europäische Wirtschaftsforschung (ZEW) GmbH. Mannheim.

OECD (2005): Oslo manual: Guidelines for collecting and interpreting innovation data: Publications de l'OCDE (4).

OECD (2011): Entrepreneurship at a Glance. DOI: 10.1787/entrepreneur_aag-2015-en.

OECD/EUROSTAT (1999): The Environmental Goods and Services Industry: Manual for Data Collection and Analysis: OECD Publishing.

Plinke, Eckhard; Fawer, Matthias; Koch, Martin O. (2015): Strukturwandel in der Energiewirtschaft. Energieversorger unter Druck. Januar 2015. Hg. v. Notenstein Privatbank AG. St. Gallen (Notenstein Nachhaltigkeitsreihe).

Pott, Oliver; Pott, Andre (2012): Entrepreneurship. Unternehmensgründung, unternehmerisches Handeln und rechtliche Aspekte. Berlin, Heidelberg: Springer (Springer-Lehrbuch). Online verfügbar unter http://dx.doi.org/10.1007/978-3-642-29685-7, zuletzt geprüft am 08.11.2017.

Projektträger Jülich (2015): Bundesbericht Energieforschung 2015. Die Energiewende – ein gutes Stück Arbeit. Hg. v. Bundesministerium für Wirtschaft und Energie (BMWi). Berlin.

RapidMiner (2015): Press Kit - RapidMiner- Open Source Predictive Analytics Platform. Online verfügbar unter https://rapidminer.com/us/, zuletzt geprüft am 08.11.2017.

Reichle, Heidi (2010): Finanzierungsentscheidung bei Existenzgründung unter Berücksichtigung der Besteuerung. Eine betriebswirtschaftliche Vorteilhaftigkeitsanalyse. FernUniv., Diss.--Hagen, 2010. Wiesbaden: Gabler Verlag / Springer Fachmedien Wiesbaden GmbH Wiesbaden. Online verfügbar unter http://dx.doi.org/10.1007/978-3-8349-8956-7, zuletzt geprüft am 08.11.2017.

Rispas, S.; Schaper, B.; Nöll, F. (2013): Deutscher Startup Monitor. Hg. v. Bundesverband Deutsche Startups (BDVS), Hochschule für Wirtschaft und Recht Berlin. Berlin.

Römermann, Volker; Büsching, Heino; Grunewald, Barbara; Hamminger, Alexander; Hürten, Björn; Kanitz, Friedrich Graf von et al. (2009): Münchener Anwaltshandbuch GmbH-Recht: CH Beck.

Roome, Nigel (1994): Business strategy, R&D management and environmental imperatives. In: *R&D Management* 24 (1), S. 65–82.

Sander, Thomas (1998): Studienbriefe Energiewirtschaft 1-5. Energiewirtschaft. Technsiche Universität Dresden, Institut für Energietechnik. Professur für Energiesystemtechnik und Wärmewirtschaft. Dresden, 1998. Online verfügbar unter https://azslide.com/technische-universitt-dresden-institut-fr-energietechnik-professur-fr-energiesys_59e090631723dd0b45f26f2c.html, zuletzt geprüft am 08.11.2017.

Sarris, Viktor (1992): Methodologische Grundlagen der Experimentalpsychologie. München, Basel: E. Reinhardt (UTB für Wissenschaft, 8054).

Schaper, M. (2002): The essence of ecopreneurship. In: *Green Manage.*, 2002 (Int. Special Edition 38), S. 26–30.

Schaper, Michael (2010): Understanding the green entrepreneur. In: *Making ecopreneurs. Developing sustainable entrepreneurship*, S. 7–20.

Schasse, Ulrich; Gehrke, Birgit; Edler, Dietmar; Blazejczak, Jürgen (2011): Stellung der Umweltwirtschaft im Vergleich zu anderen Wirtschaftszweigen. Konzeption einer Unternehmensumfrage und Piloterhebung. Hannover: NIW (Forschungsberichte des NIW, 40). Online verfügbar unter https://www.cws.uni-hannover.de/uploads/tx_tkpublikationen/Forschungsbericht_40_Umweltwirtschaft.pdf, zuletzt geprüft am 08.11.2017.

Schasse, Ulrich; Gehrke, Birgit; Ostertag, Katrin (2012): Ausgewählte Indikatoren zur Leistungsfähigkeit der deutschen Umwelt-und Klimaschutzwirtschaft im internationalen Vergleich: Produktion, Außenhandel, Umweltforschung und Patente. In: *Reihe Umwelt, Innovation, Beschäftigung* 2, S. 12.

Scherer, F. M. (1983): The propensity to patent. In: *International Journal of Industrial Organization* 1 (1), S. 107–128. Online verfügbar unter https://ideas.repec.org/a/eee/indorg/v1y1983i1p107-128.html, zuletzt geprüft am 08.11.2017.

Schneider, Cédric; Veugelers, Reinhilde (2010): On young highly innovative companies. Why they matter and how (not) to policy support them. In: *Industrial and corporate change* 19 (4), S. 969–1007.

Schreyögg, Georg; Sydow, Jörg; Koch, Jochen (2003): Organisatorische Pfade–Von der Pfadabhängigkeit zur Pfadkreation. In: *Managementforschung* 13, S. 257–294.

Schultz, Christian (2011): Die Finanzierung technologieorientierter Unternehmen in Deutschland. Empirische Analysen der Kapitalverwendung und -herkunft in den Unternehmensphasen. Univ., Diss.--Potsdam, 2011. 1. Aufl. Wiesbaden: Gabler Verlag / Springer Fachmedien Wiesbaden GmbH Wiesbaden (Innovation und Technologie im modernen Management). Online verfügbar unter http://dx.doi.org/10.1007/978-3-8349-6882-1, zuletzt geprüft am 08.11.2017.

Schumann, Frank (2006): Existenzgründung. Vorlesung Gründungsmanagement. Hochschule Mittweida, Fakultät Wirtschaftswissenschaften. Mittweida, 2006. Online verfügbar unter http://www.staff.hs-mittweida.de/~schumann/009.pdf, zuletzt geprüft am 08.11.2017.

Schumpeter, Joseph Alois (1912): Theorie der wirtschaftlichen Entwicklung. Leipzig: Duncker & Humblot. English translation published in 1934 as The theory of economic development: Cambridge, MA: Harvard University Press.

Schumpeter, Joseph Alois (1961): Konjunkturzyklen: Vandenhoeck & Ruprecht.

Schumpeter, Joseph Alois; Opie, Redvers (1934): The theory of economic development. Cambridge, Mass.: Harvard Univ. Pr ((Harvard economic Studies, 46)).

Seeger, Björn (2014): Erfolgsstrategien zur Gestaltung von Innovationsprozessen. Eine empirische Analyse mittelständischer Innovationssysteme. Wiesbaden: Springer Gabler (Beiträge zur Produktionswirtschaft).

SEFI (2009): Global trends in sustainable energy investment 2009. Analysis of trends and issues in the financing of renewable energy and energy efficiency. Paris, France, London, U.K.: UNEP SEFI; New Energy Finance.

Siepermann, Markus (2015): Stichwort: Roboter. Hg. v. Springer Gabler Verlag. Gabler Wirtschaftslexikon. online im Internet. Online verfügbar unter http://wirtschaftslexikon.gabler.de/Archiv/75658/roboter-v10.html, zuletzt geprüft am 08.11.2017.

Singer, Slavica; Amorós, José Ernesto; Moska, Daniel (2015): Global Entrepreneurship Monitor. 2014 Global Report. Hg. v. Global Entrepreneurship Research Association. London Business School. London. Online verfügbar unter http://www.spiritslovenia.si/resources/files/doc/publikacije/GEM_Global_Report_2014.pdf, zuletzt geprüft am 08.11.2017.

Sixt, Elfriede (2014): Finanzierung innovativer Unternehmen. In: Elfriede Sixt (Hg.): Schwarmökonomie und Crowdfunding. Webbasierte Finanzierungssysteme im Rahmen realwirtschaftlicher Bedingungen. Wiesbaden: Gabler (SpringerLink : Bücher), S. 39–54.

Statistisches Bundesamt (2008): Klassifikation der Wirtschaftszweige. In: *Wiesbaden: Statistisches Bundesamt*.

Statistisches Bundesamt (2009): Unternehmen und Arbeitsstätten. Gewerbeanzeigen. Dezember und Jahr 2008. Hg. v. Statistisches Bundesamt. Wiesbaden (Fachserie 2 Reihe 5).

Statistisches Bundesamt (2010): Unternehmen und Arbeitsstätten. Gewerbeanzeigen. Dezember und Jahr 2009. Hg. v. Statistisches Bundesamt. Wiesbaden (Fachserie 2 Reihe 5).

Statistisches Bundesamt (2011): Unternehmen und Arbeitsstätten. Gewerbeanzeigen. Dezember und Jahr 2010. Hg. v. Statistisches Bundesamt. Wiesbaden (Fachserie 2 Reihe 5).

Statistisches Bundesamt (2012a): Umwelt. Umsatz mit Waren, Bau und Dienstleistungen für den Umweltschutz 2010. Fachserie 19 Reihe 3.3. Hg. v. Statistisches Bundesamt. Wiesbaden.

Statistisches Bundesamt (2012b): Unternehmen und Arbeitsstätten. Gewerbeanzeigen. Dezember und Jahr 2011. Hg. v. Statistisches Bundesamt. Wiesbaden (Fachserie 2 Reihe 5).

Statistisches Bundesamt (2013): Unternehmen und Arbeitsstätten. Gewerbeanzeigen. Dezember und Jahr 2012. Hg. v. Statistisches Bundesamt. Wiesbaden (Fachserie 2 Reihe 5).

Statistisches Bundesamt (2014): Unternehmen und Arbeitsstätten. Gewerbeanzeigen. Dezember und Jahr 2013. Hg. v. Statistisches Bundesamt. Wiesbaden (Fachserie 2 Reihe 5).

Statistisches Bundesamt (2015a): Unternehmen und Arbeitsstätten. Gewerbeanzeigen. Dezember und Jahr 2014. Hg. v. Statistisches Bundesamt. Wiesbaden (Fachserie 2 Reihe 5).

Statistisches Bundesamt (2015b): Gesamtwirtschaft & Umwelt - Unternehmen, Handwerk - Betriebsgründungen - Statistisches Bundesamt (Destatis). Internet. Online verfügbar unter https://www.destatis.de/DE/ZahlenFakten/GesamtwirtschaftUmwelt/UnternehmenHandwerk/_Doorpage/Glossar_GewerbemeldungenInsolvenzen.html, zuletzt geprüft am 08.11.2017.

Steinhoff, Fee (2008): Der Innovationsgrad in der Erfolgsfaktorenforschung–Einflussfaktor oder Kontingenzfaktor? In: Innovationserfolgsrechnung: Springer, S. 3–19.

Sternberg, Rolf; Vorderwülbecke, Arne; Brixy, Udo (2015): Global Entrepreneurship Monitor (GEM). Unternehmensgründungen im weltweiten Vergleich: Länderbericht Deutschland 2014. Hannover / Nürnberg: Global Entrepreneurship Research Association (GERA).

Stifterverband für die Deutsche Wissenschaft e.V.: Das Forschungsdatenzentrum (FDZ) Wissenschaftsstatistik. Online verfügbar unter https://www.stifterverband.org/fdz, zuletzt geprüft am 08.11.2017.

Szyperski, Norbert; Nathusius, Klaus (1977): Probleme der Unternehmungsgründung. In: *Eine betriebswirtschaftliche Analyse unternehmerischer Startbedingungen, Stuttgart.*

Triguero, Angela; Moreno-Mondéjar, Lourdes; Davia, María A. (2013): Drivers of different types of eco-innovation in European SMEs. In: *Ecological economics* 92, S. 25–33.

Vahs, Dietmar; Burmester, Ralf (2005): Innovationsmanagement. Von der Produktidee zur erfolgreichen Vermarktung. 3., überarb. Aufl. Stuttgart: Schäffer-Poeschel (Praxisnahes Wirtschaftsstudium).

Veefkind, V.; Hurtado-Albir, J.; Angelucci, S.; Karachalios, K.; Thumm, N. (2012): A new EPO classification scheme for climate change mitigation technologies. In: *World Patent Information* 34 (2), S. 106–111. DOI: 10.1016/j.wpi.2011.12.004.

Verworn, Birgit; Herstatt, Cornelius (2000): Modelle des Innovationsprozesses. Working Papers/Technologie-und Innovationsmanagement, Technische Universität Hamburg-Harburg.

Volery, Thierry (2002): Ecopreneurship: Rationale, current issues and future challenges. In: Conference Papers of Swiss Research Institute of Small Business and Entrepreneurship, St. Gallen (Switzerland), S. 541–553.

Wagner, Joachim (2004): Are Young and Small Firms Hothouses for Nascent Entrepreneurs? Evidence from German Micro Data. Institute for the Study of Labor (IZA) (989). Online verfügbar unter https://ideas.repec.org/p/iza/izadps/dp989.html, zuletzt geprüft am 08.11.2017.

Walley, L.; Taylor, D.; Greig, K. (2010): Beyond the visionary champion: testing a typology of green entrepreneurs. In: *Making Ecopreneurs: Developing Sustainable Entrepreneurship* 2, S. 59–74.

Weiß, R.; Fichter, K. (2013): Green Economy Gründungsmonitor. Konzeptstudie und Piloterhebung.

Weiß, R.; Fichter, K. (2015): Green Economy Gründungsmonitor 2014. Grüne Wirtschaft als Gründungs- und Beschäftigungsmotor in Deutschland. Berlin: Borderstep.

Weissenberger-Eibl, M. (2015): Innovationsmanagement: Konzepte, Strategien und Methoden. Vorlesung. Karlsruher Institut für Technologie, Karlsruhe. Lehrstuhl für Innovations- und TechnologieManagement.

Wolf, Tina (2013): Innovative start-up patenting: A new approach towards identification and determinants. Jena (2013-023). Online verfügbar unter http://hdl.handle.net/10419/85039, zuletzt geprüft am 08.11.2017.

ZEW (2014): Potenziale und Hemmnisse von Unternehmensgründungen im Vollzug der Energiewende. Studie im Auftrag des Bundesministeriums für Wirtschaft und Energie. Hg. v. Zentrum für Europäische Wirtschaftsforschung GmbH. Mannheim.

Anhangsverzeichnis

Anhang

A.1 Analyse bestehender Statistiken

A.1.1 Übersicht bestehender Erhebungen zur Umweltwirtschaft

Die folgende Tabelle listet die bestehenden Erhebungen zum Thema Umweltwirtschaft, welche in Kapitel 2.1.2 analysiert wurden. Aus diesen Erhebungen wurden relevante Erkenntnisse für die Entwicklung des vorliegenden Erhebungsdesigns abgeleitet.

Tabelle A- 1: Analyse der Statistiken und Studien zur Umweltwirtschaft

Studien und Statistiken zur Umweltwirtschaft	Datenbasis	Erhebungsmethode	Turnus	Branchenstruktur
Waren, Bau- und Dienstleistungen für den Umweltschutz (DESTATIS)	Statistische Landesämter Mikrozensus, Umsatzsteuerstatistik, Unternehmensregister	Unternehmensbezogene Erhebung: Schriftliche Befragung von 15.000 Betrieben, die sehr aufwändig ermittelt werden; Rücklauf: ca. 9.000 Unternehmen	Jährliche Statistik	7 Sektoren
Beschäftigungswirkungen des Umweltschutzes (DIW)	Betriebsdatei der Bundesagentur für Arbeit: mit ca. 2 Millionen Betriebe	Unternehmensbezogene Stichprobe: Schriftliche Befragung von 16.000 Betrieben des IAB-Betriebspanel und Schätzverfahren	Nach Beauftragung	Umweltorientierte Dienstleistungen in allen Wirtschaftszweigen und Erneuerbare Energien
Umweltschutz- und Klimaschutzwirtschaft im internationalen Vergleich (NIW/ISI)	Statistisches Bundesamt Produktionsstatistik des Verarbeitenden Gewerbes sowie des Bergbaus und der Gewinnung von Steinen und Erden	Statistische Auswertung und Schätzungen	Nach Beauftragung	11 Wirtschaftszweige
Umwelttechnologie-Atlas für Deutschland (BMUB)	Unternehmensdatenbanken zur Umwelttechnikbranche von Roland Berger oder UMFIS	Unternehmensbezogene Erhebung: Webbasierte Befragung bei ca. 2.100 Unternehmen	ca. zweijährlich	6 Leitmärkte mit untergeordneten Marktsegmenten und Technologielinien

Quelle: Weiß und Fichter (2013, S. 19)

A.1.2 Übersicht bestehender Erhebungen zum Gründungsgeschehen

Die folgende Tabelle listet die analysierten, bestehenden Erhebungen zu Gründungen und Gründungsstatistiken. Aus diesen Erhebungen wurden relevante Erkenntnisse für die Entwicklung des vorliegenden Erhebungsdesigns abgeleitet.

Tabelle A- 2: Analyse bestehender Gründungsstatistiken

Gründungsstatistiken	Datenbasis	Erhebungsmethode	Turnus	Branchenstruktur
KfW- Gründungsmonitor	50,9 Mio. Personen im „gründungsrelevanten" Alter zwischen 18 und 65 Jahren in Deutschland	Personenbezogene Stichprobe: Standardisierte Telefonbefragung von 50.000 zufällig ausgewählten Personen in Deutschland	Jährlicher Monitor	8 Branchen und 20 Wirtschaftszweige, darunter Erneuerbare Energien
Mannheimer- Gründungspanel	Ca. 3 Mio. marktaktive Unternehmen des Mannheimer Unternehmenspanels (auf Basis der Creditreform- Datenbank)	Unternehmensbezogenes Panel: Computergestützte Telefonbefragung von 4967 jungen Unternehmen in Kohorte; Zeitreihe bis zum Alter von 8 Jahren	Jährliches Panel	10 High-Tech und Nicht-High-Tech-Sektoren
IfM-Gründungs- und Liquidationsstatistik	Neuanmeldungen der Gewerbeanzeigenstatistik (DESTATIS)	Statistische Auswertung von Neugründungen	Jährliche Statistik	Komplette Wirtschaftsklassifikation (WZ 2008)
DIHK-Gründerreport	230.000 Kontakte von Existenz- Gründungsberatern in 80 IHKs	Statistische Auswertung des IHK-Gründerservice: Erfahrungsberichte der IHK- Existenz-Gründungsberater	Jährlicher Bericht	7 Branchen
GEM Global Entrepreneurship Monitor	18-64 Jährige Personen in den 70 Staaten der GEM-Studie	Personenbezogene Stichprobe: Standardisierte Telefonbefragungen; Insgesamt 195.000 Befragte in 70 Ländern, darunter 4.711 in Deutschland (2014)	Jährlicher Monitor	4 Hauptindustrie-Sektoren
Green Economy Monitor	500.000 wirtschaftsaktive Gründungen (2006-2013) auf Basis der Creditreform-Datenbank	Individuelle und internetbasierte Unternehmensanalyse von 5.000 Unternehmen	Jährlicher Monitor	8 Zielbereiche basierend auf der EGSS-Klassifikation
Green Economy Monitor - Konzeptstudie	Ca. 3.000 Gründungen in deutschen Gründerzentren	Individuelle und internetbasierte Unternehmensanalyse von 500 Unternehmen	Jährlicher Monitor	8 Zielbereiche basierend auf der EGSS-Klassifikation
ZEW-Erhebung	Ca. 3 Mio. marktaktive Unternehmen des Mannheimer Unternehmenspanels (auf Basis der Creditreform- Datenbank)	Individuelle Unternehmensanalyse und Detailinterviews mit Stichprobe	Einmalige Erhebung	4 Teilbereiche zu Erneuerbaren Energien

Quelle: Eigene Zusammenstellung basierend auf Weiß und Fichter (2015), Sternberg et al. (2015), DIHK (2012), Metzger (2015), ZEW (2014), Günterberg (2011), Bretz et al. (2015), Singer et al. (2015)

A.2 Technischer Anhang zur Unternehmensdatenbank

A.2.1 Aufbau der Wirtschaftszweigklassifikation WZ 2008

Tabelle A- 3: Aufbau der Wirtschaftszweigklassifikation des statistischen Bundesamtes in zweistelliger Wirtschaftsgliederung nach WZ 2008, Abschnitte A bis F

WZ 2008 - Bezeichnung	WZ 2008
ABSCHNITT A - LAND- UND FORSTWIRTSCHAFT, FISCHEREI	A
Landwirtschaft, Jagd und damit verbundene Tätigkeiten	01
Forstwirtschaft und Holzeinschlag	02
Fischerei und Aquakultur	03
ABSCHNITT B - BERGBAU UND GEWINNUNG VON STEINEN UND ERDEN	B
Kohlenbergbau	05
Gewinnung von Erdöl und Erdgas	06
Erzbergbau	07
Gewinnung von Steinen und Erden, sonstiger Bergbau	08
Erbringung von Dienstleistungen für den Bergbau und für die Gewinnung von Steinen und Erden	09
ABSCHNITT C – VERARBEITENDES GEWERBE	C
Herstellung von Nahrungs- und Futtermitteln	10
Getränkeherstellung	11
Tabakverarbeitung	12
Herstellung von Textilien	13
Herstellung von Bekleidung	14
Herstellung von Leder, Lederwaren und Schuhen	15
Herstellung von Holz-, Flecht-, Korb- und Korkwaren (ohne Möbel)	16
Herstellung von Papier, Pappe und Waren daraus	17
Herstellung von Druckerzeugnissen; Vervielfältigung von bespielten Ton-, Bild- und Datenträgern	18
Kokerei und Mineralölverarbeitung	19
Herstellung von chemischen Erzeugnissen	20
Herstellung von pharmazeutischen Erzeugnissen	21
Herstellung von Gummi- und Kunststoffwaren	22
Herstellung von Glas und Glaswaren, Keramik, Verarbeitung von Steinen und Erden	23
Metallerzeugung und -bearbeitung	24
Herstellung von Metallerzeugnissen	25
Herstellung von Datenverarbeitungsgeräten, elektronischen und optischen Erzeugnissen	26
Herstellung von elektrischen Ausrüstungen	27
Maschinenbau	28
Herstellung von Kraftwagen und Kraftwagenteilen	29
Sonstiger Fahrzeugbau	30
Herstellung von Möbeln	31
Herstellung von sonstigen Waren	32
Reparatur und Installation von Maschinen und Ausrüstungen	33
ABSCHNITT D – ENERGIEVERSORGUNG	D
Energieversorgung	35
BESEITIGUNG VON UMWELTVERSCHMUTZUNGEN	E
Wasserversorgung	36
Abwasserentsorgung	37
Sammlung, Behandlung und Beseitigung von Abfällen; Rückgewinnung	38
Beseitigung von Umweltverschmutzungen und sonstige Entsorgung	39
ABSCHNITT F - BAUGEWERBE	F
Hochbau	41
Tiefbau	42
Vorbereitende Baustellenarbeiten, Bauinstallation und sonstiges Ausbaugewerbe	43

Quelle: Statistisches Bundesamt (2008), eigene Darstellung

Tabelle A- 4: Aufbau der Wirtschaftszweigklassifikation des statistischen Bundesamtes in zweistelliger Wirtschaftsgliederung nach WZ 2008, Abschnitte G bis U

WZ 2008 - Bezeichnung	WZ 2008
ABSCHNITT G - HANDEL; INSTANDHALTUNG UND REPARATUR VON KRAFTFAHRZEUGEN	G
Handel mit Kraftfahrzeugen; Instandhaltung und Reparatur von Kraftfahrzeugen	45
Großhandel (ohne Handel mit Kraftfahrzeugen)	46
Einzelhandel (ohne Handel mit Kraftfahrzeugen)	47
ABSCHNITT H – VERKEHR UND LAGEREI	H
Landverkehr und Transport in Rohrfernleitungen	49
Schifffahrt	50
Luftfahrt	51
Lagerei sowie Erbringung von sonstigen Dienstleistungen für den Verkehr	52
Post-, Kurier- und Expressdienste	53
ABSCHNITT I – GASTGEWERBE	I
Beherbergung	55
Gastronomie	56
ABSCHNITT J – INFORMATION UND KOMMUNIKATION	J
Verlagswesen	58
Verlegen von Musik	59
Rundfunkveranstalter	60
Telekommunikation	61
Erbringung von Dienstleistungen der Informationstechnologie	62
Informationsdienstleistungen	63
ABSCHNITT K – ERBRINGUNG VON FINANZ- UND VERSICHERUNGSDIENSTLEISTUNGEN	K
Erbringung von Finanzdienstleistungen	64
Versicherungen, Rückversicherungen und Pensionskassen (ohne Sozialversicherung)	65
Mit Finanz- und Versicherungsdienstleistungen verbundene Tätigkeiten	66
ABSCHNITT L – GRUNDSTÜCKS- UND WOHNUNGSWESEN	L
Grundstücks- und Wohnungswesen	68
TECHNISCHEN DIENSTLEISTUNGEN	M
Rechts- und Steuerberatung, Wirtschaftsprüfung	69
Verwaltung und Führung von Unternehmen und Betrieben; Unternehmensberatung	70
Architektur- und Ingenieurbüros; technische, physikalische und chemische Untersuchung	71
Forschung und Entwicklung	72
Werbung und Marktforschung	73
Sonstige freiberufliche, wissenschaftliche und technische Tätigkeiten	74
Veterinärwesen	75
ABSCHNITT N – ERBRINGUNG VON SONSTIGEN WIRTSCHAFTLICHEN DIENSTLEISTUNGEN	N
Vermietung von beweglichen Sachen	77
Vermittlung und Überlassung von Arbeitskräften	78
Reisebüros, Reiseveranstalter und Erbringung sonstiger Reservierungsdienstleistungen	79
Wach- und Sicherheitsdienste sowie Detekteien	80
Gebäudebetreuung; Garten- und Landschaftsbau	81
Erbringung von wirtschaftlichen Dienstleistungen für Unternehmen und Privatpersonen a. n. g.	82
ABSCHNITT O – ÖFFENTLICHE VERWALTUNG, VERTEIDIGUNG; SOZIALVERSICHERUNG	O
Öffentliche Verwaltung, Verteidigung; Sozialversicherung	84
ABSCHNITT P – ERZIEHUNG UND UNTERRICHT	P
Erziehung und Unterricht	85
ABSCHNITT Q – GESUNDHEITS- UND SOZIALWESEN	Q
Gesundheitswesen	86
Heime (ohne Erholungs- und Ferienheime)	87
Sozialwesen (ohne Heime)	88
ABSCHNITT R – KUNST, UNTERHALTUNG UND ERHOLUNG	R
Kreative, künstlerische und unterhaltende Tätigkeiten	90
Bibliotheken, Archive, Museen, botanische und zoologische Gärten	91
Spiel-, Wett- und Lotteriewesen	92
Erbringung von Dienstleistungen des Sports, der Unterhaltung und der Erholung	93
ABSCHNITT S – ERBRINGUNG VON SONSTIGEN DIENSTLEISTUNGEN	S
und Sport)	94
Reparatur von Datenverarbeitungsgeräten und Gebrauchsgütern	95
Erbringung von sonstigen überwiegend persönlichen Dienstleistungen	96
ABSCHNITT T – PRIVATE HAUSHALTE MIT HAUSPERSONAL; HERSTELLUNG VON WAREN UND ERBRINGUNG VON DIENSTLEISTUNGEN DURCH PRIVATE HAUSHALTE FÜR DEN EIGENBEDARF	T
Private Haushalte mit Hauspersonal	97
Eigenbedarf ohne ausgeprägten Schwerpunkt	98
ABSCHNITT U – EXTERRITORIALE ORGANISATIONEN UND KÖRPERSCHAFTEN	U
Exterritoriale Organisationen und Körperschaften	99

Quelle: Statistisches Bundesamt (2008), eigene Darstellung

A.2.2 Abgrenzung des Energy Entrepreneurship basierend auf der WZ 2008

Tabelle A- 5: Relevante WZ-Klassen der Energiewirtschaft nach Prognos, Teil 1

Energieträger	Wertschöpfungskette	Ebene	Anlage/Handlung	WZ 2008
Abwärme	Umwandlung	Dienstleistung	Abwärmeverwertungsanlageninstallation in Bauwerken	43.22.0
alle	alle	Dienstleistung	Wirtschaftliche Unternehmensberatung (nicht technisch-wirtschaftliche Beratung, Wirtschaftsprüfung, Buchprüfung, Aufsichtsratstätigkeit, Vermögensberatung, Sicherheitsberatung, Werbeberatung)	70.22.0
alle	Umwandlung	Dienstleistung	Qualitätskontrollen (physikalische und technische Prüfung)	71.20.0
alle	Verteilung/Netze	Dienstleistung	Energieversorgungstechnische Fachplanung durch Ingenieurbüros, Planung von Energiewandlungssystemen	71.12.2
alle	Handel/Vertrieb	Dienstleistung	Vermittlung von Energieversorgungsverträgen	82.99.9
alle	Kunde/Endverbraucher	Dienstleistung	Energieberatung vorwiegend technischer oder wirtschaftlicher Art	74.90.0
Biodiesel	Behandlung/Aufbereitung	Energieträger	Herstellung von Biodiesel (Methylester)	20.59.0
Biogas	Umwandlung	Dienstleistung	Biogasanlagen, Errichtung	42.99.0
Biomasse	Förderung/Import	Energieträger	Energiepflanzen (Anbau und Ernte)	01.11.0
Braunkohle	Förderung/Import	Energieträger	Braunkohlenbergbau	05.20.0
Braunkohle	Förderung/Import	Zulieferung	Stetigförderer (nicht für den Untertageeinsatz), Schüttgutförderer	28.22.0
Braunkohle	Förderung/Import	Dienstleistung	Bodensanierung (Beseitigung von Umweltverschmutzungen)	39.00.0
Braunkohle	Förderung/Import	Dienstleistung	Umweltschutztechnische Fachplanung durch Ingenieurbüros	71.12.2
Braunkohle	Förderung/Import	Dienstleistung	Umweltschutzdienstleistung, Umweltberatung	74.90.0
Braunkohle	Förderung/Import	Dienstleistung	Renaturierung von Gewässern, Rekultivierung	81.30.1
Braunkohle	Behandlung/Aufbereitung	Energieträger	Brikettfabriken	19.20.0
Brennstoffe	Umwandlung	Zulieferung	Dampfturbinen	28.11.0
Brennstoffe	Umwandlung	Zulieferung	Herstellung von Kraftstoffpumpen	28.13.0
Brennstoffe	Umwandlung	Zulieferung	Herstellung von Öfen und Brennern	28.21.9
Brennstoffe	Handel/Vertrieb	Dienstleistung	Handelsvermittlung von Brennstoffen, Erzen, Metallen und technischen Chemi- kalien	46.12.0
Brennstoffe	Handel/Vertrieb	Dienstleistung	Großhandel mit festen Brennstoffen	46.71.1
Brennstoffe	Handel/Vertrieb	Dienstleistung	Lagerhandel mit Brennstoffen, Sonstiger Einzelhandel, nicht in Verkaufsräumen, an Verkaufsständen oder auf Märkten	47.99.1
Deponiegas	Umwandlung	Zulieferung	Deponiegasfassungen (Spezialbau)	43.99.9
Elektrizität	Umwandlung	Zulieferung	Generatoren, elektrische (Elektrizitätserzeugungseinrichtungen)	27.11.0
Elektrizität	Verteilung/Netze	Energieträger	Elektrizitätsübertragung	35.12.0
Elektrizität	Verteilung/Netze	Energieträger	Elektrizitätsverteilung	35.13.0
Elektrizität	Verteilung/Netze	Zulieferung	Elektrizitätsverteilungs- und -schalteinrichtungen	27.12.0
Elektrizität	Verteilung/Netze	Dienstleistung	Generatoren, elektrische (Elektrizitätserzeugungseinrichtungen), Handelsvermittlung	46.14.1
Elektrizität	Verteilung/Netze	Dienstleistung	Elektrizitätsverteilungs- und -schalteinrichtungen, Handelsvermittlung	46.14.9
Elektrizität	Verteilung/Netze	Dienstleistung	Elektrizitätsverteilungs- und -schalteinrichtungen, Großhandel	46.69.3
Elektrizität	Handel/Vertrieb	Energieträger	Elektrizitätshandel	35.14.0
Elektrizität	Handel/Vertrieb	Zulieferung	Zähler (Wasser- u.a. Flüssigkeitszähler, Gas- und Elektrizitätszähler)	26.51.1
Elektrizität	Handel/Vertrieb	Dienstleistung	Energiebörse	66.11.0
Elektrizität	Handel/Vertrieb	Dienstleistung	Stromzähler ablesen, Verbrauchsabrechnungen erstellen	82.99.9
Erdgas	Förderung/Import	Energieträger	Gewinnung von Erdgas	06.20.0
Erdgas	Förderung/Import	Energieträger	Erdgasbeförderung in Rohrfernleitungen (nicht Gasverteilung)	49.50.0
Erdgas	Förderung/Import	Dienstleistung	Dienstleistungen zur Gewinnung von Erdgas	09.10.0

Quelle: Böhmer et al. (2015), eigene Darstellung

Tabelle A- 6: Relevante WZ-Klassen der Energiewirtschaft nach Prognos, Teil 2

Energieträger	Wertschöpfungskette	Ebene	Anlage/Handlung	WZ 2008
fast alle	fast alle	Dienstleistung	Wartung und Reparatur von Metallerzeugnissen	33.11.0
fast alle	fast alle	Dienstleistung	Wartung und Reparatur von Maschinen	33.12.0
fast alle	fast alle	Dienstleistung	Wartung und Reparatur von elektronischen und optischen Geräten	33.13.0
fast alle	fast alle	Dienstleistung	Wartung und Reparatur von elektrischen Ausrüstungen	33.14.0
fast alle	fast alle	Dienstleistung	Katastrophenschutz (öffentliche Sicherheit und Ordnung; nicht Verteidigungsw e- sen, Feuerschutz)	84.24.0
fast alle	Transport	Energieträger	Transport von Gütern in der See- und Küstenschifffahrt (nicht Frachtumschlag, Lagerei)	50.20.0
fast alle	Transport	Energieträger	Transport von Gütern in der Binnenschifffahrt (nicht Frachtumschlag, Lagerei)	50.40.0
fast alle	Transport	Energieträger	Lagerei	52.10.0
fast alle	Transport	Energieträger	Erbringung von sonstigen Dienstleistungen für den Verkehr	52.20.0
fast alle	Transport	Dienstleistung	Dienstleistungen im Bereich Transportlogistik	49.41.0
fast alle	Umw andlung	Energieträger	Elektrizitätserzeugung zur Selbstversorgung (Wärmekraftw erke)	35.11.1
fast alle	Umw andlung	Energieträger	Elektrizitätserzeugung zur Verteilung (Wärmekraftw erke mit Fremdbezug)	35.11.2
fast alle	Umw andlung	Energieträger	Elektrizitätserzeugung zur Verteilung (Wärmekraftw erke ohne Fremdbezug)	35.11.3
fast alle	Umw andlung	Energieträger	Heizkraftw erke	35.30.0
fast alle	Umw andlung	Zulieferung	Rohrnetze für Kraftw erke und Industrieanlagen	25.30.0
fast alle	Umw andlung	Zulieferung	Kraftw erksbau	42.22.0
fast alle	Umw andlung	Dienstleistung	Steuerkontrollräume für Kraftw erke, Planung (Ingenieurbüro)	71.12.2
Fernw ärme	Umw andlung	Energieträger	Wärme- und Kälteversorgung	35.30.0
Fernw ärme	Verteilung/Netze	Energieträger	Fernw ärmeverteilung	35.30.0
Fernw ärme	Verteilung/Netze	Dienstleistung	Fernw ärmeleitungen, Verlegen	42.22.0
Fernw ärme	Handel/Vertrieb	Dienstleistung	Ablesen und Erstellen von Verbrauchsabrechnungen	82.99.9
Gas	Behandlung/Aufbereitung	Energieträger	Gaserzeugung ohne Verteilung	35.21.1
Gas	Behandlung/Aufbereitung	Energieträger	Gaserzeugung zur Verteilung (mit Fremdbezug)	35.21.2
Gas	Behandlung/Aufbereitung	Energieträger	Gaserzeugung zur Verteilung (ohne Fremdbezug)	35.21.3
Gas	Umw andlung	Zulieferung	Gasturbinen	28.11.0
Gas	Verteilung/Netze	Energieträger	Gasverteilung durch Rohrleitungen	35.22.0
Gas	Verteilung/Netze	Zulieferung	Gasrohrleitungsbau	42.21.0
Gas	Handel/Vertrieb	Energieträger	Gashandel durch Rohrleitungen	35.23.0
Gas	Handel/Vertrieb	Dienstleistung	Großhandel mit Mineralölerzeugnissen	46.71.2
Gas	Handel/Vertrieb	Dienstleistung	Gaszähler ablesen, Verbrauchsabrechnungen erstellen	82.99.9
Heizöl	Verteilung/Netze	Energieträger	Heizöllagertanks aus Stahl mit einem Fassungsvermögen von mehr als 300 l	25.29.0
Heizöl	Verteilung/Netze	Energieträger	Heizöllagertanks aus Stahl mit einem Volumen von 300l oder w eniger	25.91.0
Heizöl	Handel/Vertrieb	Energieträger	Heizöllagertanks aus Kunststoff	22.23.0
Holz	Förderung/Import	Energieträger	Energieholzernte	02.20.0
Holz	Förderung/Import	Zulieferung	Holzernte- und -bearbeitungsmaschinen	28.30.0
Holz	Behandlung/Aufbereitung	Energieträger	Holzbrikette	16.10.0
Holz	Behandlung/Aufbereitung	Energieträger	Brennstoffpellets aus Pressholz oder Holzersatzstoffen	16.29.0

Quelle: Böhmer et al. (2015), eigene Darstellung

Tabelle A- 7: Relevante WZ-Klassen der Energiewirtschaft nach Prognos, Teil 3

Energieträger	Wertschöpfungskette	Ebene	Anlage/Handlung	WZ 2008
Holz	Behandlung/Aufbereitung	Energieträger	Herstellung von sonstigen organischen Grundstoffen und Chemikalien, Holzkoh- le	20.14.0
Holz	Handel/Vertrieb	Dienstleistung	Großhandel, Holzkohle	46.75.0
Kohlen	Förderung/Import	Zulieferung	Bergbaumaschinen	28.92.1
Kohlen	Förderung/Import	Dienstleistung	Sprengarbeiten in Steinbrüchen und Bergw erken	09.90.0
Kohlen	Förderung/Import	Dienstleistung	Bergbaumaschinen, Handlungsvermittlung	46.14.1
Kohlen	Förderung/Import	Dienstleistung	Bergbaumaschinen, Großhandel	46.63.0
Kohlen	Behandlung/Aufbereitung	Energieträger	Kokerei	19.10.0
Kohlen	Behandlung/Aufbereitung	Zulieferung	Kokereihersteller, Brikettfabrikhersteller	28.99.0
Kohlen	Transport	Energieträger	Transport von Gütern im Straßenverkehr (nicht Frachtumschlag, Lagerei)	49.40.0
Kohlen	Verteilung/Netze	Zulieferung	Herstellung von schw immenden Kohlenhebern	30.11.0
Kraftstoffe	Handel/Vertrieb	Dienstleistung	Kraftstoffe (Absatz in fremdem Namen durch Agenturtankstellen oder in eigenem Namen durch Freie Tankstellen)	47.30.0
Mineralöl	Förderung/Import	Energieträger	Gew innung von Erdöl	06.10.0
Mineralöl	Förderung/Import	Dienstleistung	Dienstleistungen zur Gew innung von Erdöl	36808
Mineralöl	Behandlung/Aufbereitung	Energieträger	Mineralölverarbeitung	19.20.0
Mineralöl	Transport	Energieträger	Transport von Gütern im Eisenbahnverkehr (nicht Frachtumschlag, Lagerei)	49.20.0
Solar	Umw andlung	Zulieferung	Herstellung von Solarzellen und Solarmodulen	26.11.1
Solar	Umw andlung	Zulieferung	Solarkollektoren	27.52.0
Solar	Umw andlung	Dienstleistung	Installation von Solaranlagen (Freiflächenanlagen)	42.22.0
Solar	Umw andlung	Dienstleistung	Installation von Solarstromanlagen an/auf Gebäuden	43.21.0
Solar	Umw andlung	Dienstleistung	Solaranlagen (Solarkollektoren), Handelsvermittlung	46.14.7
Solar	Umw andlung	Dienstleistung	Solarzellen und -module, Handelsvermittlung	46.14.9
Solar	Umw andlung	Dienstleistung	Solarzellen und -module, Großhandel	46.69.3
Solar	Umw andlung	Dienstleistung	Solaranlagen (Solarkollektoren), Großhandel	46.74.2
Solar	Umw andlung	Dienstleistung	Solaranlagen (Solarkollektoren), Einzelhandel	47.52.3
Solar	Umw andlung	Dienstleistung	Solartechnische Fachplanung	71.12.2
Solar	Verteilung/Netze	Zulieferung	Solarbatterien	27.20.0
Steinkohle	Förderung/Import	Energieträger	Steinkohlenbergbau	05.10.0
Steinkohle	Förderung/Import	Dienstleistung	Untertagebauarbeiten	43.99.9
Uran	Förderung/Import	Energieträger	Bergbau auf Uran- und Thoriumerze	07.21.0
Uran	Behandlung/Aufbereitung	Energieträger	Anreicherung von Uran- und Thoriumerzen	20.13.0
Uran	Behandlung/Aufbereitung	Energieträger	Aufbereitung von Kernbrennstoffen	24.46.0
Uran	Umw andlung	Dienstleistung	Technische, physikalische und chemische Untersuchung, Kernkraftw erksunter- suchung	71.20.0
Uran	Handel/Vertrieb	Dienstleistung	Großhandel mit Uranerzen, Uranoxidkonzentraten	46.72.2
Wasser	Umw andlung	Zulieferung	Druckrohrnetze für Wasserkraftw erk	25.30.0
Wasser	Umw andlung	Zulieferung	Wasserkraftturbinen	28.11.0
Wind	Umw andlung	Zulieferung	Windräder und Windkraftaggregate zur Stromerzeugung	28.11.0
Wind	Umw andlung	Dienstleistung	Windkraftmaschinen, Handelsvermittlung	46.14.4
Wind	Umw andlung	Dienstleistung	Windkraftmaschinen, Großhandel	46.69.9
Wind	Umw andlung	Dienstleistung	Planung von Windkraftanlagen	71.12.2

Quelle: Böhmer et al. (2015), eigene Darstellung

Tabelle A- 8: NIW/ISI/ZEW-Liste forschungsintensiver Industrien 2012 nach WZ 2008, Spitzentechnologien

Beschreibung WZ-Klasse	WZ-Klasse
H. v. Schädlingsbekämpfungs-, Pflanzenschutz- und Desinfektionsmitteln	20.20.0
H. v. pharmazeutischen Grundstoffen	21.10.0
H. v. pharmazeutischen Spezialitäten und sonstigen pharmazeutischen Erzeugnissen	21.20.0
H. v. Waffen und Munition	25.40.0
H. v. elektronischen Bauelementen	26.11.0
H. v. Datenverarbeitungsgeräten und peripheren Geräten	26.20.0
H. v. Geräten und Einrichtungen der Telekommunikationstechnik	26.30.0
H. v. Mess-, Kontroll-, Navigations- u. ä. Instrumenten und Vorrichtungen	26.51.0
H. v. Bestrahlungs- und Elektrotherapiegeräten und elektromedizinischen Geräten	26.60.0
H. v. optischen und fotografischen Instrumenten und Geräten	26.70.0
Herstellung elektrischer und elektronischer Ausrüstungsgegenstände für Kraftwagen	29.31.0
Luft- und Raumfahrzeugbau	30.30.0
H. v. militärischen Kampffahrzeugen	30.40.0

Quelle: Gehrke et al. (2013), eigene Darstellung

Tabelle A- 9: NIW/ISI/ZEW-Liste forschungsintensiver Industrien 2012 nach WZ 2008, Hochwertige Technik

Beschreibung WZ-Klasse	WZ-Klasse
H. v. sonstigen anorganischen Grundstoffen und Chemikalien	20.13.0
H. v. sonstigen organischen Grundstoffen und Chemikalien	20.14.0
H. v. Klebstoffen	20.52.0
H. v. etherischen Ölen	20.53.0
H. v. sonstigen chemischen Erzeugnissen a. n. g.	20.59.0
Herstellung und Runderneuerung von Bereifungen	22.11.0
H. v. sonstigen Gummiwaren	22.19.0
Herstellung, Veredlung und Bearbeitung von sonstigem Glas einschließlich technischen Glaswaren	23.19.0
H. v. bestückten Leiterplatten	26.12.0
H. v. Geräten der Unterhaltungselektronik	26.40.0
H. v. Elektromotoren, Generatoren und Transformatoren	27.11.0
H. v. Batterien und Akkumulatoren	27.20.0
H. v. elektrischen Lampen und Leuchten	27.40.0
H. v. elektrischen Haushaltsgeräten	27.51.0
H. v. sonstigen elektrischen Ausrüstungen und Geräten a. n. g.	27.90.0
H. v. Verbrennungsmotoren und Turbinen (ohne Motoren für Luft- und Straßenfahrzeuge)	28.11.0
H. v. hydraulischen und pneumatischen Komponenten und Systemen	28.12.0
H. v. Pumpen und Kompressoren a. n. g.	28.13.0
H. v. Lagern, Getrieben, Zahnrädern und Antriebselementen	28.15.0
H. v. Büromaschinen (ohne Datenverarbeitungsgeräte und periphere Geräte)	28.23.0
H. v. handgeführten Werkzeugen mit Motorantrieb	28.24.0
H. v. sonstigen nicht wirtschaftszweigspezifischen Maschinen a. n. g.	28.29.0
H. v. land- und forstwirtschaftlichen Maschinen	28.30.0
H. v. Werkzeugmaschinen für die Metallbearbeitung	28.41.0
H. v. sonstigen Werkzeugmaschinen	28.49.0
H. v. Maschinen für die Nahrungs- und Genussmittelerzeugung und die Tabakverarbeitung	28.93.0
H. v. Maschinen für die Textil- und Bekleidungsherstellung und die Lederverarbeitung	28.94.0
H. v. Maschinen für die Papiererzeugung und -verarbeitung	28.95.0
H. v. Maschinen für sonstige bestimmte Wirtschaftszweige a. n. g.	28.99.0
H. v. Kraftwagen und Kraftwagenmotoren	29.10.0
H. v. sonstigen Teilen und sonstigem Zubehör für Kraftwagen	29.32.0
Schienenfahrzeugbau	30.20.0
H. v. medizinischen und zahnmedizinischen Apparaten und Materialien	32.50.0

Quelle: Gehrke et al. (2013), eigene Darstellung

Tabelle A- 10: NIW/ISI/ZEW - Liste wissensintensiver Wirtschaftszweige 2010 in zweistelliger Wirtschaftsgliederung nach WZ 2008

WZ 2008 - Bezeichnung	WZ 2008
Gewinnung von Erdöl und Erdgas	06
Erbringung von Dienstleistungen für den Bergbau und für die Gewinnung von Steinen und Erden	09
Kokerei und Mineralölverarbeitung	19
Herstellung von chemischen Erzeugnissen	20
Herstellung von pharmazeutischen Erzeugnissen	21
Herstellung von Datenverarbeitungsgeräten, elektronischen und optischen Erzeugnissen	26
Herstellung von elektrischen Ausrüstungen	27
Maschinenbau	28
Herstellung von Kraftwagen und Kraftwagenteilen	29
Sonstiger Fahrzeugbau	30
Energieversorgung	35
Wasserversorgung	36
Verlagswesen	58
Herstellung, Verleih und Vertrieb von Filmen und Fernsehprogrammen; Kinos; Tonstudios und Verlegen von Musik	59
Rundfunkveranstalter	60
Telekommunikation	61
Erbringung von Dienstleistungen der Informationstechnologie	62
Informationsdienstleistungen	63
Erbringung von Finanzdienstleistungen	64
Versicherungen, Rückversicherungen und Pensionskassen (ohne Sozialversicherung)	65
Mit Finanz- und Versicherungsdienstleistungen verbundene Tätigkeiten	66
Rechts- und Steuerberatung, Wirtschaftsprüfung	69
Verwaltung und Führung von Unternehmen und Betrieben; Unternehmensberatung	70
Architektur- und Ingenieurbüros; technische, physikalische und chemische Untersuchung	71
Forschung und Entwicklung	72
Werbung und Marktforschung	73
Sonstige freiberufliche, wissenschaftliche und technische Tätigkeiten	74
Veterinärwesen	75
Gesundheitswesen	86
Kreative, künstlerische und unterhaltende Tätigkeiten	90
Bibliotheken, Archive, Museen, botanische und zoologische Gärten	91

Quelle: Gehrke et al. (2010), eigene Darstellung

A.2.3 Ableitung der relevanten WZ-Klassen

Aus den vorherigen Listen zu Wirtschaftszweigklassifikationen von Prognos und NIW/ZEW/ISI, zur Abgrenzung der Energieversorgung und Umwandlung sowie den technologie- und wissensintensiven Wirtschaftsbereichen, wurde die Liste der zur Abgrenzung des Energy Entrepreneurship relevanten WZ-Klassen hergeleitet. Auf Basis dieser Liste wurden die Daten aus den Datenbanken Creditreform und Hoppenstedt ausgelesen, die schlussendlich anhand der unternehmerischen Tätigkeit auf ihre Leitmarktzugehörigkeit untersucht und damit als Energy Startup identifiziert wurden.

Tabelle A- 11: Hergeleitete Liste der zur Abgrenzung des Energy Entrepreneurship relevanten WZ-Klassen

Beschreibung WZ-Klasse	WZ 2008
Energiepflanzen (Anbau und Ernte)	01
Braunkohlenbergbau	05
Gewinnung von Erdgas	06
Dienstleistungen zur Gewinnung von Erdgas	09
Brikettfabriken	19
Herstellung von Biodiesel (Methylester)	20
H. v. pharmazeutischen Grundstoffen	21
Herstellung und Runderneuerung von Bereifungen	22
Herstellung, Veredlung und Bearbeitung von sonstigem Glas einschließlich technischen Glaswaren	23
H. v. Waffen und Munition	25
Zähler (Wasser- u.a. Flüssigkeitszähler, Gas- und Elektrizitätszähler)	26
Generatoren, elektrische (Elektrizitätserzeugungseinrichtungen)	27
Stetigförderer (nicht für den Untertageeinsatz), Schüttgutförderer	28
Herstellung elektrischer und elektronischer Ausrüstungsgegenstände für Kraftwagen	29
Luft- und Raumfahrzeugbau	30
H. v. medizinischen und zahnmedizinischen Apparaten und Materialien	32
Elektrizitätsübertragung	35
Wasserversorgung	36
Bodensanierung (Beseitigung von Umweltverschmutzungen)	39
Biogasanlagen, Errichtung	42
Abwärmeverwertungsanlageninstallation in Bauwerken	43
Handelsvermittlung von Brennstoffen, Erzen, Metallen und technischen Chemi- kalien	46
Lagerhandel mit Brennstoffen, Sonstiger Einzelhandel, nicht in Verkaufsräumen, an Verkaufsständen oder auf Märkten	47
Erdgasbeförderung in Rohrfernleitungen (nicht Gasverteilung)	49
Verlagswesen	58
Herstellung, Verleih und Vertrieb von Filmen und Fernsehprogrammen; Kinos; Tonstudios und Verlegen von Musik	59
Rundfunkveranstalter	60
Telekommunikation	61
Erbringung von Dienstleistungen der Informationstechnologie	62
Informationsdienstleistungen	63
Erbringung von Finanzdienstleistungen	64
Versicherungen, Rückversicherungen und Pensionskassen (ohne Sozialversicherung)	65
Energiebörse	66
Rechts- und Steuerberatung, Wirtschaftsprüfung	69
Wirtschaftliche Unternehmensberatung (nicht technisch-wirtschaftliche Beratung, Wirtschaftsprüfung, Buchprüfung, Aufsichtsratstätigkeit, Vermögensberatung, Sicherheitsberatung, Werbeberatung)	70
Qualitätskontrollen (physikalische und technische Prüfung)	71
Forschung und Entwicklung	72
Werbung und Marktforschung	73
Energieberatung vorwiegend technischer oder wirtschaftlicher Art	74
Veterinärwesen	75
Renaturierung von Gewässern, Rekultivierung	81
Vermittlung von Energieversorgungsverträgen	82
Gesundheitswesen	86
Kreative, künstlerische und unterhaltende Tätigkeiten	90
Bibliotheken, Archive, Museen, botanische und zoologische Gärten	91

Quelle: Eigene Herleitung und Darstellung

A.3 Technischer Anhang zur Innovationsdatenbank

A.3.1 Aufteilung und Beschreibung der Y-Klasse zu Umweltpatenten

Tabelle A- 12: Aufbau und Beschreibung der Klasse Y02B

Sub-group Y02B	Description	Technology examples
10/00	Integration of renewable energy sources in buildings	Solar power, wind power and geothermal power, especially adapted end-user applications in buildings and dwellings
20/00	Energy efficient lighting technologies	Energy-saving measures for conventional technologies (e.g. for incandescent lamps) but also merging efficient technologies (e.g. so-called LED lamps) adapted for ambient lighting purposes
30/00	Energy efficient heating, ventilation or air conditioning [HVAC]	HVAC technologies and control/operational strategies with an added value in terms of efficiency (e.g. heat pumps for domestic hot water, high-efficiency boilers, efficient regulation, waste heat recovery)
40/00	Technologies aiming at improving the efficiency of home appliances	HVAC technologies and control/operational strategies with an added value in terms of efficiency (e.g. heat pumps for domestic hot water, high-efficiency boilers, efficient regulation, waste heat recovery)
50/00	Energy efficient technologies in elevators, escalators and moving walkways	Energy efficient cooking, washing, vacuum cleaning
60/00	Information and communication technologies (ICT) aiming at the reduction of own energy use	Energy-efficient computing and communication technologies
70/00	Technologies for an efficient end-user side electric power management and consumption	Use of switch mode power supplies and smart grid technologies in the more efficient power conditioning and manage- ment of loads and end-user applications in buildings
80/00	Architectural or constructional elements improving the thermal performance of buildings	Selected insulation technologies and construction elements (e.g. doors, windows, roofs) providing energy savings or benefitting from external conditions
90/00	Enabling technologies or technologies with a potential or indirect contribution to GHG emissions mitigation	Fuel cells and smart-grids (smart metering, particular telecommunication aspects) as enabling technologies contributing to a sustainable energy use in buildings

Quelle: Hurtado-Albir et al. (2013), eigene Darstellung

Tabelle A- 13: Aufbau und Beschreibung der Klasse Y02C

Sub-group Y02C	Description
10/00	CO_2 capture or storage (not used, see subgroups)
10/02	Capture by biological separation
10/04	Capture by chemical separation
10/06	Capture by absorption
10/08	Capture by absorption
10/10	Capture by membranes or diffusion
10/12	Capture by rectification and condensation
10/14	Subterranean or submarine CO2 storage
20/00	Capture or disposal of GHG other than CO2 (not used, see subgroups
20/10	... nitrous oxide (N2O)
20/20	… methane
20/30	... perfluorocarbons [PFC], hydrofluorocarbons [HFC] or sulfur hexafluoride [SF6]

Quelle: Hurtado-Albir et al. (2013), eigene Darstellung

Tabelle A- 14: Aufbau und Beschreibung der Klasse Y02E

Sub-group Y02E	Description	Technology examples
10/00	Energy generation through renewable energy sources	Geothermal, hydro, oceanic, solar (PV and thermal), wind
20/00	Combustion technologies with mitigation potential	CHP, CCPP, IGCC, synair, cold flame, etc.
30/00	Energy generation of nuclear origin	Fusion and fission
40/00	Technologies for efficient electrical power generation, transmission or distribution	Reactive power compensation, super- conductors, smart grids for the efficient operation of power networks
50/00	Technologies for the production of fuel of non-fossil origin	Biofuels, from waste
60/00	Technologies with potential or indirect contribution to GHG emissions mitigation	Energy storage (batteries, ultracapacitors, flywheels), hydrogen technology, fuel cells, smart grids as enabling technology in power distribution
70/00	Other energy conversion or management systems reducing GHG emissions	Synergies among renewable energies, fuel cells and energy storage

Quelle: Hurtado-Albir et al. (2013), eigene Darstellung

Tabelle A- 15: Aufbau und Beschreibung der Klasse Y02T

Sub-group Y02T	Description	Technology examples
10/00	Road transport of goods or passengers	Improved internal combustion engine based vehicles, hybrid vehicles, electric vehicles, energy storage specifically adapted for road transport, resistance reduction
30/00	Railways	Energy recovery, alternative energy sources incorporation, lightweight construction, reduced resistance
50/00	Aeronautics or air transport	Drag reduction, weight reduction, efficient propulsion, energy efficient operational measures
70/00	Maritime or waterways transport	Improved hydrodynamics, lightweight materials, efficient propulsion, kites
90/00	Enabling or indirectly contributing technologies	Electric charging of vehicles (including smart grids as interface for battery charging of electric and hybrid vehicles), fuel cell technology and hydrogen technology especially adapted for transportation

Quelle: Hurtado-Albir et al. (2013), eigene Darstellung

Tabelle A- 16: Aufbau und Beschreibung der Klasse Y04S

Sub-group Y04S	Description	Technology examples
10/00	Systems supporting electrical power generation, transmission or distribution	Remote operation of power networks
20/00	Systems supporting the management or operation of end-user stationary applications	Load management, smart metering
30/00	Systems supporting specific end-user applications in the transportation sector	Interoperability of electric and hybrid vehicles
40/00	Smart grids communication or information technology specific aspects supporting in generation, transmission or distribution	Aspects concerning computing and the overlaying communication network
50/00	Market activities related to the operation of smart grids	Energy trading, billing, invoicing, buying or selling transactions, marketing

Quelle: Hurtado-Albir et al. (2013), eigene Darstellung

A.3.2 Patentabfragen in PATSTAT

Die Patentabfragen in PATSTAT basieren auf SQL-Befehlen. Nachfolgend ist beispielhaft der Befehl zur Abfrage aller Patentanmeldungen der Klasse Y02B, in Deutschland, für die Jahre 2008 bis 2014 dargestellt. Als Anmeldedatum gilt hier das Prioritätsdatum der Anmeldung.

```
SELECT appln_auth, appln_nr, appln_filing_date, person_name, tls201_appln.appln_id,
cpc_class_symbol, publn_nr, pat_publn_id
FROM tls201_appln
JOIN tls224_appln_cpc ON
tls201_appln.appln_id = tls224_appln_cpc.appln_id
JOIN tls207_pers_appln ON
tls201_appln.appln_id = tls207_pers_appln.appln_id
JOIN tls206_person ON
tls207_pers_appln.person_id = tls206_person.person_id
JOIN tls211_pat_publn ON
tls201_appln.appln_id = tls211_pat_publn.appln_id
WHERE appln_auth = 'DE'
AND cpc_class_symbol like 'Y02B'
AND tls201_appln.appln_filing_date >= '2008-01-01'
AND tls201_appln.appln_filing_date <='2014-12-31'
AND tls201_appln.appln_filing_date = tls201_appln.prior_earliest_date
```

A.3.3 Leistungsplansystematik des Bundes

Die nachfolgende Tabelle zeigt die Leistungsplansystematik des Bundes. Grau hinterlegt sind dabei die Förderschwerpunkte, die in die Detailuntersuchung der vorliegenden Arbeit eingeflossen sind.

Tabelle A- 17: Leistungsplansystematik des Bundes

Wissenschaftsbereich	Fördergebiet		Förderschwerpunkt	
Geistes- und Sozialwissenschaften	Geisteswissenschaften; Wirtschafts- und Sozialwissenschaften	GWS	Geisteswissenschaftliche Forschung	PA
			Sozialwissenschaftliche Forschung	PB
			Wirtschafts- und finanzwissenschaftliche Forschung	PC
			Infrastrukturen	PD
	Innovationen in der Bildung	BIL	Bildungsberichtserstattung, internationale Assessments	OA
			Forschung in der Bildung	OB
			Neue Medien in der Bildung	OC
Lebenswissenschaften	Bioökonomie	BIO	Bioökonomie	B
	Gesundheitsforschung und Gesundheitswirtschaft	GES	Gesundheitsforschung und Gesundheitswirtschaft	AA
			Strahlenschutz	AB
	Ernährung, Landwirtschaft und Verbraucherschutz	ELV	Ernährung	DA
			Nachhaltige Agrarwirtschaft und Ländliche Räume	DB
			Gesundheitlicher und wirtschaftlicher Verbraucherschutz	DC
Naturwissenschaften	Großgeräte der Grundlagenforschung	GRO	Großgeräte der Grundlagenforschung	U
	Optische Technologien	OPT	Optische Technologien	L
	Erforschung des Weltraums	WEL	Nationale Weltraumforschung und Weltraumtechnik[1)]	IB
	Klima, Umwelt, Nachhaltigkeit	KUN	Klima, Klimaschutz; Globaler Wandel	FA
			Küsten-, Meeres- und Polarforschung, Geowissenschaften	FB
			Umwelt- und Nachhaltigkeitsforschung	FC
			Ökologie, Naturschutz, nachhaltige Nutzung	FD
Ingenieurwissenschaften	Produktionstechnologien	PRO	Produktionstechnologien	M
	Fahrzeug- und Verkehrstechnologien einschließlich maritimer	FVT	Fahrzeug- und Verkehrstechnologien	HA
			Maritime Technologien	HB
	Luft- und Raumfahrt	LUR	Luftfahrt	IA
			Nationale Weltraumforschung und Weltraumtechnik[1)]	IB
			Europäische Weltraumorganisation ESA	IC
	Energieforschung und Energietechnologien	ENE	Rationelle Energieumwandlung	EA
			Erneuerbare Energien	EB
			Kerntechnische Sicherheit und Entsorgung	EC
			Beseitigung kerntechnischer Anlagen	ED
			Fusionsforschung	EF
	Nanotechnologien und Werkstofftechnologien	NAN	Nanotechnologien	KA
			Werkstofftechnologien	KB
	Informations- und Kommunikationstechnologien	IUK	Softwaresysteme; Wissenstechnologien	GA
			Kommunikationstechnologien und -dienste	GB
			Elektronik und Elektroniksysteme	GC
			Mikrosystemtechnik	GD
			Multimedia – Entwicklung konvergenter IKT	GE
	Zivile Sicherheitsforschung	SIC	Zivile Sicherheitsforschung	C
Weitere Fördergebiete ohne fachliche Zuordnung	Weitere Fördergebiete ohne fachliche Zuordnung	SON	Gründerförderung	QA
			Technologieförderung des Mittelstandes	QB
			Technologietransfer und Innovationsberatung	QC
			Forschungsinfrastruktur Mittelstand	QD
			Technikfolgenabschätzung	RA
			Strukturelle Querschnittsaktivitäten	RB
			Demographischer Wandel	RC
			Sportförderung und Sportforschung	RD
			Sonstige innovationsrelevante Rahmenbedingungen und übrige Querschnittsaktivitäten	RE
			Forschung zur Verbesserung der Arbeitsbedingungen	JA
			Forschung im Dienstleistungssektor	JB
			Förderorganisationen, Umstrukturierung der Forschung im Beitrittsgebiet; Hochschulbau und überwiegend hochschulbezogene Sonderprogramme	T

Quelle: DFG (2012, S. 272), eigene Darstellung

The manufacturer's authorised representative in the EU is Springer
Nature Customer Service Centre GmbH, Europaplatz 3, 69115 Heidelberg,
Germany. If you have any concerns regarding our products, please
contact ProductSafety@springernature.com

Printed and bound by CPI Group (UK) Ltd, Croydon, CR0 4YY
21/10/2026
02237167-0012